变革时代的学校与教育

——教育博士学术论坛暨第二届全国教育博士论坛论文集

张斌贤　周谷平　顾问
徐小洲　刘正伟　主编

ZHEJIANG UNIVERSITY PRESS
浙江大学出版社

代　　序

尊敬的各位领导、各位代表：

上午好！值此“教育博士学术论坛暨第二届全国教育博士论坛”开幕之际，我谨代表浙江大学向大会的顺利召开表示热烈的祝贺；向来自全国各地的代表，表示真诚的欢迎；向为会议的组织筹备付出辛勤劳动的全体师生，表示由衷的感谢！

近年来，随着学位与研究生教育的蓬勃发展，我国已经成为世界研究生教育大国。如何在数量增长的同时，保证和不断提高研究生教育的质量，使我国从研究生教育大国逐步迈向研究生教育强国，这是我国学位与研究生教育发展的时代命题和战略目标。实现这一目标，不仅要立足于原有框架，提升学位与研究生教育的质量，而且还应当逐步调整研究生教育的结构，拓展研究生教育的类型，改变长期以来形成的单一的学术型人才培养模式，以满足经济社会发展对人才的多样化需求。这不仅是学位与研究生教育的题中应有之意，也是我国从教育大国走向教育强国，实现“中国梦”的战略性选择。

2008 年岁末，国务院学位委员会第 26 次会议通过了教育博士专业学位设置方案。教育博士专业学位的设置，是我国学位与研究生教育发展的一件大事，是继 1996 年设置教育硕士专业学位以来教育专业学位发展史上的一个新的、具有里程碑意义的事件。这意味着，我们对专业型学位和学术型学位之间的差异，有了更深刻的认识；我们开始通过培养教育实践领域中具有专业领导力的“研究型专业人员”，探索一条使教育理论、教育决策和教育实践走向综合融通的新路径。在一定的意义上，这是中国教育实现“教育家办学”理想的可贵探索。

从初创至今，教育博士在中国已有六年的历史。六年，对于教育博士项目中的每一个具体个体而言，或许并不算短；但是，相对于全球范围内教育博士专业学位的发展历史而言，还只是一个开端。从 94 年前哈佛大学率先设立教育博士专业学位至今，教育博士专业学位教育无疑积累了非常丰富的经验。但是，毋庸讳言的是，在近一个世纪的发展历程中，围绕教育博士专业学位的质疑及挑战从来没有消失过。教育博士与教育学博士培养路径趋同的批评说，教育博士培养质量不够理想的质疑等，对于今天的我们而言，都并不是已经过去的异邦叙事，而是需要我们在变革实践中严肃对待、深入研究和谨慎提防的前车之鉴。唯其如此，本次全国教育博士论坛的举办，才愈加显现出重要的价值和沉甸甸的使命。

浙江大学非常重视教育博士的培养，教育学院首次承办“教育博士学术论坛暨第二届全国教育博士论坛”，即表明我们对教育博士培养的重视与支持。大会能够顺利召开，离不开全国教育专业学位研究生教育指导委员会的指导与关怀，也离不开兄弟院校培养单位和各位教育博士的支持。本次大会，迄今共收到博士论文96篇，有的单位派出十多位代表参加会议；一些西部院校，克服旅途遥远、交通不便等各种困难如期赴会，让我们非常感动，同时也使本次大会能够因为更多思想的融入而成为一次学术交流的盛宴。

初冬的杭州，已经有了丝丝寒意，但美丽的浙大，却因为充盈着友情的光辉和思想的力量而“春意盎然”。杭州，素有“人间天堂”的美誉，浙江大学也曾被科学史家李约瑟博士盛赞为“东方剑桥”。这座城市、这所大学，都有业已载入史册的美好回忆；今天，在各位的见证下，她们也都在释放着彼此独立、又相融相生的魅力。我们相信，明天的浙大，将在“六高强校战略”的支撑下，在迈向世界一流大学的旅程中扎实前行；明天的教育博士事业，也将因为我们倾心、倾情的投入而绽放得更精彩！

祝愿“教育博士学术论坛暨第二届全国教育博士论坛”取得圆满成功！祝愿各位领导和代表身体健康、平安幸福！

周谷平

2014年11月21日

目 录

教育博士培养模式探索与比较

变革时代的大学管理

变革时代的大学课程与教学

变革时代的学校课程领导与改革

变革时代的学校发展与教师专业成长

教育博士培养模式探索与比较

香港地区教育博士项目制度改革的动因及其历程：以香港大学和香港中文大学为例*

高 鸾 朱志勇 韩 倩
（北京师范大学教育学部）

［摘要］本文基于对香港大学和香港中文大学的实地调研，根据资料分析，将香港地区教育博士项目制度改革的动因与历程划分为如下4个阶段：①项目初创期，大学教授主导的主动借鉴型诱致性制度改革；②项目自费期，市场机制主导的经济倾向型强制性制度改革；③项目增长期，制度环境主导的模式移植型结构性制度改革；④项目发展期，人本机制主导的问题解决型支持性制度改革。本研究发现，香港地区教育博士项目制度改革经历了从学校本位到社会本位再到学生本位的价值取向变化，同时指出，知识本位价值取向贯穿所有教育博士项目制度改革阶段，社会本位价值取向持续对教育博士项目制度改革产生影响等特征。

［关键词］教育博士；制度改革；动因；价值

Motivation and Process of Doctor of Education (Ed. D.) Program Reforms in Hong Kong: Cases Study on University of Hong Kong and Chinese University of Hong Kong

GAO Luan, ZHU Zhiyong, HAN Qian

Abstract: Based on a field study of University of Hong Kong and Chinese University of Hong Kong, this paper divides the Doctor of Education (Ed. D.) program reforms in Hong Kong into four periods: program setting-up period, program self-funding period, program growing period, and program developing period. It is found that Ed. D. program reform has experienced from university-

* 本文系高鸾主持的教育部2015年人文社科青年基金项目“教育博士生学习的胜任特征及社会支持网络研究”（课题编号：15YJC880016）的阶段性成果之一；本研究受到“中央高校基本科研业务费专项资金（北京师范大学）”资助。

based perspective to society-based perspective, and then students-based perspective. Finally, it is concluded that the knowledge-based value has been imbedded in the whole reform process while the society-based value has played the sustaining role in the reform.

Keywords: doctor of education; system reform; motivation; value

一、研究缘起

我国内地自 2010 年开始正式招收第一批教育博士研究生，至今已经历了 5 年的时间；在这期间，试点培养院校在培养工作中积累了一些认识和经验，同时也遭遇了不少问题与争论①。2015 年，全国教育专业学位教育指导委员会对我国 15 所教育博士培养试点院校进行了评估。为了全面了解教育博士培养制度改革和发展过程中的经验与面临的挑战，同时探讨全球化背景下我国教育博士研究生培养制度与体系的理论构建，近期，我们对香港地区的香港大学和香港中文大学两所院校的教育博士项目进行了实地调研。其研究主题是：香港地区教育博士项目制度产生与改革的动因是什么？

二、文献综述

国外（主要是美国）对教育博士培养问题的研究，主要集中在"现状分析与反思"和"改革探讨"两个方面，而教育博士的培养质量一直是研究者关注的焦点问题。2005 年，阿瑟·莱文（Arthur Levine）[1]在对提供教育领导方向博士学位（包括 Ed. D. 和 Ph. D.）的大学教育学院院长、中小学校长、地方教育行政管理部门的领导、大学教工、正在攻读博士学位的研究生进行全国范围的调查以及对 28 个教育学院（系）进行案例研究的基础上，发表了著名的《培养学校领导》（"Educating school leaders"）研究报告。研究认为，美国一些大学的教育管理博士项目在课程一致性、理论和实践课程平衡性、教学人员组成等方面存在着严重的问题，致使教育博士的培养质量非常低下。报告本身在当时虽然没有引起社会足够的重视，却为后来的研究提供了一种经典的分析框架。2006 年，李·舒尔曼（Lee Shulman）等[2]将研究的重点放在了讨论教育博士和哲学博士的区别方面。舒尔曼严厉地指出："我们既没有培养教育博士的那种令人赏识赞美的模式，也没有培养哲学博士的优秀模式，因为我们基本上是在用相同的模式来培养两者，不管培养的是教育博士还是哲学博士。"2007 年，美国卡内基教学促进委员会发起了预计为期三年的重新

① 全国教育专业学位教育指导委员会分别于 2013 年 10 月 12—13 日在西南大学、2014 年 11 月 21—22 日在浙江大学举办了首届（以"在职学习与专业发展"为主题）和第二届（以"变革时代的学校与教育"为主题）全国教育博士论坛，来自全国 15 所首批教育博士专业学位试点高校的学者、管理者和教育博士研究生对有关培养教育博士研究生的课程设置、学习与指导方式、评估标准、论文开题与答辩等问题进行了深入研讨。

评估教育博士行动(the Carnegie Project on the Education Doctorate),一方面用于研究教育博士的现状,另一方面,通过院校的广泛参与,协力改革,使教育博士学位和教育学博士学位得以区别,提升教育博士研究生的教育质量①。

国内关于教育博士的研究才刚刚起步,有关这个话题的研究主要集中在国外教育博士制度的背景、变迁与发展情况介绍[3][4],培养模式介绍[5],培养质量讨论[6][7],争议、困境及改革情况介绍[8]等;其中又以介绍美国的研究为多数[9][10],其次是介绍英国和澳大利亚的教育博士项目以及比较研究[11][13],同时还有一些中外教育博士培养制度的比较研究[14]。针对国内5年多来教育博士研究生招生、培养过程的实证研究也开始涌现[15][16]。这些研究对于我国培养教育博士(Ed.D.)研究生的决策者、管理者、参与培养的课程教师和学位论文的指导教师,都有着重要的借鉴价值。然而,学术界对我国香港特区大学中教育博士项目发展的研究却是寥寥无几,仅有的研究也只是通过整理香港四所大学互联网上公布的文本资料对其教育博士项目制度本身进行简单的介绍而已[17],并没有触及制度产生、改革动因与历程以及背后的价值选择等问题,这些正是本文主要的关注点。

三、研究方法和分析视角

根据尹(Yin)[18]的分类②,我们采用了描述性个案研究的方法,并在质性研究范式的指导下进行研究。当确定教育博士培养制度这个研究主题后,我们首先搜索了国内外关于这个主题的大量文献,但仅停留在文献层面很难对培养工作有更进一步的认识与发现,于是我们决定选择香港地区作为实地调研的对象。在香港大学P教授的热心帮助下,我们在一周左右的时间里访谈了港大教育学院高级学位项目负责人D、港大研究生院副院长R、港大教育学院教学管理人员A、港大教育学院特聘教授P和教育博士生导师兼方法论老师H,并参加了教育博士生N的开题报告会,进行了参与式观察和简短的现场交流。结合收集到的香港大学教育博士培养的文本资料,我们对港大教育博士项目制度的创立与改革历程有了较为全面的了解。在港大除了对教学管理人员A的访谈使用中文外,对其他所有人员的访谈与观察交流均使用英语完成。对香港中文大学的调研开始时并不顺利,连发了几次邮件联系对方都没有回复,后来通过一位曾经在香港中文大学就读的博士了解到,我们在港调研期间恰逢该校教育学院高级学位项目负责人出差;无奈在港期间,我们只和该大学的一位博士生做了简短的交流。很幸运的是,回到北京后,在一位老师的帮助下我们访谈到了该校原教育学院负责人L教授③,正是他一

① 有关信息请参见 www. cpedinitiative. org/?.

② 尹提出将个案研究分为三类:探索性个案研究、描述性个案研究和解释性个案研究。描述性个案研究关注详细描述情境内的事实与现象。

③ 该教授是北京师范大学的特聘教授,每年都会在北师大进行几个月的教学和研究工作。

手创立了香港中文大学的第一个教育博士项目。L 教授当初筹办第一个香港教育博士项目时有着自己的一整套教育理念,他对香港中文大学的教育博士项目制度有着非常全面和深入的理解,给我们提供了很多文本之外的宝贵启示与信息。我们使用中文对 L 教授进行了访谈。

本文的分析视角是大学制度改革的动因及隐含在其背后的价值取向。本文中的"动因"是"动力"和"原因"两个概念的简称,主要强调一种积极的、起促进作用的原因,与通常所讲的"影响因素"含义接近,但不完全相同。比较而言,"动因"一词更强调"动力",含有"积极"的意思,而"影响因素"则偏中性一些。从中世纪至今,整个大学史可谓沧海桑田,但大学依然是大学,其制度根基坚如磐石。大学可谓是人类社会最为稳定的组织机构之一。尽管如此,这并不意味着大学制度一直静止不变。相反,随着社会政治、经济、文化等的不断变化,历史上的以及现实中的大学制度一直处于变迁之中。那么具体到我们的研究中,到底是哪些因素引发并推动了香港大学和香港中文大学教育博士项目制度一次又一次的改革呢?

四、资料分析与研究结果

(一) 项目初创期:大学教授主导的主动借鉴型诱致性制度改革(1997—1999 年)

1997 年,香港中文大学在当时教育学院院长 L 教授的主导下,设立了香港地区的第一个教育博士项目。按照胡建华等学者的分类,大学制度改革的动因分为外部动因与内部动因,外部动因包括宗教、政治、经济、文化、科技、社会思潮等,而内部动因则包括大学校长、大学教授、学科、办学理念、制度环境与路径依赖等[19]。当时,教育博士在香港地区的初创无疑是大学教授发起的一项重要的高级学位制度变革。作为大学里的一个特殊群体,大学教授永远是大学兴衰成败的根本,而当时的香港中文大学教育学科,也正是得益于 L 教授等一批知名教授的支持和努力,迅速发展壮大起来。L 教授认为,当时对教育学科两种类型博士学位的设立与培养的基本理念如表 1 所示。

表 1 香港中文大学教育博士项目设立的基本定位及与教育学博士的比较

教育博士(Ed. D.)	教育学博士(Ph. D.)
研究(学习)方式:从个人的实践中发现问题(problem),通过观察、阅读文献得出其研究问题(question),并通过系统的方法进行研究	研究(学习)方式:掌握系统的研究方法,通过博览群书,找到研究问题,在一个委员会的指导下完成学业
发展路径:研究重点是学生能通过对实践中的问题(question)的研究来解决一些现实问题(problem)	发展路径:通常是发现某一个、某一些、某一组或某一套的理论去丰富之,所以其发展过程是从理论到文献

续 表

教育博士(Ed. D.)	教育学博士(Ph. D.)
培养目标：培养能在教育实践的层面，直接有效地去解决问题(problem)的人，同时也要对理论做出贡献(解决问题的人)	培养目标：培养求真、发现真理的人，要对理论做出贡献(发现问题的人)
职业取向：在政策，或者是行政、学校层面，有效地去解决问题(problem)的人(教育领导者、教师领导者、教育管理者)	职业取向：学成之后，通常是在大学里从事研究和教学工作或者去研究机构工作(大学教师、专职研究者)

注：表1是根据对L教授的访谈资料整理提炼而成。

L教授的教育理念受到其在美国哥伦比亚大学教育博士学习经历的影响，用他自己的话说，“教育博士项目是从我的头脑中来的，从我的母校哥伦比亚大学来的”。作为一种组织制度的大学，虽然存在国别与意识形态等方面的诸多差异，但由于拥有共同的历史渊源，它们在组织结构上有很多方面还是基本相通的。因此L教授出于香港中文大学自身变革、发展与创新的需要，以哥伦比亚大学的教育博士项目为香港中文大学项目创立初期的主要参照系，是一种比较典型的主动借鉴与引进“他国他校模式”[20]。当时，也正是在这样的背景下，L教授于1997年率先设计并筹备了香港中文大学的教育博士项目。和每个高级学位项目一样，教育博士项目计划经过各系、高级学位委员会、学院院务会、研究生院议会、大学教务会等层层论证后确定开设，刚开设前两年由学校统一分配学额，并和教育学博士一样接受政府资助。

L教授在香港中文大学创立教育博士项目属于一种诱致性变革。这种变革是由个人或一群人在响应获利机会时自发倡导、组织和实行的[21]。诱致性制度变革具有改革主体来自基层、程序自下而上、边际革命和增量调整等特点[22]。诱致性的大学制度改革通常强调改革是以大学为主体的一个创新过程，是一个“多次博弈”的渐进过程，是一个由点到面的制度不断扩散的过程[23]。诱致性大学制度改革比较适合于微观的大学制度创新[24]。

(二) 项目自费期：市场机制主导的经济倾向型强制性制度改革(1999年至今)

香港的大学是受政府资助，但不受政府管理的。因为在香港，大学的经费不是由香港教育局直接拨给大学的，而是由大学教育资助委员会根据实际情况拨到各所大学的。香港中文大学创立教育博士项目之后，经研究生院批准下拨了相应的学额，开始实施运行。虽然博士生项目的人数都比较少，但学额问题仍成了教育博士项目成立不久即面临的一个重要问题。L教授告诉我们：“以每年招收10个学生为例，这意味着香港中文大学需要去向大学教育资助委员会拿这10个博士生的经费资助，从1997年开始，教育博士项目一直是以这样的形式来运行的。”而另一方面，大学教育资助委员会自从1996年宣布香港高等教育进入巩固期以来，已经开始经常以资源增值、提升大学行政效率为名，大力削减大学经费，导致多家院校面临财政困难及赤字问题[25]。因此，因设立教育博士项目而增加的学额想要从大学教育资助委员会拿到资助一年比一年困难，如果无法从大学教育资助委员会拿到学额指标和相应的资助，就意味着每招收一名教育博士生要去其他系和专业调剂学额，这让大学的管理层压力倍增。最后，香港中文大学管理层决定，资助教育博士项目两年(前两届)，然后该项目转为自负盈亏项目。

大学制度改革分为学术倾向性、政治倾向性、经济倾向性三类[26]。教育博士项目因为制度改革从受资助项目变成自负盈亏项目，从其目的来看，这是一次经济倾向性的制度改革，而其动因无疑是高等教育市场的供求关系不平衡。这种改革的目的反映了社会经济发展的要求。容万城指出：香港高等教育的运作模式主要是追随英国高等教育的模式，大学教育的开支均由政府独立承担，通过大学教育资助委员会向各院校拨款，而大学学位课程主要由大学教育资助委员会资助的院校垄断。但是，由于高等教育的成本高昂，因此在20世纪90年代大专院校扩展以后，香港特区政府的高等教育政策亦逐步走上市场之道，借此减低公共财政负担，实施了一系列与市场化有关的高等教育政策[27]。莫家豪(K. H. Mok)则指出：在市场化的过程中，院校往往都会强调用者自付、成本效益、成本回收、竞争效能、质素保证等关键词，反映出企业式管理主义正实践于院校管理与教育政策实施之中[28]。

从大学制度改革的类型来看，项目自费化是一种强制性制度变革，这种制度变革"可以纯粹因在不同的集团之间对现有收入进行再分配而发生"，"由政府(在此是大学决策管理层)命令和法律(制度)引入和实行"[29]。与诱致性制度相比，强制性制度变革的特点主要表现在政府(在此是大学决策管理层)为制度变迁的主体，程序是自上而下的，具有激进性质等[30]。

(三) 项目增长期：制度环境主导的模式移植型结构性制度改革(2003年至今)

教育博士项目由于在香港社会有着重要的现实意义和较大的需求空间，因此，当香港中文大学的教育博士项目初步形成制度环境后，逐步走向成熟，香港地区的其他主要大学也相继效仿，开设了教育博士项目。制度变革不仅是技术需求的产物，而且是制度环境的产物。如果我们要关注环境的话，不能只考虑技术环境，还必须考虑制度环境，即一个组织所处的法律制度、文化期待、社会规范、观念制度等广为接受的社会事实[31]。香港中文大学的教育博士项目在设立了6年之后，在香港的社会系统和文化系统里有了一定的"合法性"基础，于是以香港大学为代表的其他大学也纷纷设立教育博士项目，开始进行教育博士的培养。

在这些随后开设教育博士项目的大学里，我们重点调研了香港大学的情况。香港大学于2003年开始设立教育博士项目，和香港中文大学兼收全日制(full-time)和在职(part-time)攻读学生有所不同,香港大学自开办至今,招收的教育博士项目学生都是在职攻读的。香港大学教育博士项目设立之初是参照该校的教育学博士项目来设计的,只是对学生来说,相对学习自由度(主要是时间安排)更大一些。香港大学博士生都采用双导师制,每位博士生都配备两名导师,即导师(supervisor)和副导师(co-supervisor)。学生的学习进度和效果很大程度上取决于和导师的交流和互动。在博士生培养中,导师的指导和督促非常关键。香港大学的教育博士生每半年要做一次学术报告,汇报自己的学习和研究情况。在办学理念上,香港大学教育博士的定位和要求与教育学博士一致,都是教育学科的最高学位,强调学术标准,以学术立基,并未明确提出对实践领域的专门要求。在培养方式上,与教育学博士也基本一致。在香港大学,教育博士项目是放在教育学院管理,教育学博士项目是放在研究生院统一管理,两个项目的选修课程是打通的。通过访谈我们得知,教育学院给教育博士项目安排的核心课程比研究生院给教育学博士安排的各专业打通的核心课程专业性更强,也更有学科针对性。在招生方面,两个项目的申请要求也基本一致,即本科一级荣誉学位,或者本科二级荣誉学位+硕士学位;教育博士项目额外增加了具有四年与教育相关或与研究课题相关的工作经验的要求。但在实际招生中,香港大学教育学博士项目享受政府资助,而教育博士项目目前是自费的,所以教育学博士项目的竞争会更为激烈。

在香港大学的调研中,无论是高级学位项目负责人,还是研究生院院长、担任研究方法的教师、博士生导师或负责日常教学管理的工作人员等,都告诉我们,在香港大学,教育博士项目和教育学博士项目非常相似,它们之间的主要区别仅在以下四个方面:①教育学博士由研究生院统一管理和排课,教育博士由教育学院管理和排课;②教育学博士项目有政府资助,教育博士项目需要自负盈亏;③教育学博士生目前是全日制,教育博士生是兼读制;④教育学博士生普遍年龄比较小,教育博士生相对年龄比较大等。不难看出,香港大学的教育博士项目制度其实是对于本校教育学博士项目和香港中文大学教育博士项目模式的一种综合性移植。模式移植是大学制度改革过程中最为常见的一种现象。一般来说,这种移植源自大学改革与发展的需要。在模式移植过程中,一般都会遇到处理外来模式影响和恪守自身传统之间的矛盾[32]。从香港大学的案例可以看出,香港大学的教育博士项目模式移植更多地保留了自身培养博士研究生的传统。因此,香港大学的教育博士项目与香港中文大学的教育博士项目在理念和培养方式上存在差异。香港大学的教育博士项目更接近于本校的教育学博士项目,只是在教育学科博士层次的培养上,从教育学博士单轨制发展成教育博士和教育学博士双轨并行制,从而对教育学科博士层次的培养进行了结构性的改革。

(四) 项目发展期:人本机制主导的问题解决型支持性制度改革(2010年至今)

胡建华等学者提出,大学人才培养制度改革将从教师和管理者本位逐步转向学生本位，从重视预成和控制的科学管理模式转向支持学生的自我建构和能动的生命实践，也即是转向人本化的生存论与现象学管理模式[33]。笔者认为，在大学这片土壤中，人本主义的关怀或许曾经在“科学主义”盛行的年代一度式微，但以人为本的理念却一直不曾在大学精神中缺席，在对L教授的访谈中我们深刻感受到了这一点。教育博士作为一种新的高级学位，自从1997年在香港中文大学首创以来，在培养博士生的过程中遇到了不少的困难与挑战，其中最为突出的是学生学位论文的撰写与完成问题。尽管香港中文大学教育博士项目有全日制和在职攻读两种形式，但就学生总体来说，在职攻读的比较多；对于很多在职的中小学校长和教师（指教育博士生）来说，博士学位论文是最难过的一关。L教授痛惜地说：“死的、伤亡的大都在论文，写不完，开不了题，开题了第一次通不过，那内心很快就崩溃了。”香港中文大学博士学制最长为八年，有的学生觉得时间充裕，一开始比较乐观，但到最后多半还是写不完，超过年限就要停止学籍。有些学生会想方设法请求继续延期，但制度规定非常严格。L教授说：“就算睡在我的办公室前面也没有用，因为这是大学的规定。”

为应对这种情况，在L教授的主导下，香港中文大学加强了对导师和指导委员会的要求。如果学生毕不了业，导师要承担责任。这样做主要是为了避免学生交了学费，投入了时间和精力，最终无法毕业而又无从问责的情况。“学生花了那么多时间、精力和金钱，最后毕不了业，该有多么痛苦，所以必须要有人来为这件事负责，”L教授说，“如果指导的学生‘伤亡率’较高，将会影响导师的教授评定。”评职称时，除了要考虑导师的教学表现、指导研究生的数量外，学生的毕业率也是一个重要的指标。具体来说，在香港中文大学，博士生按规定修满学分拿了博士候选人资格后一年之内必须开题，导师和指导委员会要监督和指导学生的研究工作，确保其研究的持续性进展。L教授说：“导师的监督和管理非常重要，对学院来讲，怎么管理好导师的工作也很重要；管理得好，就可以在一定程度上解决学生无法按时完成学位论文的问题。”同样，D教授也相当重视导师的工作，他认为对于博士阶段的学习来说，导师的作用是第一位的，“尤其是对于在职攻读的学生”。同时，D教授认为，学生在选择博士项目以前，一定要做好非常充分的准备工作，包括工作、生活、时间安排、学术积累、心理准备等，不能冲动为之，“毕竟不是谁都可以读博士的”。

L教授认为，对于指导教育博士生，导师的指导意识也非常重要，仅有指导教育学博士的那一套做法是不够的，需要反思和创新。他认为，在指导教育学博士方法的基础上结合小团队、创建学习共同体的指导方式来指导教育博士生的研究工作是一种较为有效的方式。香港大学在教育博士项目创立之初，即2003—2004年，学生中途退出的比率相当高，有一半左右的学生都因为无法跟上进度而退学了。香港大学经调研分析认为，这与项目设立初期课程结构存在问题有关，于是在2010年针对这种情况和出现的问题进行了课程改革，形成了现行的“核心课程＋选修课程”模式，成绩也针对课程来评定。相对于原来通过课程学习来完成学位论文的不同组成部分来说，这样的设计可以更紧密地监控、管理学生的学习、研究进度。改革之后学生退学的比例大概降到了10％左右，但是由于改革实行时间较短，截至我们调研时还不到一个完整的培养周期，新制度实施以后香港大学还没有新的毕业生，因此其真正效果也有待验证。对于香港大学这次教育博士项目课程制度的改革，我们在调研中还有一个很有意思的发现，借用管理人员 A 的话来说，“改革之后这两个项目（指教育博士项目和教育学博士项目）更趋同了”。

不难发现，这一系列改革的动因主要是人本主义的关怀。教育始终是人的教育，在教育博士项目发展期间，香港中文大学和香港大学的制度改革更多地关注了学生的困难和诉求，努力营造一种支持性的学生本位学习环境，关注学生的发展和自我建构，而不是采取一种较为简单粗暴的控制性模式。我们认为，这也是香港地区教育博士项目得以不断发展的根本所在。

从大学制度改革的模式来看，我们称上述两所大学所进行的教育博士项目改革为“问题解决模式”的制度改革[34]。问题解决模式主要由一线教育工作者自行设计与实施，是以解决实际问题为目标的改革模式。在教育改革中，问题解决模式要求根据教育的实际需要或存在的问题进行改革，使改革富有实践针对性和速效性[35]。

五、结论与讨论

香港中文大学、香港大学作为香港地区最重要的也是规模最大的两所大学，其制度的改革和发展一方面深受香港地区经济文化的影响，另一方面在很大程度上也引领和代表了香港地区大学制度的改革趋势。通过对这两所大学教育博士培养制度改革动因及其历程的梳理，我们不禁要问：在轰轰烈烈的制度改革背后，究竟是什么在左右着制度的变迁？

通过对资料的分析，我们认为，在教育博士培养制度改革的背后，价值是支撑改革的内在动因。从价值论视角看，改革过程其实是各种价值经由相互“博弈”之后，某一种或几种占据主导地位的价值的抉择过程。胡建华等[36]在进行大学制度改革理论研究时提出，从大学发展的历史与现状看，社会本位价值观、个人本位价值观（在本研究中即学生本位价值观，为表述更清晰，在下文中使用学生本位价值观的概念）、知识本位价值观、学校本位价值观是支配大学制度改革的四种基本价值观。我们以这四种基本的价值观为轴构建了一个二维四象限图，香港地区教育博士培养制度的改革历程和价值选择如图1所示。

虽然图1中四种价值取向是相互竞争和博弈的，但并不代表它们之间就必然处于一种矛盾和对立的关系。每一次教育制度的改革，都不会只受其中一种价值取向的影响，必定会有一至两种价值取向起主导作用。按照我们所构建的四象限

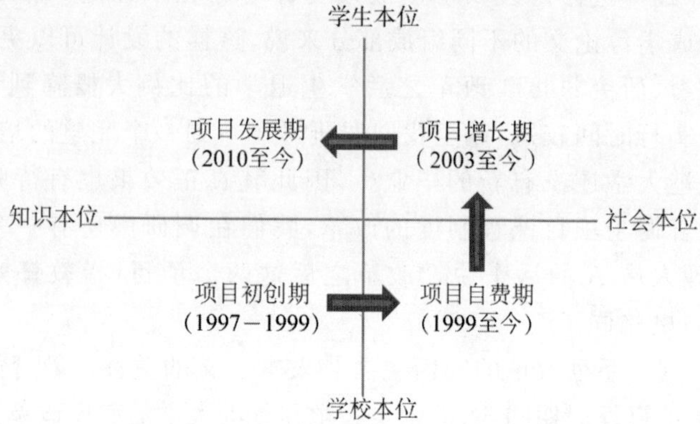

图 1　香港地区教育博士培养制度的改革历程和价值选择

图,根据影响香港教育博士制度不同时期改革的主要价值选择,学校本位和知识本位的价值取向是香港教育博士制度诞生的直接动力和内化影响力;社会本位和学校本位的价值取向是香港教育博士进入项目自费期迫于外在压力的选择;社会本位和学生本位的价值取向是香港教育博士项目增长期的功利选择与现实动力;学生本位和知识本位的价值取向是香港教育博士项目的终极关怀和深层次文化动因。

(一) 价值取向改革路径:学校本位—社会本位—学生本位

学校本位价值取向是指大学制度的改革过程主要以学校(区域)自身的利益、体现学校自身的历史与特色作为指导价值[37]。香港教育博士项目初创期的借鉴型改革并非只是对美国哥伦比亚大学模式的简单移植,这种制度创新和改革以香港中文大学本校发展的需求为基础,是紧密结合本土现实状况的推陈出新。这样的改革因为深入人心,为大学制度改革提供了直接的动力,使制度改革的压力、阻力与代价降至较低水平。

社会本位价值取向是指大学制度的变革过程主要以社会主流价值观为指导价值,大学根据社会政治经济的发展需求来建构与调整其制度设计[38]。随着香港地区高等教育的普及和发展,在终身学习的潮流下,已经接受过研究生教育的精英阶层自身学习发展的需求越来越明显,同时,在教育实践中也仍有大量的现实问题需要有研究能力的实践者通过自身能力的提升来解决。在这样的背景下,香港各大学的教育博士项目应运而生。容万城认为,20 世纪末以来,实施市场化及增加私有化的广度已成为香港高等教育改革的主流思潮[39]。这种社会本位的价值取向也正是香港教育博士项目进入自费期后续又进入增长期的主要原因。

学生本位价值取向是指大学制度的变革过程主要根据学生自身的主体完善与发展的内在精神需求来进行大学制度的调整与改革[40]。香港教育博士项目发展期的制度改革,始终关注与围绕学生的困难和需求,体现出明显的学生本位价值取向。其实,教育博士项目创立的初衷也正是想为更多的实践者提供学习提升的机会与渠道。香港地区的教育博士项目进入发展期以来，形式更为灵活，管理更为人性化。为了避免学生因兼职攻读而造成的学业困难，各个院校采取了多种支持手段和监控措施，随时给予学生需要的帮助，并定时督促其学业进度。

（二）知识本位价值观贯穿改革所有阶段

知识本位价值取向是指大学制度的变革过程主要以是否有利于高深学问的发展为指导价值[41]。"大学是一个产生意念而求真的地方，一流的大学都对高学术标准有着坚定的信仰和不懈的追求，对于高级学位而言尤其如此，"L 教授说，"香港中文大学的教育博士项目是出名的难，对于申请者来说，需要认真考虑自己的目标和需求；博士论文的研究和写作是一个非常艰苦与困难的过程，一个在职的工作人员在非常努力的情况下通常也需要六到七年时间才能完成。"

香港大学对教育博士项目的定位是一个研究型的顶层项目（top research program），重视研究方法课程。D 教授认为硕士层次和博士层次培养的最重要区别是对研究方法训练的要求。香港大学十分强调学生研究能力的培养，坚持学术标准（academic standard）为先。D 教授认为："如果没有做好充分的时间、精力和心理准备，没有对学术的信仰和追求就不应该选择博士项目。对于教师来说，如果仅仅是希望能在教学和工作上有所进展和提升，而不是追求学术职业生涯，博士项目并不是合适的选择。很多申请者低估了博士项目的学术标准和难度，致使他们在学习和研究中遇到很多困难，甚至不得不中途放弃。"

（三）社会本位的价值观对教育博士培养制度持续施加影响

社会本位的价值观是大学制度改革的现实动力、功利导向与外在压力。作为社会的"轴心机构"，大学日益面临两难抉择：一方面是随着社会地位的上升，大学自身的功能必须不断扩张和衍生，以与"轴心机构"的地位相称；另一方面，这种功能扩张和衍生的前提与边界是顺应外部社会的需求，并尽可能地与外部社会需求"同构"。香港地区的教育博士项目在学额紧张的情况下，项目进入自费期就成为迫于外在压力的现实选择，而这种没有任何政府资助的培养制度也一直持续到现在，贯穿后来的项目增长期与发展期。从 2003 年开始，随着香港社会的转型和进一步发展，对于这种高级学位的社会需求进一步增长；随着制度环境和社会文化环境的进一步成熟，以香港大学为代表的其他院校也纷纷设立教育博士项目，整个香港地区教育学科博士教育由单轨制转向双轨制则是又一次社会本位价值观影响下的制度改革。

即使在同一个地区，同一所大学，不同文化背景、教育背景的管理者、教师、学生对教育博士项目的认识和定位也不尽相同。大学制度改革与人才培养之间是一种可互为因果的联动关系：一方面，新的人才培养目标必然要求大学制度进行相应的改革；另一方面，深化大学制度改革旨在提高人才培养质量，这也是大学制度改革的根本目的和核心所在[42]。

参考文献

[1] Levine A. Educating school leaders[EB/OL]. [2015 - 03 - 10]. http: //www. edschools. org/pdf/Final313. pdf.

[2] Shulman L S, Garabedian K J. Reclaiming education doctorates: A critique and a proposal [J]. Educational Researcher, 2006,35(3): 25 - 32.

[3] 魏玉梅. 取消与重塑：哈佛大学教育博士项目的改革与发展[J]. 高等教育研究，2015(5)：70 - 77.

[4] 韩延伦. 近年来美国重塑教育博士的改革行动及启示[J]. 现代大学教育，2015(2)：50 - 58.

[5] 熊倪娟，袁本涛. 教育博士培养模式：问题与变革[J]. 高等工程教育研究，2015(4)：104 - 110.

[6] 李广平，饶从满. 美、澳、英三国教育博士的培养目标与培养过程研究[J]. 学位与研究生教育，2010(9)：71 - 77.

[7] 李云鹏. 教育博士学位论文的形式与质量标准[J]. 比较教育研究，2013(3)：28 - 32.

[8] 李云鹏. 国外对教育博士(Ed. D.)教育的研究、争论及其启示[J]. 学位与研究生教育，2011(10)：42 - 47.

[9] 顾建民，王霁云. 创建新型毕业环节：美国教育博士学位论文革新的个案分析[J]. 高等工程教育研究，2012(2)：107 - 112.

[10] 徐铁英. 透视美国教育博士学位：历史变迁与发展趋势[J]. 清华大学教育研究，2012(3)：69 - 74.

[11] 饶从满. 英国教育博士研究生的培养及其特征：以伦敦大学教育研究院和格拉斯格大学为中心[J]. 外国教育研究，2010(11)：16 - 22.

[12] 马爱民. 澳大利亚教育博士改革动向：以新英格兰大学为例[J]. 高等教育研究，2012(2)：104 - 109.

[13] 刘筱. 美、澳、英教育博士人才培养中存在的问题及改革论争[J]. 中国高教研究，2011(6)：51 - 55.

[14] 谢冉，母小勇. 中美教育博士研究生培养制度比较研究：基于厦门大学与哈佛大学的案例分析[J]. 学位与研究生教育，2012(9)：68 - 72.

[15] 马爱民，李永刚. 我国教育博士专业学位研究生培养状况调查研究[J]. 国家教育行政学院学报，2015(3)：73 - 79.

[16] 康晓伟. 我国教育博士专业学位教育的现状、问题及政策建议[J]. 现代教育管理，2014(3)：87 - 90.

[17] 罗生全，程芳芳. 香港地区教育博士培养体系及借鉴[J]. 教师教育研究，2012(5)：49 - 53.

[18] Yin R. Case Study Research: Design and Methods[M]. 3rd ed. Thousand Oaks, CA: Sage, 2003.

[19][20][24][26][32][33][34][35][36][37][38][40][41][42] 胡建华，王建华，王全林. 大学制度改革论[M]. 南京：南京师范大学出版社，2006：53 - 66,91,97,9 - 16,97 - 105,210,81,83,124,122,123,188,196,202.

[21][29] [美]科斯，[美]阿尔钦，[美]诺斯. 财产权利与制度变迁[M]. 刘守英，译. 上海：上海人民出版社，1994：197,297.

[22][30] 卢现祥. 新制度经济学[M]. 北京：北京大学出版社，2012：183－185,187－188.

[23] 刘志文. 论高等教育制度创新的模式选择[J]. 江苏高教，2004(2)：43－45.

[25][27][39] 容万城. 香港高等教育：政策与理念[M]. 香港：三联书店(香港)有限公司，2002：101,100,103.

[28] Mok K H. Education and the market place in Hong Kong and Mainland China[J]. Higher Education，1999，37(2)：133－158.

[31] Meyer J. The effects of education as an institution[J]. American Journal of Sociology，1977，83(1)：55－77.

教育博士的发展定位与培养：场域理论视角

李成明　王晓阳
（清华大学教育研究院）

［摘要］从场域理论视角看，教育博士应该如何进行发展定位与培养呢？本文首先阐释了场域理论及高等教育场域；其次，从哲学逻辑、权力逻辑和行动逻辑视角，揭示了教育博士专业学位的内在逻辑性；最后，就我国现实的教育博士发展定位与培养问题，提出了一些思考与建议。

［关键词］教育博士；场域；发展定位；培养

Development Orientation and Cultivation of Dcotor of Educatuion（Ed. D.）: Field Theory Perspective

LI Chengming，WANG Xiaoyang

Abstract: How should we develop and cultivate the Ed. D. on the perspective of field theory? Firstly, the paper explains the field theory and higher education field. Secondly, the paper explores the intrinsic logic of Ed.D. from the philosophy, power and action perspectives. Finally, the paper proposes some ideas and suggestions on the development orientation and cultivation of Ed. D..

Keywords: doctor of education; field; development; cultivation

专业学位教育是研究生教育的重要组成部分，是培养应用型、复合型高层次人才的重要途径，也是研究生教育在人才培养目标、规格、模式等方面的重要突破。属于职业领域的教育博士专业学位进入强调学术研究的高等教育领域，使职业个体可以获得较高的学位文凭，是职业领域挑战学术领域的象征，其重新规定了一种学位文凭的获得标准。知识生产模式转型，成为专业学位研究生教育思想与培养模式发生根本改变的关键影响因素，而专业学位研究生教育也随着教育思想研究与实践的发展而发生变化。本文将从场域理论视角，讨论作为一个职业领域的教育博士研究生教育的内在逻辑，以及这种内在逻辑对我国教育博士研究生教育发展与培养的启示与借鉴。

一、场域理论与高等教育场域

场域理论(Field Theory)起源于19世纪中叶的物理学概念，是社会心理学的主要理论之一，是关于人类行为的一种概念模式。法国社会学家皮埃尔·布迪厄(Pierre Bourdieu)认为，一个社会被分割成许多不同的场域，在这些不同的场域(已经结构化了的一些场所)会进行一些为了特定目标的竞争。他认为，“世界由诸多相对独立的小世界构成，这些小世界都有自身的逻辑性和必然的客观关系性空间”[1]，这些小世界就是场域。

资本与惯习是场域领域的两个重要概念。布迪厄的资本概念不同于经济学里的资本概念，他把资本视作积累起来的劳动，这种劳动可以作为社会资源被群体占有。布迪厄把资本分为三种：经济资本、文化资本和社会资本。惯习是一个开放的性情倾向系统，不断地随着经验和场域的发展而变化，在这些经验和场域的影响下不断地强化和调整自己的结构，稳定持久但不是永远不变的。[1]惯习是场域发展的一种倾向，这种倾向是由场域内所有参与者互相影响所决定的。如何研究一个场域呢？布迪厄的回答是，从场域角度进行的任何分析均涉及三个必不可少且内在关联的环节：首先，必须分析与权力场域相对的场域位置；其次，必须勾画出行动者或机构所占据的位置之间的客观关系结构；第三，必须分析行动者的惯习，亦即千差万别的性情倾向系统。

教育场域是指在教育者、受教育者以及其他教育参与者之间所形成的一种以知识的生产、传承、传播和消费为依托，以人的发展、形成和提升为旨归的客观关系网络。作为一个理论范畴，教育场域无疑是对上述客观关系网络的一种抽象和指称。[2]教育场域不是一个孤立、静止的概念，在使用过程和经验研究中，该范畴具有很强的概念生产能力，能够形成不同的具体的教育场域概念，由此体现场域的相对性和层次性。场域都会有一个象征性产品，这个象征性产品是场域的核心。教育领域是一个大的场域，高等教育领域是其分支之一，本文主要研究高等教育场域中的教育博士，因此，教育博士就是场域的核心象征性产品，即所有的行动者之间的关系都是围绕着这个产品展开的。

场域是各种力量会聚和较量之所，是各股势力通过较量和斗争而形成的关系网络，其发展演变正是各种冲突、矛盾和斗争不断酝酿和演化的过程。因此，冲突乃场域动力之源，而冲突的根源在于利益。布迪厄曾指出，只有利益促使人们采取行动，使他们互相斗争和竞争。高等教育场域的权力中轴是文化权力。权力的基础是资本，不同的社会场域里存在着不同的资本形态，从而导致这些场域具有不同的权力形态。高等教育场域内的媒介资本主要是文化资本，教育活动的各个要素及它们之间的联系，基本上都是通过知识实现的。高等教育场域内存在着诸如社会资本、经济资本等其他资本，这些资本也确实参与、影响甚至决定着高等教育场域的运行过程，但这些资本并不足以界定高等教育场域的基本资本形态(教育场域的媒介资本)——文化资本。文化资本对应的是文化权力。所谓文化权力，乃是知识和权力的联姻；知识力量成为人类生命改变的代理人，是文化的支配性与文化霸权的具体呈现。

在高等教育场域内，为了占有更多的文化资本、掌握更大的文化权力、占据更高的场域位置，不同的竞争主体总是处于持续的争夺和较量中。教育领域是一个文化领域或知识领域，该场域内不同主体(教育者、受教育者、管理者、家长)之间的互动，以及互动展开的途径、过程等，无不跟知识与文化紧密相连。产生并运行于教育场域内的不同互动主体之间的权力，实属文化权力范畴。

二、教育博士的内在逻辑：学术场域与职业场域

在美国，教育博士学位从诞生之日起就一直存在争议。关于教育博士学位的争论，始终与教育哲学博士学位的区别问题联系在一起。理论上讲，教育哲学博士是学术性学位，以理论研究为取向，培养研究人员；而教育博士是专业性学位，以实践为取向，培养专业人员。乍一看，对两种学位的区分一目了然，实则不然。[3]在我国，教育博士学位刚刚产生不久，无论是相关领域的学生、教师还是学校管理人员，对其认识都还比较模糊，也缺乏实践经验。常常听到的一种说法就是，哲学博士才是真正的博士学位，而教育博士是提供给学校高级管理人员或教育部门官员的山寨博士学位，因为他们无须也没有那个能力从事真正的学术研究。此番话语，反映了教育博士在身份认同上的尴尬地位。[4]研究者与实践者、理论与实践、自由教育与专业教育、研究导向与实践导向，诸如这些日常中的辩论，能够真正地揭示彼此之间的显著差异吗？有人一定要怀疑教育者创造出来的这种差异。为什么会有这样的一些争论呢？为什么要给从业者一个学位？为什么教育者坚持两种学位，并且一个优于另一个？本杰明(Benjamin)[5]认为，教育博士遮掩了学术团体创造并使社会分类合法化的权力，以及这两个学位之间的冲突掩饰了其他领域对高等教育领域目标的挑战。因此，我们应该研究深层次下的权力与差异的辩证关系，当然，这个研究不是把它作为现实政策和权力的反映，而是反映某一特定阶段支配社会分类的冲突与斗争。例如，职业领域的个体和团体试图控制文化领域(高等教育领域)，而文化领域试图主导其他领域。

(一) 哲学的逻辑——高等教育的目标

哲学博士与教育博士两种学位的争论反映了高等教育的目的，这其实要追溯到赫尔钦斯和杜威的高等教育思想：前者认为普通教育是至高无上的、主要的，因为其用训练心灵来处理社会问题；后者认为经验学习使学生能够更好地解决问题，知识源于生活。给予教育博士优先权，大学就应该为个体具备充分的工作经验做好准备；给予哲学博士优先权，大学的目的就是产生知识，并理解世界。不管关于

高等教育目标的冲突如何，研究还是实践，知识还是社会运用，这种区别已经建立并合法化。为什么这种区别是必需的呢？教育者设置这种区别的支点是什么呢？本杰明运用布迪厄的场域理论，研究了这两种学位之间的差异问题。他认为：高等教育目标领域的冲突是整个社会系统中政治冲突的一部分，这些冲突不只发生在某一个领域，例如高等教育领域，而是两个领域——高等教育与职业领域；高等教育领域自身正经历着其他领域的挑战，尤其是职业领域，这种矛盾与冲突也反映了两种学位的争论。[5]

（二）权力的逻辑——权力与学位标准

布迪厄把社会对象区别于其他对象，并尽力去赢得对其他对象的控制。实现这一权力的途径就是创造出区别。区别是一种权力功能，通过区别使其具有合法的权力。这种区别在教育领域内代表了特定的权力，不仅通过学位和证书确定分层，而且也担当排列社会等级阶层的任务。教育机构创造的区别实际上是主导物质世界的一种象征。布迪厄把这种权力区别为一种文化资本，因为区别能够产生利润，当然这不是经济上的利润。

对高等教育领域的挑战（本领域的个体反对培养目标或者其他领域反对统治当局），也是通过创造区别来实现其冲突和斗争的。高等教育领域与其他领域的关系是不断变化的，高等教育领域本身面临着其他领域的挑战，尤其是职业领域；职业领域是通过创造或建立合法的学位来区别和反对传统高等教育目的的。因此，学位的区别，具有一种权力再分配的功能，一种通过创造这种区别使其合法的功能。布迪厄的理论认为，社会某领域区别于其他领域并尽力去赢得对其他领域的控制权，就是通过它们创造的区别来实现的。[6]高等教育领域试图维护自身的地位，当面临职业领域的挑战时，创设教育博士学位并使其合法化，目的是策略性地吸收职业领域的某些方面，从而避免被其他领域完全吞没的威胁。这或许就是高等教育领域强调在博士教育中创设注重实践的教育博士的目的。

属于职业领域的教育博士专业学位进入强调学术研究的高等教育领域，重新规定了一种学位文凭获得的标准，使职业个体可以获得较高的学位文凭，是职业领域挑战学术领域的象征。作为制定文凭获得标准的学术授予团体，传统大学拥有这种权限；现在的大学受到来自职业领域职业资格认证标准制定者的挑战，这种挑战力量迫使其企图控制这种功能。[7]专业学位的设置在某种程度上反映了职业领域对传统大学学术功能的挑战。传统的大学教育不能满足社会的需求（尤其是在工作场所），甚至获取博士文凭日益成为个体获得职业高层次社会地位的象征，因此，为满足职业领域市场需求的专业学位教育逐渐发展起来。

（三）行动的逻辑——惯习的作用

惯习是一个开放的性情倾向系统，不断地随着经验和场域的发展而变，并在这些经验和发展的影响下不断地强化和调整自己的结构，其稳定持久但不是永远不变的。惯习是场域发展的一种倾向，这种倾向是由场域内所有参与者互相影响所决定的。

这种倾向镶嵌于各个不同的场域,并规定了个体的实践。因此,研究某个场域的实践问题,可以追溯到某个场域的惯习。虽然教育博士的创设是职业领域挑战高等教育领域的重大标志,但是在教育博士的发展定位与培养上,高等教育领域仍然具有优先权与主导权。在现实的教育博士培养实践中,高等教育领域的某些方面的惯习会影响教育博士的发展定位与培养,下面围绕几个具体的方面进行阐释。

1. 以自身利益为主的行动逻辑

哲学博士与教育博士的区别,如研究与实践,理论与实践等,是教育领域与职业领域共同创造出来的,是自身面临外部挑战时以权力区分的结果。两者的区别是阶层的权力关系的结果,是出于自身逻辑的对对方的一种不认可。因此,在教育博士发展定位上,如果从高等教育领域利益出发,重视理论与知识是符合自身利益的。首先要考虑教育博士的学术性,这也是现实的教育博士培养过程中经常听到的;其次,教育博士要达到博士学位的学术性水平,否则就是对高深学问的亵渎。工作机会是教育领域与职业领域的一个冲突点。职业领域,尤其是商业和工业,希望用其自己的标准来选择毕业生。当教育领域试图给职业领域一个位置的时候,职业领域企图占用教育的价值,例如,职业学校通过协会团体建立达到工业和商业标准的课程或教育大纲。如果从职业领域利益出发,首先要考虑的是雇主的需求;用人单位需要的是能解决实际问题的人才,他们不仅要掌握高深的理论知识,而且还要具有复杂环境中解决问题的技巧与经历,能为企业或用人单位创造实实在在的效益。虽然教育博士学位已经确立,但是在教育博士发展定位与培养上,需要遵守这种有不同领域冲突产生的产品的差异性,这是我们在教育博士培养过程中亟待解决的现实问题。

2. 教育者的行动逻辑

虽然教育博士是受职业领域挑战而设立的,但是在教育博士的培养上,高等教育领域仍然具有优先权与主导权,高等教育领域仍然可以支配对教育博士的培养权。现实中还没有形成教育博士专业导师队伍,教育博士的培养是由原来的哲学博士导师来实施的,因此,哲学博士导师队伍的行动惯习会深深地影响教育博士的培养实践。例如,哲学博士在高等教育分支领域比教育博士更"值钱",因为他是之前的学位研究者,所以高等教育机构会认为他比实践者更有价值。因此,在高等教育领域,重视理论比重视实践要重要,这种思想是不会轻易改变的。哲学博士导师仍然具有培养哲学博士的思维与行动,在他们的思维中,不会把高等教育领域转变成一个非学术领域的工作间;同理,职业领域也是一样的。

3. 知识的行动逻辑

教师通过知识的组织和讲授与学生进行互动,学生则通过知识的学习实现与教师及其他教育者的交往;教育管理者的活动通过对知识的组织、控制和评价等形式来实现。我们甚至可以认为,教育活动、教育制度与其他社会活动、社会制度之间的关系,从根本上看,也都是通过知识而完成的。自从学位诞生以后,无论是传授知识还是增长知识,知识始终是大学的基石,是学位的指向,大学成为知识的主要生产者。然而，20 世纪末以来，随着经济的迅速发展，知识的性质发生了根本性的变化。

1994 年，迈克·吉本斯（Michael Gibbons）等人出版了《新的知识生产模式——当代社会科学与研究的动力》一书，把知识生产划分为“模式 1”和“模式 2”。模式 1 是一种传统的知识生产方式，以单一学科为基础，其研究的是纯科学；它在较宽的学术背景中形成和解决问题，把新知识的生产视为创新，知识生产与应用相分离。而模式 2 是一种新的知识生产模式，是在应用语境下通过跨学科、跨部门合作完成的，知识生产的主体、场所和组织机构都呈现异质性的特点，更加强调社会责任。知识生产的情境化，使科研呈现出越来越明显的语境依赖性，更强调知识的效用。知识生产更多地置身于应用的情境中，这意味着研究问题的选择、研究的宗旨、研究成果的传播都受到应用情境的制约。在职业领域的专业学位教育中，对受教育者来讲，不管其是否拥有相关职业经验，在接受专业学位教育期间都要从事职业实践，将职业实践经验与专业知识学习结合起来。基于知识生产模式的转型，专业学位教育要转变为侧重在职业实践中培养专业人才。和传统的学术学位不同，专业学位的研究问题往往来自实践的应用语境，并致力于增进应用性的知识。当前，在英国、美国、澳大利亚兴起的专业学位所授予的对象，就是满足知识生产模式 2 的知识生产工作者。专业学位的崛起体现了新的知识主体（拥有研究技能的专业人士）、新的知识（与实践情境紧密结合的新的知识形式）和新的知识生产情境（工作场所与实践领域）三者的结合。[8]

三、教育博士的发展定位与培养的启示

（一）哲学逻辑是明确的，行动逻辑是模糊的。

重视研究还是实践，追求高深知识还是知识的应用，这些矛盾与冲突在高等教育（学术）和职业两个领域表现得尤为突出。从学术和职业两个场域看，教育博士的发展定位和培养有什么区别呢？在定位上，学术场域坚守赫尔钦斯的普通教育学哲学观，职业场域则奉行杜威的学习源于生活的实践思想。从两者的哲学逻辑上看，高等教育的目标是很明确的；然而，从行动逻辑看，教育博士的发展定位实践是现实模糊的。究其主要原因，是学术和职业两个领域都有从自身利益为出发点的惯习，而且在发展定位上，出于自身逻辑对对方的一种不认可。

（二）建立倾向职业场域的行动逻辑

1. 课程结构要具有职业导向性与多学科跨度

教育博士研究生培养方案的设置必须针对“职业性”特点量体裁衣，根据学生的知识结构与职业背景，加强培养过程中的实践性，实现整个培养过程的科学设计。在专业学位研究生教育的课程教学中，要考虑多学科思维与多学科理论知识的习得，课程内容要注重学生操作性和综合素质的培养。知识生产模式 2 的知识生产具有天然的跨学科性质，学科综合化应成为研究生课程改革的重要价值取向，

不仅在课程结构中应保障跨学科课程的比重，还应设置来源于企业的实践项目，以问题解决为导向，促进学生跨学科思维的训练与养成。

2. 学习环境要向职业场域转移

知识生产模式2的一个显著特点是，知识生产的场所和主体呈现出社会分布和异质性。新的知识生产模式下，知识生产场所和从业者范围的扩大，预示着原有的大学封闭办学体系的终结，要求大学逐步实现从学科规范和过程控制下的封闭系统到社会环境良好互动的开放系统的转变。专业学位研究生学习要深入职业领域，进入一线的企业或机构，在知识生产场所培养解决具体问题的能力。这体现在培养专业学位研究生导师制度上，即要形成导师小组；导师小组由校内导师与校外专家共同组成。通过导师小组的多元信息通道，构建学术领域与职业领域的信息桥梁，实现专业学位知识体系与职业资格标准的有序衔接。

3. 要建立学术场域与职业场域双方的共同评价机制

我国研究生的课程教学评价是一种学科内部的学术性评价，知识质量的评价完全是知识共同体内部的事情。在评价标准上，过多侧重学生的学业成绩，以是否发表学术论文及发表的质量为主要指标，缺乏考虑引入应用性评价标准的理念。知识范式的改变、知识生产主体和场所的异质性特点，以及对研究成果社会价值的较高要求，迫使我们改变原有的学术性导向的评价方式，吸纳高校外部的利益相关者参与到评价过程中。在评价内容上，要从单一的理论知识考核，扩展到知识应用能力、实践问题解决能力，以及跨学科的综合思维能力等方面。在评价主体上，要从单一的学科领域内的专家，扩展到职业领域的需求方、职业资格标准的制定者，以及社会中的利益相关者。在评价过程上，要从单一的课程考试的终结性评价，扩展到教学的过程性评价，加强教学过程中的实践性评价比重。

（三）教育博士：学术场域与职业场域的太极

在研究学术场域与职场领域之间的紧张或矛盾冲突时，可以运用折中妥协的方式，依托我国古代道家的太极图，建立一种理论模型。在该模型中，阴影部分代表阴，白色部代表阳；阴和阳看起来是相对的，但是它们总是在一个系统中保持平衡；黑白两个圆点为阴中有阳、阳中有阴，寓意其中一个不能离开另一个独立生存。也就是用太极中的阴和阳设计出学术场域与职业场域的平衡关系图，阴代表职业场域，阳代表学术场域，哲学思想与目标、教育者、知识、实践、理论、行动惯习等六个要素为环形，学术场域与职业场域在教育博士的发展定位与培养中寻求一种和谐的平衡关系。

参考文献

[1] [法]皮埃尔·布迪厄，[美]华康德. 实践与反思：反思社会学导引[M]. 李猛，李康，译. 北京：中央编译出版社，1998：134，178.

[2] 刘生全. 论教育场域[J]. 北京大学教育评论，2006(1)：78－87.

[3] 王宵云. 美国教育博士与教育哲学博士之争的缘起与发展[J]. 大学教育科学,2012(3):92-96.

[4] 徐岚. 教育博士作为专业学位的身份再审思[J]. 研究生教育研究,2013(1):74-76.

[5] Benjamin B. Degree of Distinction: The Ed. D. Or the Ph. D. in education[C]//Annual Meeting of the Association for the Study of Higher Education, Sacramento, CA, 2002.

[6] Bourdieu P. Distinction: A Social Critique of the Judgment of Taste[M]. Nice R, Trans. Cambridge, MA: Harvard University Press, 1984: 6.

[7] Agnew B. Scientists block NIH plans to grant Ph.D.s[J]. Science, 1999: 17-43.

[8] 陈洪捷. 知识生产模式的转变与博士质量危机[J]. 高等教育研究,2010(1):57-61.

厦门大学教育博士招生试水"申请—考核制"的实践和体会

吴晓君
（厦门大学教育研究院）

［摘要］本文通过对厦门大学教育博士招生试行"申请—考核制"的目的、内容、特点、效果、存在的问题和解决建议等方面进行探析，以期为博士生招生改革实行"申请—考核制"提供一些有益的借鉴。

［关键词］厦门大学；教育博士；博士生招生；申请—考核制

Practice and Experience of the Experimented "Application-Assessment System" for Doctor of Education in Xiamen University

WU Xiaojun

Abstract: This paper analyzes the purpose, content, characteristic, effect, existing problem and solution suggestion of the experimented "Application-Assessment System" for Doctor of Education enrollment in Xiamen University, with a view to provide some useful references for the reform.

Keywords: Xiamen University; doctor of education; doctoral students' enrollment; Application-Assessment System

教育部、国家发展改革委、财政部联合下发的《关于深化研究生教育改革的意见》（教研〔2013〕1 号）明确指出："建立博士研究生选拔'申请—审核'机制，发挥专家组审核作用，强化对科研创新能力和专业学术潜质的考察。"近年来，北京大学、清华大学等高校在部分学科进行博士生招生制度改革，试行"申请—考核制"，但尚未在教育博士领域试行。厦门大学于 2014 年将教育博士专业学位作为文科类试点之一，在全国率先进行招生方式的改革和探索。

一、厦门大学教育博士招生试行“申请—考核制”的目的

教育博士培养目标在于为实践领域造就高层次、具有实践研究和反思能力的“专家型”教育专业工作者，“实践性”是其主要价值取向[1]。如何有效地甄别、选拔适合教育博士培养目标的优质生源，是提高教育博士培养质量的重要方面。

2010—2013 年，厦门大学教育博士招生采用传统招考方式，即在达到外语和专业课单科线的基础上，按初试分从高到低确定复试名单，初试分在录取总分中占 40%的比重。以考试为基础的传统招考方式只能考查考生的基础知识面和基本外语能力，无法考查考生的创新能力、实践能力、团队协作能力等综合素质，使得部分具有丰富教育实践能力和教育管理经验的优秀生源被拒之门外，而一些擅长理论考试但实践能力较弱的考生因为初试成绩优异被录取。传统招考方式不利于体现教育博士“实践性”这一价值取向，不利于教育博士进校后与学术型博士分类培养。

为了争取优质生源，真正为教育改革和发展培养高层次、高素质的专业化领军人才，厦门大学于 2014 年对教育博士招生试行“申请—考核制”。“申请—考核制”是指以申请替代原先院校统一进行的初试，经过对申请材料的筛选之后，选择部分申请人进入考核环节，参加院系自行组织的考核，最终根据考生的综合表现确定录取名单。通过考查申请材料中的科研成果、学习研究计划、工作成绩等方面，那些具有丰富实践经验和良好学术功底的申请者容易脱颖而出。

二、厦门大学教育博士“申请—考核制”实施方案

厦门大学制订的教育博士“申请—考核制”实施方案主要体现在《2014 年厦门大学教育博士专业学位研究生招生“申请—考核制”选拔办法》和《厦门大学教育研究院教育博士学位研究生招生“申请—考核制”选拔细则（试行）》两份文件中。从中可以看出四个主要选拔环节：①由招生秘书登记书面申请材料，并审查其完整性和真实性，主要包括申请者的学习与工作经历、工作成绩、已取得的科研成果、硕士论文创新点、学习研究计划和 1～3 位主导师意向；②博士生导师独立评审申请材料，推荐 1～3 名建议入围考核初步人选并陈述推荐意见；③全体博士生导师对建议入围考核初步人选的申请材料进行集中评审，按不高于 1∶2（招生名额∶入围考核人数）的比例，集体讨论确定最终入围考核的申请者名单；④由 5 名以上博导组成考核小组，入围考核申请人自拟教育相关报告主题并回答 5 名以上博士生导师的提问。在充分讨论后，考核小组成员独立评分，以总平均分计算考核分，按考核分从高到低依次录取。

结合实施方案内容和实际招生过程，厦门大学教育博士“申请—考核制”体现了以下四个特点。

(1) 在选拔标准上坚持质量第一原则。除了标准化测验（美国高校普遍采用 GRE 测验），实施方案要求的申请材料与国际知名研究型大学教育学科的要求一

致，以素质、能力为基础，重视申请者已取得的科研成果、工作经验与成绩。考核时，注重全面考查申请者的专业知识综合应用能力、逻辑思维能力、创新能力和研究潜质等，更好地体现教育博士的应用性、实践性的特点，以适应教育博士的培养目标。

（2）在选拔方式上体现效率优先原则。从公平的角度看，面试全部申请者或者全体博导集中评审申请材料是最理想的。但2014年教育博士申请人数达到132人，而招生名额仅10名，申请人数与招生名额的比例超过13∶1。从成本和效率角度看，面试132人或要求全体博导在较短的时间内认真评阅132份厚重的书面申请材料并评分排序，显然是不可能完成的任务。因此，为体现效率优先的原则，降低申请者和招生专家组的时间和经济成本，实施方案将考核与录取的比例确定为1∶2，即从132人中挑选20人作为入围考核申请者；由招生秘书登记书面申请材料并汇总关键信息，由博士生导师参考关键信息汇总表后有选择地评阅申请材料，并分别推荐1～3名建议入围考核初步人选，再由全体博士生导师进行集中评审。评审方式先分散再集中，把选拔思路从“淘汰”改为“择优”。

（3）在选拔程序上体现公平原则。为杜绝不公平的做法和现象，实施方案在选拔程序上设计了以下几个环节：①要求申请者确定1～3位意向主导师，以确保申请者的材料至少被一位意向主导师认真评阅过；②全体博士生导师集中评审确定最终入围考核的申请者名单；③考核小组至少由5名博导组成，考核小组成员独立评分；④将入围考核申请者归入意向导师所在组进行面试，面试顺序采取抽签方式；⑤全过程录音，公开面试，不采用封闭式面试方式。

（4）让选拔权利回归学术共同体。一方面，厦门大学教育博士的招生计划从教育学学术型博士招生指标中划拨，仅10个，然而却有11位招生导师，师生比大于1∶1。另一方面，从2014级博士研究生起，厦门大学进行科研项目经费资助博士生培养的改革，博士生导师须从科研经费中缴纳高额的导师配套经费，用于博士生培养[2]。在招生名额有限和利益联动的情况下，导师不愿意浪费招生名额招收“滥竽充数”者。而在导师思想观念方面，招生领导小组和监察组多次对相关博士生导师进行思想观念动员和教育，强调公平原则。为确保导师招生自主权、提高导师的责任意识和育人积极性，实施方案采用博士生导师推荐建议入围考核初步人选和全体博士生导师集中评审确定最终入围考核名单相结合的方式。

三、厦门大学教育博士招生试行“申请—考核制”的效果

由于制定了“量体裁衣”实施细则，并严格按程序开展组织工作，厦门大学教育博士招生试行“申请—考核制”获得圆满成功，既实现了选拔优质生源的目标，又做到了“零投诉”。

（1）生源数量大幅增加。2014年，除陕西师范大学对“特别优秀者”增加了可采用材料审核加面试方式录取之外，仅厦门大学教育博士专业学位招生全面采用

了“申请—考核制”，全国其他学校的教育博士招生均采用传统招考形式。厦门大学成了“第一个吃螃蟹”的高校，吸引了来自全国的生源。同时，“申请—考核制”使部分外语能力较弱而专业素质和综合素质较高的中高层管理人员再次鼓起勇气报考。从表1可以看出，随着我国教育博士专业学位的发展，2010—2013年间，报考人数稳步增加，而在招生名额变动不大的情况下，试行了“申请—考核制”的2014年的生源数量是2013年的2.69倍，增加幅度巨大，申请与录取的比例达到11∶1，竞争异常激烈。

表1 2010—2014年厦门大学教育博士考录比

年份	报考人数	招生计划数	实际招生数	考录比
2014年	132	10	12	11.00
2013年	49	8	10	4.90
2012年	41	9	14	2.93
2011年	30	9	10	3.00
2010年	12	8	7	1.71

（2）生源质量显著提升。本文选择了录取者入学前“管理职务”“职称”“前置学历情况”和“已取得科研成果”这几项指标，以反映学生的教育管理经验、学习能力和学术功底。从表2中的“管理职务”“职称”“硕士阶段高校层次”和“已取得科研成果”这几项指标数据来看，2014年的生源质量无疑是近年来最突出的，甚至可以说有了质的飞跃。

表2 厦门大学2011—2014级Ed. D.生源情况统计表

年级	管理职务			职称	前置学历情况		已取得科研成果		
	处级	科级	校级	副教授及以上	本科来自“985”“211”高校	硕士来自“985”“211”高校、国外高校	厦大版一类核心期刊	厦大版二类核心期刊及以上	北大版核心期刊及以上
2014级	58.33%	25%	16.67%	58.33%	16.67%	91.67%	41.67%	66.67%	75%
2013级	20%	50%	0	0	60%	80%	0	20%	20%
2012级	42.86%	21.43%	0	14.29%	42.86%	64.29%	21.43%	42.86%	64.29%
2011级	40%	40%	0	30%	30%	70%	0	50%	80%
2010级	28.57%	0	28.57%	28.57%	14.29%	57.14%	0	28.57%	57.14%

资料来源：2010—2013年厦门大学教育学招生录取数据库、2014年厦门大学教育博士招生“申请—考核制”申请者资料。不包括台港澳学生。

四、厦门大学教育博士招生试行“申请—考核制”存在的问题及建议

就目前中国高校的内部学术生态而言，导师之间一般都是各自为战，基本上不会干涉他人的招生及其他教学和科研工作[3]。“申请—考核制”赋予了导师招生自主权，但同时不可避免地导致招生过程中人为因素的增加，为人性的非理性弱点提供了更多的可乘之机。例如，导师由于个人情感原因，对熟悉的申请者给予更多的关注等。在现实操作层面，“申请—考核制”所强调的学术共同体集体决策是否会沦为“走形式”？

要保持“申请—考核制”的活力，扬长避短，必须坚持公平原则，杜绝不公平的做法和现象。结合 2014 年厦门大学教育博士“申请—考核制”实施方案存在的问题，本文提出以下具体建议。

(1) 坚持信息公开和过程透明原则。在当前社会诚信体制尚未形成的条件下，“申请—考核制”可能引发社会公众的质疑，因此，必须保证招生程序、考核内容、考核方式、录取标准等信息的公开，招生活动全过程透明，接受来自内部监管机构和大众的全方位监督。相对而言，信息公开较容易，招生活动全过程透明却不容易做到。厦门大学应进一步提高招生活动全过程的透明程度，主动接受对招生公平的“从外到内”的社会推动力。

(2) 坚持学术共同体集体决策原则。一方面，在招生程序上应坚持集体决策原则，以此防范人性中的非理性弱点，并降低导师在抵制人情影响时所遭受的压力。另一方面，应重视学术共同体的内涵建设，在学术共同体内部建立起一套民主的讨论、协商、投票机制，这样才能有效地制约个人力量。为确保集体决策不会沦为“走形式”，建议厦门大学以“博导独立评分后加权平均”的方式，从各博导提交的建议入围考核初步人选中选拔，确定入围考核名单。

(3) 建立科学合理的招生数据库。教育部学位与研究生教育发展中心搭建的学位论文送审平台，可避免论文送审过程中的非学术因素干扰，实现以外部监控促进高校内部学位论文质量自律机制的完善。我国作为人口大国、考试大国，建立科学合理的招生数据库可为兼顾公平与效率、提高现实可操作性和推进改革工作创造条件。借鉴学位论文送审平台的方式，高校招生主管部门应根据学科特点，研究确定“申请—考核制”选拔评价要素，并建立招生数据库，这可为多位专家同时匿名评阅申请资料创造条件，解决在材料评审阶段人才流失的问题。

参考文献

[1] 邓涛. 国外教育专业博士教育的成效与问题[J]. 学位与研究生教育，2009(8)：72 - 77.

[2] 关于改革科研项目经费资助博士研究生培养的意见[Z]. 厦大研〔2014〕第 21 号.

[3] 牛国卫. 我国博士生招生申请考核制的 SWOT 分析[J]. 研究生教育研究，2013(4)：58 - 61.

服务西部基础教育的教育博士学位点建设实践探索

陕西师范大学

2009年,陕西师范大学成功获得教育博士专业学位授权点,成为国家首批设置和试办教育博士专业学位的15家试点单位之一。教育博士专业学位的设立,对陕西师范大学办学具有重要的历史性意义,标志着陕西师范大学教师教育人才培养工作进入一个更高层次和快速发展的新阶段。现将五年来,陕西师范大学在教育博士专业学位点建设方面的一些做法汇报如下。

一、生源情况

教育博士专业学位招收具有硕士学位、有5年以上教育及相关领域全职工作经历、具有相当成就的中小学教师和各级各类学校管理人员(专任教师不能报考),学制四年;暂不招收教育行政机关工作人员。

为此,学校从一开始就明确培养目标,突出重点和优势,面向西部基础教育,首先开设了"教育领导与管理"和"学校课程与教学"两个专业方向。通过调研和分析,这两个专业的生源比较丰富,且师资队伍力量较强,并有长期从事该领域教育硕士培养所积累的成功经验,在社会上已形成了一定的影响。特别是将"教育领导与管理"置于首位,可以弥补学校没有该领域学术性博士点的空白,吸引该领域优秀生源,还可借此促进该领域的专业成长和学位点建设,为国家教育事业,特别是西部基础教育的发展做出贡献。

自2010年正式首批招生以来,为保证培养质量,试点初期学校严格控制招生规模,2010年招生5名,2011年招生6人,2012年招生7名,2013年招生6人,2014年招生6人。截至2014年,已招收5届共30名。

为了适应教育博士专业学位研究生教育的新形势,推进学校教育博士专业学位改革,更好地服务于我国基础教育事业,经学校博士研究生招生领导小组研究决定,研究生招生办公室2013年3月4日发布了《我校2013年教育博士招生报名工作补充规定》:对于特别优秀的报考者,由本人提出申请,导师及导师组推荐,教育学院审核,研究生院及学校博士研究生招生领导小组审查并向其所在地区教育行政主管部门征求意见后予以认定,可采取通过材料审核、面试等适当方式对其专业基础理论、学术专长、实践成果、外语水平等进行考查，考查通过者予以录取。这是学校四年来关于教育博士招生的重大改革，取得了良好的效果。

具备下列条件之一者，即被认定为“特别优秀”：

(1) 获得国家级荣誉称号者，包括全国模范教师、全国教育系统先进工作者、全国优秀教师、全国优秀教育工作者、特级教师等。

(2) 具有正高级职称的中小学在职在岗教师。

(3) 获得省部级表彰及荣誉称号，在基础教育领域中有重要影响者。

(4) 获得省部级以上(含省部级)教学、科研奖励者(二等奖及二等以上奖励，且排名第一)。

2013 年，经过考生报名和研究生院审核，有 5 名候选人进入面试程序，通过导师专家组的认真面试，最终录取了 3 名。2014 年，经审核，符合条件的只有 1 名候选人，经过面试最终被录取。

二、培养方面

我校教育博士现开设“教育领导与管理”和“学校课程与教学”两个专业。教育领导与管理专业的培养目标是，造就各级各类学校的复合型、职业型的领导与管理的高级专门人才；学校课程与教学专业的培养目标是，造就基础教育复合型、职业型的学校课程与教学领域高级专门人才。具体由教育学院负责，教育学院对教育博士的培养非常重视。

首先，明确认识，弄清教育博士与学术型教育学博士的区别。教育学博士和教育博士，虽只有一字之差，但性质有很大不同。为推进教育博士专业学位教育的开展，避免两种学位之间的趋同，从一开始就应明确，要使教育博士专业学位真正成为一种颇具价值和有独特意义的学位。在培养过程中，高度重视体现复合性、研究性、实务性和创新性的特点，力争把以学科教学为研究方向的教育博士培养成为“教学名师”，把各级各类学校的班主任和辅导员培养成为“专业化管理者”，把以教育管理为方向的教育博士造就成为具有学术领导力的教育管理骨干人才。

其次，科学论证、构建个性化教育博士培养方案。2009 年到 2010 年前半年，学校主要是根据国务院学院委员会办公室有关文件，对教育博士培养方案的制订花费了较多的时间和精力；经过查找相关资料、吸取国内外有关培养经验、组织座谈和会议讨论，最终确定了首届教育博士培养方案，明确了所要开设的各专业方向课程，突出案例教学，试图建立“合作导师＋社会实践”的新的培养模式。2012 年，学校又对实行了三年的培养方案和课程计划进行了整合和修订，效果较好。截至 2014 年，2010—2013 级的教育博士已经完成了一年的课程集中学习，他们能积极参与各种专题研讨、现场研究、案例分析及调查研究等活动，重视加强经验学习与理论反思。学校的学术前沿讲座集合了全校的专家博导，研究方法课借助“现代教学技术”教育部重点实验室所在的教师专业能力发展中心这一一流平台，这是培养环节的两个亮点。

再次，合理选聘，集中了全校最优秀的导师队伍。严格导师遴选，为各专业配备了比较齐全和优秀的博士生指导教师。在遴选导师和任课教师方面，可以说是集中了全校最优秀的导师队伍；努力凝聚教育学院、心理学院、教师专业能力发展中心等机构权威的教授，并配备在学科教学方面有突出成就的年轻博士构成梯队，还为其开设由来自中小学等优秀骨干教师所做的基础教育讲座。要求教育博士聆听8次高水平、各领域的学术报告并做笔记，以便进行检查等。同时，在发挥学校原有教师潜力和团队优势的基础上，积极引进旗帜性人才。

最后，建立基地，重视教育博士的科研和实训。学校的教育博士专业学位研究生培养，要尤其注重教育科研方法的学习和训练。为此，发挥师范大学本科教育教学实践基地众多、分布广博的自身优势，着力依托免费师范生教育教学实践基地以及学院建立的教育硕士实践基地，合作建立教育博士专业学位研究生实践研修基地。当前，主要是与教育博士所在的教育机构建立较为方便和稳定的实践基地。

为了进一步做好试点期间学校教育博士学位点建设和学生培养工作，2013年1月3日，学校召开了“陕西师范大学教育博士培养工作会议”。时任校长房喻，校党委常委、学校办公室主任卢胜利，研究生院常务副院长郑海荣，全国教育专业学位教育指导委员会委员李继凯教授，莅临会议并讲话；教育学院院长郝文武，副院长赵微出席会议；教育博士全体指导教师及2010—2012级教育博士生参加了会议。会议听取了导师组对近三年来学校教育博士的招生和导师配备、培养方案的制订与修订，以及工作中存在的问题与努力方向的汇报。随后，与会代表和博士生代表先后发言。房喻校长的讲话指出，教育博士专业学位的设立，对学校办学具有重要的历史性意义，他鼓励学院和导师组要抓住试点期间的大好时机，按照教育博士专业学位的本质内涵开拓创新，尤其要在教育博士的招生、培养、修读方式以及经费使用和毕业论文答辩等环节创出亮点和特色，全面加强和改进学校的教育博士培养工作。

三、管理措施及困难

首先，在教育博士的日常管理上，学校出台专门管理措施，建立了定期脱产一年制度。教育学院积极配合学校硬性规定的要求脱产一年的制度，严格考勤纪律，从时间上确保了教育博士生能够集中精力在校学习和研读。博士生们对此普遍表示认同，认为脱产一年是合理的和应该的，脱产一年后感觉收获更大。

其次，研究生部出台了《陕西师范大学教育博士专业学位研究生在学期间产出科研成果暂行规定》，要求凡在学校申请教育博士专业学位者，在提出学位论文答辩申请之前，须提交在学期间产出的科研成果，且符合以下规定的条件方可参加论文答辩：以第一作者身份，以陕西师范大学为第一署名单位，在权威期刊上发表与学位论文相关的学术论文 1 篇或核心期刊论文 2 篇，或者发表核心期刊论文 1 篇，并主持省部级课题或主编教材等。

再次，加大投入，确保在基础设施、教学资源等方面，为教育博士专业学位研究生培养创造最好的条件。充分利用国家教师教育优势学科创新平台，将平台建设所包含的"教师教育学科专业建设""教师教育理论创新与研究中心建设""教师专业能力发展中心建设""教师教育资源中心建设"和"教师教育创新实验区建设"等各个子项目建设为教育博士培养的开放平台。同时，在学校下拨经费中，为教育博士培养专设账户，并鼓励申请 211 工程建设基金等，用于教育博士的培养。

当然，在教育博士的学习和培养中，最大的困难是教育博士生的"工学矛盾"，如何在脱产学习一年后从培养机制上解决这个问题，如何保障博士培养质量，还需要在实践中进一步探索和改进。同时，在职能部门和管理层以及部分指导教师的思想意识之中，培养和管理教育博士生仍有浓烈的学术性情结。为此，我们还将在建立教育博士的弹性学制、科研成果产出、完善论文预答辩机制、加强和落实实践性环节、提供出国考察和境外学习深造机会等方面继续努力。

附 1：陕西师范大学教育博士研究生培养计划

课程名称			学期、学时、学分				教学方式	考核方式	课程负责人	使用教材
			1	2	3	4				
必修课	公共课模块	外语								
		政治理论								
		教育历史和理论前沿	60/1							
	教育理论模块	教育管理理论	60/2							
		课程与教学基本理论	60/2							
		教与学的心理学	60/2							
		教育政策与法规		40/2						
		国际教育发展与改革		40/2						
	教育研究方法	教育研究方法专题	40/2							
		教育统计及相关软件运用		40/2						
选修课	教育实践模块	学校管理案例分析		40/2						
		学科课程教学案例分析		40/2						
		教育考试评价专题		40/2						

续 表

<table>
<tr><th colspan="2" rowspan="2">课程名称</th><th colspan="4">学期、学时、学分</th><th rowspan="2">教学方式</th><th rowspan="2">考核方式</th><th rowspan="2">课程负责人</th><th rowspan="2">使用教材</th></tr>
<tr><th>1</th><th>2</th><th>3</th><th>4</th></tr>
<tr><td>学术活动</td><td>内容（2 学分）</td><td colspan="8"></td></tr>
<tr><td>开题报告
（2 学分）</td><td colspan="9"></td></tr>
<tr><td>学科组
意见</td><td colspan="9">学科组长（签字）：
年 月 日</td></tr>
<tr><td>学院审批
意见</td><td colspan="9">学院负责人（签字、盖公章）：
年 月 日</td></tr>
</table>

附 2：陕西师范大学教育博士专业学位研究生在学期间产出科研成果暂行规定

为促进我校教育博士专业学位研究生教育健康顺利发展，切实保证培养质量，凡在我校申请教育博士专业学位者，在提出学位论文答辩申请之前，须提交在学期间产出的科研成果，且符合以下规定的条件方可参加论文答辩：

一、以第一作者身份，以陕西师范大学为第一署名单位，在权威期刊上发表与学位论文相关的学术论文 1 篇，或者以第一作者身份，以陕西师范大学为第一署名单位，在核心期刊上发表与学位论文相关的学术论文 2 篇；同时提交 1 篇经导师组认可的在实践研究方面的研究报告（不少于 8000 字）。

二、如未达到第一条的要求，需符合以下四个条件中的两个（其中第一个条件为必备条件）：

1. 以第一作者身份，以陕西师范大学为第一署名单位，在核心期刊上发表与学位论文相关的学术论文 1 篇。

2. 获得厅局级（地市级）及以上管理成果奖、教学成果奖、科研成果奖等奖励 1 项（第 1 人）。

3. 主持厅局级（地市级）及以上教改课题、管理课题或科研课题 1 项。

4. 主编教材 1 部，本人撰写部分不少于 1/2。

凡未达到上述要求的教育博士专业学位申请者（至少须在核心期刊上发表学术论文 1 篇），由研究生本人提出申请，导师签署意见，学院同意，经研究生部审核，并对其学位论文进行“双盲”评审（评审专家中至少应有 2 名具有高级专业技术职务的实践领域的专家）；若评审结果为优秀（至少 3 个优秀），则由研究生部提出建议并说明理由，报学校学位评定委员会主席批准，可参加论文答辩。如果其学位论文答辩和“双盲”评审结果为全优者，则由研究生部提请校学位评定委员会审议其学位申请；否则须在达到产出科研成果要求后方可由研究生部提请校学位评定委员会审议其学位申请。

科研成果的级别认定，参照陕西师范大学社会科学处和科学技术处的认定办法执行。所有科研成果均需提供原件。

浙江大学教育博士培养的实践探索

浙江大学

一

2009年，浙江大学被批准为全国首批15家举办教育博士专业学位教育试点单位之一。自2010年起，浙江大学设立了教育领导与管理、学校课程与教学两个专业方向招生，至2016年6月，共招收教育博士研究生61人，其中教育领导与管理专业方向48人，学校课程与教学专业方向13人。目前，已有6人通过学位论文答辩，获得教育博士学位，其中2010级3人，2011级2人，2012级1人；教育领导与管理方向2人，学校课程与教学方向4人。

浙江大学教育博士专业学位教育主要依托于教育学院。浙江大学教育学院源于1929年创建的浙江大学教育系，是我国综合性大学中最早创立的一批教育系之一，目前由教育学系、课程与学习科学系、教育领导与政策研究所等单位组成。教育学院现有教育学科专任教师50名，其中教授21名，副教授21名，讲师8名。学院拥有教育学一级学科博士点、教育学博士后流动站，拥有教育史国家重点学科、比较教育学省重点学科，设有联合国教科文组织亚太地区“教育革新为发展服务”(APEID)浙江大学联系中心和全球大学创新联盟亚太中心(GUNI-AP)秘书处、联合国教科文组织浙江大学创业教育教席，以及教育部浙江大学基础教育课程研究中心等。浙江大学把教育博士专业学位教育定位为培养教育领导与管理、学校课程与教学领域具有国际视野的未来领导者，因此，高层次、精品化是学校教育博士培养的核心理念；自2010年首次招收上述两个专业方向的教育博士以来，学校一直秉持这一理念，并确立了保持适当规模、积极稳步发展、选拔优质生源进行精品化培养的路径。

为加强教育领导与管理、学校课程与教学两个方向的教育博士的专业学习与实践，浙江大学还选取了浙江大学教师教育发展中心、浙江省教育科学研究院、浙江大学城市学院等有代表性的单位与机构作为教育实践基地，并在教育博士培养过程中充分利用实践基地的资源与优势，开展专题研讨与学习。

为了加强教育科学研究方法训练，提高教育博士的研究能力，自 2010 年招收教育博士以来，浙江大学就特别安排了一门特色课程“教育博士学位论文写作系列专题讲座”，邀请美国波士顿马萨诸塞大学教育领导系主任、终身教授严文蕃教授开设，着重介绍教育博士论文的选题、文献综述以及论文写作规范与经验，系统训练学生掌握和应用科学规范的教育研究方法，同时，让学生了解美国教育博士论文选题及写作案例，提高学生的论文写作技能及解决现实问题的能力。

浙江大学在教育博士培养过程中，按照“教育指导委员会”有关文件精神制定了一系列政策及相关制度，从招生选拔、导师遴选、课程开设，到论文选题与开题、论文送审与答辩，建立起了一整套教育博士专业学位教育质量保障体系；尤其是成立导师组，加强集体指导，较好地满足了学生的专业学习及学位论文指导的多样化需求。

2010 年至 2016 年，浙江大学教育博士专业学位教育坚持“提高培养质量”和“打造专业特色”两个办学基本点，加强师资队伍建设、课程体系探索、教学质量管理，积极探索教育博士专业学位研究生的培养与管理机制，创新教育博士专业学位研究生的培养模式，不断提高教育教学质量和水平，有效地保证了教育博士专业学位教育的健康发展。

二

（一）重视师资队伍建设，发挥导师组团队智慧，提高指导能力

根据对教育博士培养目标的定位及需要，浙江大学依托教育学科充足的师资，建立了一支结构合理、具有良好理论及实践经验、问题意识强、教学及指导力量高、具有跨学科优势的师资队伍。

1. 精选任课教师，选聘兼职导师

教育博士专业学位研究生教育的每门学位课程，均由熟悉教育实践、学术研究富有活力、具有高级职称的教师担任主讲教师。浙江大学承担教育博士教学与指导任务的师资队伍主要由三部分组成：专任教师、校内兼职教师和校外兼职导师。专任教师一共 24 名（21 名具有博士学位），其中 50 岁以下 6 名，50～60 岁 15 名，60 岁以上 3 名，年龄结构比较合理。校内兼职教师 10 名，校外兼职导师 15 名，他们均为基础教育或高等教育领域的科研工作者或教育管理工作者，具有丰富的一线教学和管理经验，熟悉教育改革发展的实际情况，且都具有高级专业技术职务。

为强化理论联系实际、培养专业实践能力，教育博士课程中的教育实务与实践研究模块的主讲教师，均由教育管理部门的领导与研究人员担任，详见表 1。

表1 专题一览表

	专　题	主讲教师单位
1	教育管理案例研究方法专题研究	浙江大学教育学院
2	学科发展规划专题研究	浙江大学发展规划处
3	危机管理专题研究	浙江大学教育学院
4	院校发展理论专题研究	浙江大学教育学院
5	教师队伍建设专题研究	浙江大学人事处
6	高校科研规划发展专题研究	浙江大学科研处
7	研究生教育专题研究	浙江大学研究生院
8	学部制改革专题研究	浙江大学校领导

2. 引进外国专家，开设国际教育学术前沿课程

自2010年招收第一届教育博士开始，浙江大学充分利用国际化优质资源，引进外国专家，持续开设“教育领导与政策”全英文课程，精心打造国际教育前沿内容。学院又先后邀请了香港教育学院副校长莫家豪教授主讲“教育领导学”课程，聘请美国波士顿马萨诸塞大学教育领导系主任、终身教授严文蕃先生开设“教育领导学案例研究专题报告”，邀请美国加州大学洛杉矶分校（UCLA）的Eugene Tucker教授、西澳大学教育学院院长Helen Wildy教授为教育博士专业学位研究生开设“教育领导与政策”（Educational Leadership and Policy）全英文课程。

3. 成立导师组，加强集体指导

为使教育博士导师队伍具有合理的学科专业知识结构、体现教育博士的职业化特点，以及更有针对性地开展学位论文指导，学校为每位教育博士专业学位的研究生组建了3人“教育博士专业学位论文指导小组”。由学院具有博士生指导资格且熟悉教育实践领域的专任教师担任导师组组长，由校内相关学科领域专家担任兼职导师，由校外具有一线管理工作及教学经验与成就的专家担任兼职实践导师。校内兼职导师、校外兼职实践导师均全程参与指导学位论文，包括，参与教育博士生的论文开题、撰写及答辩等各个环节。

（二）建立与健全教育博士专业学位教育质量保障体系

为确保教育博士专业学位研究生教育质量，浙江大学根据教指委有关文件精神及学校实际，制定了涉及教育博士教育与管理各个环节的一系列规章制度，建立了较为完整的教育博士教育管理工作流程，从而有效地确保了教育博士专业学位研究生教育的培养质量和专业特色。

1. 实行校、院两级管理制度

浙江大学设有校、院两级教育博士专业学位管理机构，校、院先后制定了《浙江

大学博士研究生培养方案》《教育博士专业学位研究生学位论文质量要求及科研论文发表要求》《"教育博士专业学位论文指导小组"成员申请条件》《教育学科关于教师申请教育博士专业学位研究生招生资格定量标准(暂行)》等文件,为教育博士培养工作的顺利进行提供了制度保障。

2. 设立教育博士专项培养经费

学院设有教育博士专项培养经费,用于支持教学与培养、招生、学位论文指导,以及资助聘请校外专家、建设案例库,教育博士研究生实习调研,参加国内外学术会议等;其中用于教学培养年均20万元(含课程教学、实践教学指导),用于招生年均1.2万元,用于学位论文指导年均8万元,相关经费充足。此外,学校还设立专项经费,用于资助教育博士学术交流与平台建设。例如2014年11月25—26日,学校研究生院资助教育学院25万元,举办"教育博士学术论坛暨第二届全国教育博士论坛"。

3. 建立严格的中期考核制度

学院按照学校教育博士培养方案,对教育博士学习时间实行严格管理,要求教育博士研究生必须在校脱产和研究时间累计不少于一年半;一般第一学年全脱产学习,正常安排课程及研讨活动,并根据教指委教育博士培养方案"综合考试"的规定,制定《教育博士专业学位研究生中期考核制度暂行规定》。该规定要求在教育博士研究生培养的中期(入学第二年末),每人围绕主要研究方向,在理论运用、文献述评、实践研究三方面,各完成一篇不少于8000字的研究报告;然后由不少于6名教授组成的考核委员会,在综合教育博士课程学习、选题研究报告和现场答辩的基础上,对其进行综合评判,综合考试成绩合格者方可进入论文开题与写作阶段。

4. 注重实践调研和教育实习

学院在教育博士培养过程中十分注重理论与实践相结合,对实践调研具有明确要求和严格规定,除要求对所在单位相关教育改革进行调研、提供调查报告外,还采取"请进来""走出去"等参与式科研项目训练,加强实践教学。"请进来"是请校内外实践专家或教育行政领导参与讨论教育改革和发展等相关问题,例如专门研讨大学章程制订、浙江省新高考改革方案等;"走出去"是到实践基地或教学一线实地调查教育教学改革现状,增加对教学实践问题的认识与感悟。自2014级开始,学校又推出一项新政策,要求所有博士生必须参加为期一个月的教育实习,并安排了专项经费。

5. 严格论文送审和答辩制度

浙江大学对教育博士论文撰写及答辩制定了严格的规章制度,例如,进入论文写作前须进行公开的开题报告,由5位副教授以上职称的专家参加,开题报告通过以后才能进行论文写作;学生论文在送审前须举行预答辩,预答辩通过以后,须按照专家提出的意见进行修改才能匿名送审校外5位专家评阅;匿名送审通过以后,再组织5位专家举行答辩,5位专家中必须有一位校外实践导师。

6. 建立有效的课程评估和反馈机制

学校对教师教学活动建立了有效的反馈机制和渠道。通过开展对每门课程评教以及有关教学建议,学院可以及时获得准确信息,反馈给上课教师,不断改善教学。每年学校研究生院还举行有关教育博士教学考核评估,考核等级分为优秀、良好、中等、及格和较差,对获得优秀成绩的教师给予奖励。学院每学期末都会定期举行座谈会,邀请教育博士研究生就本学期教育教学提出批评意见,在广泛征集学生意见的基础上,有针对性地改进教学工作。

(三) 严格选拔,科学培养,以解决现实问题为中心,提高学位论文专业化水平

1. 改革与完善招生选拔机制

招生是教育博士专业学位研究生教育的起点,而如何在报考生源中遴选优质生源是首要环节。浙江大学严格遵守《教育博士专业学位设置方案》有关报考条件和办学规模的规定,坚持择优录取。所有教育博士报考人员,均参加由浙江大学统一举行的博士生外语及专业课入学考试,合格以后再进入复试。教育博士选拔过程程序规范、方法科学、公平公正,尤其是在复试工作中,严格规定复试内容必须包括对考生已取得的业绩成果的考查、教育研究能力的评价、专业考试、综合素质及创新能力测试等几个部分。复试方式为笔试、面试、实践能力考核、工作经验业绩认定等,其中外语考试占复试成绩的20%,业务知识和能力考核占复试成绩的40%,代表性研究成果(含学位论文)占复试成绩的40%。

2. 科学制定培养方案并严格实施

浙江大学根据全国教指委《教育博士专业学位设置方案》制订了《浙江大学教育博士培养方案》,培养方案的制订力求科学合理。培养方案的内容包括培养目标、课程学习要求、培养环节要求等,并附有具体的课程方案。在课程设计上,采用系统性和模块化相结合的方式,关注理论的前沿性、系统性,如通识教育模块、研究方法模块、教育理论模块;同时,根据教育博士研究生培养的特点,注意理论与实践相结合,专门设有教育实务实践模块,突出对教育博士解决实际问题能力的培养。根据全国教指委《教育博士专业学位研究生指导性培养方案》关于课程设置的指导思想和要求,教育博士专业学位研究生研修的课程总量应不少于20学分,分四类课程模块开设,如表2所示。各门课程的教学内容注重及时跟踪和充分反映教育理论研究与实践推进的前沿水平,拓展理论和实践方面的视野,提高教育研究和实践能力,全面提升专业化水平。教育理论和教育研究方法模块主要反映学科的前沿知识和研究的最新进展;教育实务与实践研究模块主要体现实用性,以有效指导学生解决教育实际工作中的具体问题。

表 2 浙江大学教育博士课程开设模块

课程模块类别	学分	开课目的	开设课程
公共必修模块	6	提高学生的人文和科学素养，扩大学科视野和知识面	①博士生英语； ②马克思主义与当代社会思潮
教育理论模块	6	提高学生的教育理论素养，培养运用教育理论和方法探讨及解决教育实际问题的能力	①教育发展理论研究； ②教育政策与决策研究； ③学校组织和管理(含“学校发展战略规划”)； ④课程与教学的理论与方法； ⑤中外课程史研究； ⑥课程与教学前沿问题
教育研究方法模块	4	提高学生综合运用各种教育研究方法的能力，培养学生的问题意识和科学严谨的思维方法	①教育研究方法导论； ②质性研究方法与运用； ③定量研究方法与运用
教育实务与实践研究模块	6	提高学生综合运用教育理论和研究方法，总结和提升实践经验，研究和解决实际问题的能力，培养学生引领教育教学改革的领导力	①信息技术与教育； ②教育领导与领导力提升； ③案例研究(含“学校管理案例分析”)； ④学校课程与教学改革专题设计与实践分析； ⑤学校课程改革案例研究； ⑥学科课程改革专题研究

教学过程中，注意邀请和安排实践领域的专家参与课程教学与研讨；目前，已经形成了浙江大学内部领域发展的多个案例，包括“人文社会科学发展和管理”“学部制改革与基层学术组织建设”“教育国际化问题研究”“研究生教育改革和发展”“高校发展规划与战略管理”“本科生教育和管理工作”“学校危机管理与媒体应对”等。

3. 学位论文：严格把关，保证质量

教育博士论文选题均来源于教育、教学和教育管理实践中具有重要现实意义和应用价值的问题。已毕业的 6 位教育博士中，其论文题目分别是《高中历史课程数字化资源有效利用的研究》《中华人民共和国中小学教师专业发展政策研究》《教育第四次转型：变革中的中国当代美术学院教育——以中国美术学院为例》《以学生为中心的高校教学质量保障研究》和《虚实融合环境下的中职实训教学研究》，均针对教育实践中遇到的重要现实问题，注重综合运用相关理论和科学分析方法，注重研究选题的实践意义，注重实践探索和创新知识。

（四）较大程度提升了教育博士的教育、教学、管理和科研能力

2010年至2016以来，浙江大学举办教育博士专业学位教育，取得了显著的成效，主要表现在以下三个方面。

第一，提升了教育博士的教育、教学和管理能力。教育博士研究生中有多位直接参与所在单位的国家级综合改革试点项目，参与所在学校的国家级综合改革试点专业、省级优势专业、新兴特色专业的遴选和申报工作，参与省级大学章程制订试点项目，参与各类专业的专业认证工作，参与各层级的课程改革、课堂教学模式改革、教学展示的研讨活动及各层级的教学督导活动，开设各种类型和层次的公开课、讲座、听评课观摩活动，有力地促进了所在单位的教育教学水平。

第二，踊跃参加国内外学术交流活动。在浙江大学综合性研究型大学优良的学术氛围的影响下，教育博士研究生积极参加国内外学术会议，并抓住可能的机会在大会上发言或宣读论文。据统计，2010—2016年以来，在教育博士学术论坛暨第二届全国教育博士论坛、高等教育国际论坛、课程教学改革与教师发展国际研讨会、联合国教科文组织亚太地区创业教育国际研讨会等高层次学术会议上做大会发言的有10余人计20余次。

第三，积极开展教育科学研究工作，提高了科研能力和水平。据统计，浙江大学在读教育博士先后主持省部级科研项目10余项，其中2011级教育博士生沈佳乐主持3项省部级项目，2010级教育博士生吴文胜主持1项教育部人文社会科学规划基金课题，2012级教育博士生刘秀丽的成果“职校专业课主题导学的实践研究”获得了浙江省人民政府教学成果奖一等奖，2013级教育博士生周星星申请并获得浙江省自然科学基金项目1项；还有其他多位教育博士生，也获得了地方教育部门和科研机构的奖励和荣誉。与此同时，浙江大学在读教育博士生还发表了一批具有较高质量的学术论文。2010—2013级的4届学生总计在国内外学术期刊上发表了50多篇学术论文，其中CSSCI中文核心期刊论文10多篇，2011级教育博士生韩振华的学术论文被收录进EI会议论文，2011级教育博士生严金波于2016年在《教育研究》上发表学术论文《英国新教师入职教育及其启示——基于〈新教师入职教育指南〉的释义》。在读期间，2010教育博士生吴文胜于2014年在浙江大学出版社出版了专著《教师发展与政治文化研究——基于教师政策演变的分析》。在读期间，浙江大学多位教育博士研究生在工作岗位上表现优异并获得提拔，担任更加重要的职务。据不完全统计，入学后有5位在读教育博士研究生得到职称晋升，分别从助理研究员、副研究员晋升为副研究员或研究员；教育领导与管理专业方向有7位在读教育博士在职务上获得提拔；2014级博士金忍冬2016年在浙江大学申请并获国家留学基金资助，赴美国威斯康星大学麦迪逊分校联合培养；等等。

三

浙江大学自2010年招收首届教育博士以来，在教育博士培养上取得了许多可喜的成绩，当然也存在一些问题；我们将在未来一段时间内采取切实有效的措施，持续改进教育博士的教学与培养工作。

第一，推进教育博士招生制度改革，在条件成熟时实施审核制，大力选拔富有实践经验及学术研究能力的骨干进入浙江大学深造。自2010年试点招收教育博士以来，外语入学考试一直实行全校统一考试，其外语成绩参照学术型博士标准。这种方法虽然能使学生的外语成绩保持相当水平，可以胜任国际知名教授开设教育博士课程的要求及提升外语交际能力，可以跟踪和探索教育学术前沿问题，但却与教育学博士区别不大，且把许多富有实践经验和教育情怀且具有相当学术研究能力的青年骨干教师拒之门外。未来几年，我们将进行广泛深入的调研，特别是对浙江省大中小学需求进行广泛调研，在确保学生具有一定外语能力的基础上实行审核制，把那些在浙江省教育界具有引领性的青年优秀骨干招收进来，为浙江省教育事业的发展培养领军型人才。

第二，针对基础教育、高等教育领域人才的不同特质和要求制定相应的标准，招生录取时在教育领导与管理、学校课程与教学两个专业方向之间保持适当的比例，从而为地方及国家教育事业的发展提供又好又多的各类人才。近几年，由于外语和专业课实行统一考试及相关资格要求所限，浙江大学教育博士生源大多来自高等教育领域，这反映了高校对教育博士具有旺盛的需求。在教育博士生中，学校课程与教学专业方向仅招生10名，远远满足不了浙江省基础教育发展的需求。在未来的改革中，学校将一方面积极争取扩大规模，一方面认真研究并确立两个专业方向之间的招生比例；在条件成熟时实行审核制，努力将一批可造就的基础教育领域的优秀骨干教师及管理干部招收进来、精心培养，以符合我国设立教育博士的初衷。

第三，继续加强实践导向的教学，突出教育博士专业学位研究生培养的特色。突出实践教学、培养应用研究能力，是专业学位研究生教育专业性的基本规定和重要特质。浙江大学将在以往教育博士培养经验的基础上，通过加强兼职实践导师与校外导师参与培养方案的制订与修改、加大案例教学力度，以及组织专题研讨活动等方式，突出实践教学，在较高水平上推进师徒制教学；同时，在教育博士培养过程中，和各个教育实践基地积极保持联动，共同举办教育规划与设计、教育领导与管理及教学实践等方面的研讨及课程开发活动，最终达到理论联系实际、学以致用的目的，为浙江省乃至全国教育事业的发展做出更大的贡献。

变革时代的大学管理

以学生为中心的高校内部教学质量保障理念框架与改进策略*

杨彩霞　邹晓东
（浙江大学教育学院）

［摘要］以学生为中心的高校教学质量保障理念框架建构基于学生学习、发展和学习成果的视角，同时借鉴第四代评价理论和全面质量管理理论，对管理和评价两大质量保障的核心内容进行系统梳理。理顺学生为什么学、学什么，学生希望教师怎么教，学生应该怎么学，学生希望得到怎样的服务支持和组织支持等内容，明确提出了要以学生的学习成果而不是教师的教学效果作为评价教学质量的重点。根据这一理念建构，得出以学生为中心的教学质量保障的三大特点，进而提出组织策略、目标建构策略、服务支持策略以及评价反馈策略等四大教学质量保障改进策略。

［关键词］以学生为中心；高校；教学质量保障

Theory Frame work and Improvement Strategies of the Student-Centered Inner-university Quality Assurance of Teaching Quality

YANG Caixia, ZOU Xiaodong

Abstract: The student-centered university quality assurance of teaching is an idea frame work that stems from the theoretical discussion and practice of China's higher education quality assurance. Based on the learning, development of students and the learning outcome, this paper systematically review the core contents of the two major quality assurance using the fourth generation of evaluation theory and the total quality management theory. It requires full understanding about why students learn, what and how students should learn,

* 本文系浙江省新世纪高等教育教学改革项目成果，项目编号为zc2010059，项目名称为“基于促进学生成长发展的高校学生学业评价改革研究与实践”。

how students expect to be taught, and what kind of service and organizational support students want. This paper points out that the focus of teaching quality evaluation should be students' learning outcome rather than teachers' teaching outcome. Based on this ideal construction, the three characters of student-centered quality assurance of teaching and the four improvement strategies are proposed.

Keywords: student-centered; university; quality assurance of teaching

美国全国大学生学习性投入调查(the national survey of student engagement, 简称 NSSE)工具的创始人乔治·库(George D. Kuh)提出,与同类院校相比,那些让学生更多地参与到各种活动中从而提升学生学习成果的学校,可以被认为有更高的教学质量。大学作为一种教育机构存在的首要原因是学生,没有学生的质量,就没有大学的质量。从学生的角度看,目前我国高校许多看似重视教学质量的举措,其实正在悄悄背离教学质量的轨道。潘懋元先生指出,"长期以来人们忽视了对作为教育主体的大学生学习的研究,忽视了从教学的本源上去解决质量问题"[1],导致教学质量保障成效不显著。如何有效改善现有的高校教学质量保障实践?本文在分析我国高校现行教学质量评价与管理实践中所存在问题的基础上,试图从学生学习、发展和学习成果的视角,构建以学生为中心的高校教学质量保障的理念框架。通过评价和管理两条主线,运用第四代评价理论和全面质量管理理论,聚焦来自学生的评价反馈和对于学生的服务支持和组织支持,进而提出高校教学质量保障的改进策略,以期促进我国高校教学质量保障的理论研究和实践的深入发展。

一、当前我国高校教学质量保障存在的主要问题

传统的高校内部教学质量保障总是会从管理者和教师的角度出发,自上而下地构建一套评价和管理体系,认为教学质量保障就是管理部门和教师的事情,这往往招致学生的反感。此外,受政府外部评估、质量工程和大学排行榜等政策和指标的引导,我国高校教学质量保障集中于改善教师的教学行为和资源投入,缺乏对学生的学习、发展以及学习成果的系统设计和考量,缺乏从学生角度出发的教学质量保障系统举措。这严重阻碍了高校教学质量保障的深入发展和教学质量的提高。具体分析,其不足之处主要表现在以下层面。

1. 高校教学质量评价层面

(1) 现行的校领导听课、督导评价、学生评教等很大程度上集中在对教师教学行为或绩效的评价上,指标设计大多致力于改善教师的教学行为。特别是与学生密切关联的学生评教,目前已成为我国高校进行内部教学质量保障时普遍采用的重要方法。很多高校的学生评教"调查表或量表往往从教学态度、教学内容、教学方法和教学效果等几个方面设计评价指标,毫无疑问,这几个方面都是基于教师的

立场提出来的，是以教师为本位的"[2]。显然这些指标缺乏对学生的学习过程和学习成果等内容的考量。

(2) 现行的学生课程学习、课外研学以及学业成绩等评学过程，不仅过于注重分数，缺乏对学生学习过程的关注，而且将学生排除在评价过程之外，剥夺了学生参与评价标准的建构以及自我评价的机会。

第一，学生学业成绩评价长期以来以闭卷和笔试为主要形式，以考试分数的高低作为优劣判断的标准。学生在大学四年中学习的 40～50 门课程的评价，一般都在学期结束时考试或补考。学生课程学习的动态过程和学习的进展没有得到及时的评价和反馈。学生几乎没有机会与教师共同建构课程考试评价标准。尤其是对文科学生而言，可能通过几天的突击学习就可以轻而易举地应付一门课程的考试，结果因为死记硬背，再加上期末考试缺乏反馈，考完就忘记了。这样的学业评价对学生的学习和发展难以起到反馈、激励和改进的作用。[3]

第二，学生课堂学习评价过于强调外在的管理。我国大多高校实行严格的课堂出勤和纪律管理制度，如规定学生到课率、规定教师上课点名、规定学生出勤情况的定期上报、规定出勤率与学业成绩、评奖评优和处分的挂钩等；而对学生课程学习目标是否明晰，上课是否认真听课及课堂学习成果，则缺少保障措施。[4]

第三，课堂外学习评价，尤其是专业课程实践学习评价以及课外研学评价流于形式。高校普遍提出要重视大学生的动手实践能力，开设了重实践教学的种种课程，然而缺乏学生参与建构实践学习和课外研学的评价方法与标准，评价流于形式，评价的结果也没有系统地纳入学生的学习成果中。一些对学生未来发展有重要影响的素质，如批判性思维能力、创新能力、与他人有效共事的能力、学习能力、道德规范等品质的评价没有受到重视。

2. 高校教学管理与服务层面

在高校教学管理与服务上表现为学生的学习需求无法得到满足。第一，学生缴费上学、自主择业，他们最希望的是能够按照自己的意愿选择专业、课程和教师，实现自己的发展目标；学生特别希望能够有选择教师的权利，因为教学服务是由教师提供的，而不同的教师提供的教学服务千差万别。第二，学生个性与要求的差异需要学校提供多样化的学习方式和学习指导服务。高校管理服务应是学生需求驱动的服务。在市场经济背景下，学习方式多样化以及学习指导多样化更能够体现以生为本的教育理念。第三，学生有参与学校质量保障的需要。学生缴费上学，分担教育成本，希望有权参与和自身利益相关事务的决策，在教学质量评价和管理中发出自己的声音。

但在现实的高校教学管理与服务中，上述需求并没有得到满足，有些方面还很遥远。绝大多数高校人才培养目标和规格大多比较宏观，缺乏明确的质量标准；课程计划刚性过强，弹性不足，限制了学生自由选择与发展的空间；学校专业课比例偏大，必修课多，选修课少，导致学生选课比例不大，不能满足学生自主学习的需要;弹性学制和灵活的学期制实施也并没有到位;学生缺乏学习的指导以及相关组织和政策的支持;学生获得的权利和享受的权益较少等现象普遍存在。学生与高校之间并没有完全改变那种管理与被管理的关系,学生在高校仍然处于弱势地位。宋慧丽曾对北大、清华等在京11所高校的1258名学生参与学校管理,包括教学质量保障方面的情况进行了调查,发现只有16.13%的学生参与过课程管理的改革和建议,37.9%的学生参与过教师评价标准的讨论和建议。[5]

纵观高校教学质量保障实践中的问题,归根结底都是由于缺乏对学生学习、发展和学习成果的视域关注、系统设计和考量。因此,在教学质量保障中加强基于学生视角的系统研究和实践探索迫在眉睫。目前,国外关于高校内部教学质量保障方面的研究较为丰富,强调"以大学生学习为逻辑主线,推动学生参与学习,服务学生学习过程,关注学生学习成果"[6]。然而我国基于学生视角的相关研究尚处于起步阶段。在美国,高等教育研究项目中80%以上关涉学生的学习,而在我国,这一比例还不到20%。[7]而且我国基于学生参与、学习体验和学习成果等视角下的教学质量保障研究多为国外经验介绍,本土化的系统研究尚不多见。鉴于此,本文将"以学生为中心"的理念引入高校教学质量保障中,在解析何为"以学生为中心"的基础上,构建相应的理念框架,以此指导实践,推动大学生通过参与评价课程、教学、学习、管理服务,与教师和管理者共同建构目标与评价标准,进行"知情学习"[8],在学习过程中与教师一起建构大学在读期间的学习成果证据,越来越多地承担学习过程中的责任,以此促进我国高校教学质量保障的理念更新与实践提升。

二、以学生为中心的高校教学质量保障的理念框架

"以学生为中心"的观点是美国著名心理学家卡尔·罗杰斯(Garl R. Rogers)于1951年首先提出的。他认为,对学生而言,教学过程的重心是"学会学习"。任何知识都不是完全可靠的,唯有探索知识的过程才是安全的。教学促进者的工作在于帮助学生明确他们想要学习什么,帮助学生安排合适的学习活动和材料,帮助学生发现他们所学内容的意义等;学习评价是学习活动的有机组成部分,是保证学习活动、学习目标被团体接受的过程。教师如果能够强化和促进这一过程,学生的学习就是有收获的,而且最有权力评价学习效果的人当然是学生自己。[9]罗杰斯主张让学生自己确定评价的标准和所要达到的学习目标,通过自我评价来衡量自己进步的程度,由此让学生成为自我负责的学习者。"以学生为中心"的本科教育理念引发了美国本科教育基本观念、教学方法和教学管理及评价的系列改革,给高等教育带来了巨大的影响。1998年,联合国教科文组织在世界首届高等教育大会宣言中就提出"高等教育需要转向'以学生为中心'的新视角和新模式"[10],要求各国高等教育决策者视学生为教育改革的主要参与者,重点关注学生及其需要,并预言"以学生为中心"的新理念必将对21世纪全世界

的高等教育产生深远的影响。

我国学者刘献君、赵炬明认为，高校要从“课堂、教师、教材”“老三中心”，向“学生、学习、学习过程”“新三中心”转变，真正关注学生的学习。“以学生为中心”包括三个要点[11]：一是以学生的发展为中心；二是以学生的学习为中心，强调学是目的，教是手段；三是以学生的学习效果为中心。“以学生为中心”明确提出要以学生的学习效果而不是教师的教学效果作为评价的标准。

那么，具体到高校教学质量保障，如何从教师中心、资源中心转变到以学生为中心的轨道上来呢？目前，国内学界对此尚缺乏明晰的认识。为此，首要的是将以学生为中心的理念运用到高校教学质量保障中，构建以学生为中心的高校教学质量保障理念结构，用于指导高校教学质量保障实践。笔者认为，以学生为中心的高校教学质量保障是指高校以促进学生发展、学生学习和提升学生学习成果为目标，推动学生学习参与，评价参与，服务学生学习过程，关注学生学习成果而建立组织与程序系统。

教学质量保障有两大核心内容：管理和评价。如何将以学生为中心的理念渗透到这两大核心之中？全面质量管理理论和第四代评价理论可以提供借鉴。全面质量管理理论视角下的在校大学生是部分付费的、与学校和教师相互选择的、被评估的特殊顾客。[12]学生在教学服务过程中必须主动参与，并不断建构质量证据。第四代评价理论认为，评价的意义在于改进，为了使评价有利于服务对象，评价者就应该首先关注服务对象关注的问题、兴趣和焦点。评价是共同建构的过程，也是通过协商达成共识的过程。全面质量管理理论和第四代评价理论都从学生视角出发进行管理和评价，与以学生为中心的理念不谋而合。在此基础上，我们可以科学地建构高校教学质量保障的理念结构。具体而言，它包括建立以“为学”为导向的教学质量保障机构，确立以学生学习成果为表征的教学质量目标，以学生为评价主体，开展持续性的、系统性的学生评价，集合学校课程、教学和管理服务资源，促进学生过程参与，并通过学生学习成果评价导向促进学生提供丰富的学习质量证据，把对学生学习和发展产生重要影响的因素（教师、学生、课程）有机地联结起来，实现高校教学过程质量和教学结果质量的持续改善。

以学生为中心的高校教学质量保障，更加突出以评价方式和学习服务支持方式的转变推动学生的自主参与和自我建构。它以学生的学习成果而非教师的教学效果作为评价教学质量的重点。理顺学生为什么学（目标建构）、学什么（课程服务、课程评价），学生希望教师怎么教（教学服务、学评教），学生应该怎么学（学习参与、学习成果评价）、学生希望得到怎样的管理服务支持（管理服务、服务需求和满意度测评），真正关注学生的发展、学习和学习成果，集合学校所有的管理资源为学生的发展提供优质、高效的服务，并通过同时关注学生的学习过程参与和学生学习成果评价导向促进学生提供丰富的学习质量证据。这一理念结构如图1所示。

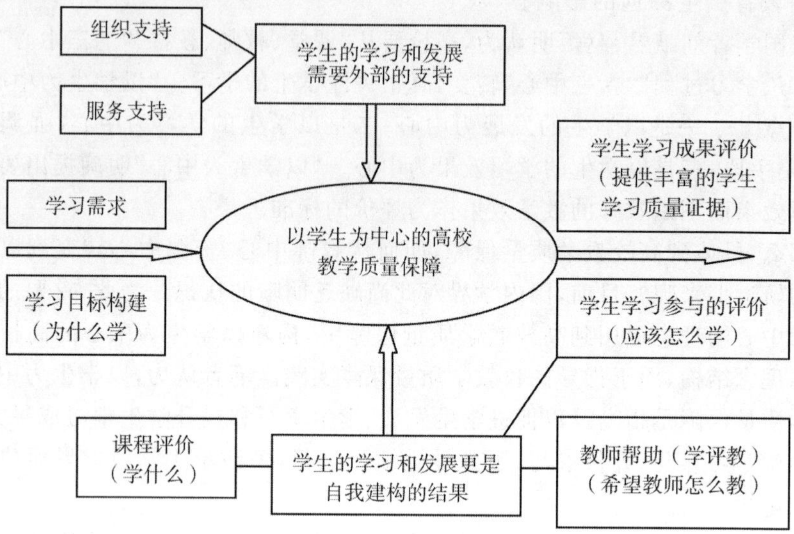

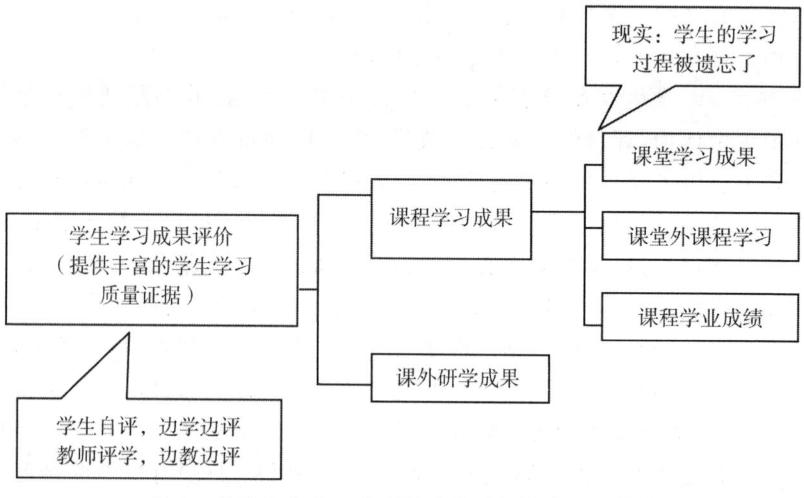

图1　以学生为中心的高校教学质量保障理念结构图

以学生为中心的高校教学质量保障的特点如下。

1. 体现出学生发展的质量保障观

亚历山大·阿斯汀(Alexander Astin)在2002年提出，最好的高校能够最大限度地促进学生的学习与发展。质量的评判标准是学识(learning)和学生随时间而发生积极变化。[13]第四代评价理论提出，评价就是为了有利于服务对象。全面质量管理理论把高校课程、教学和管理作为服务，把学生作为高校最主要的服务对象来理解，这有利于高校建立"以学生为中心，以学生发展为本"的质量保障思想。因此，在两大理论支撑下的以学生为中心的高校教学质量保障的特点是：在衡量高校教学质量目标是否达成时，学生的学习和发展应处于核心地位。高校教学质量首先是学生发展质量，即学生在整个学习历程中所学的东西，即所知、所能及其态度和道德。[14]因此，以学生为中心的高校教学质量保障必须以学生的学习成果而非教师的教学效果作为评价教学质量的重点。以学生的学习成果作为评价教学质量的重点，并不以分等鉴定为目的，而在于发现学生在学习中存在的问题，寻求其解决的途径，以达到促进学生发展的目的。

2. 聚焦来自学生的评价反馈和对学生的服务支持

Wahlen 在 2006 年提出质量保障的定义，强调质量评价和质量管理。不仅强调质量的保持，而且强调持续的改善。[15]华东师范大学的戚业国先生也提出"本科教学质量保障体系建设强调本科教学质量的管理与评价"[16]。因此，研究聚焦来自学生的评价反馈和对学生的服务支持。全面质量管理理论将学生作为特殊顾客，高校对学生的服务包括课程服务、教学服务、管理服务；运用第四代评价理论，立足于学生参与评价，给予学生参与评价的权利。来自学生的评价包括课程评价、教学评价、学习参与评价、学习成果评价以及服务需求和满意度测评。系列评价除了对应高校的服务支持之外，还包括学生对学习参与和学习成果进行自我评价。对于学生的评价观点进行反馈和回应也是一个重要部分，让学生知道能从评价中获得什么，感受到教师和管理者对自己观点的倾听与重视，激励学生对持续性评价的参与。

3. 改变了学生在教学质量保障中的角色，即从被动的研究对象到主动的参与者

第四代评价理论提出，改变学生在评价中的主动建构与参与。学生参与目标建构、课程评价、教学评价、学习参与评价、学习成果评价以及管理需求与满意度测评，直至学生主动提供教学质量证据——动态的学生学习成果。整个质量保障流程中，学生担负着学习的责任，监测着学校提供的课程、教学和管理服务，通过主动学习参与提供学习的质量证据(学习成果)。学校的管理者也好，教师也好，其作用都是帮助和支持。因此，以学生为中心的教学质量保障是一种自下而上的教学质量保障方式，是从学生视角出发，审视学生在就读经历中与学校提供的教学条件、教学资源、师教、管理者之间的互动关系，明确以上各个因素对学生的实际影响，从而更加准确、全面地评价学生因接受大学教育而取得的学习成果，转变了学生在评价中的被动角色。

全面质量管理理论辩证地看待学生同时作为顾客和产品的特殊性，深刻理解教学质量的生成与工业产品的生产是截然不同的过程。在一般工业产品的生产中，顾客并不直接介入生产过程。而教学质量生成的一个显著特点就在于它要"持续不断地依赖于学生参与教学的意愿"，依赖学生在教师和管理者的帮助下主动生成学习成果。教学质量管理需要做的是通过课程、教学和管理服务，促进学生在教学中的主动参与，从而提供丰富的学习成果作为质量证据，来证明院校持续不断地通过学生主动参与努力提升教学质量。

以学生为中心的教学质量保障理念认为，"最好"是一时的，"更好"才是学生学

习的永恒追求。其最大价值在于帮助学生学得更好，促进学生不断完善。

三、以学生为中心的高校教学质量保障的改进策略

根据以学生为中心的高校教学质量保障理念结构及特点，我们可以进一步借鉴全面质量管理理论和第四代评价理论，提出相应的教学质量保障改进策略。例如，借鉴全面质量管理理论提出四大要素体系，即“管理职责、资源管理、过程实践以及测量、分析与改进”，并以此为分析基础，根据第四代评价理论中评价对象的积极参与和建构等理念，提出组织策略、目标建构策略、服务支持策略与评价反馈策略四大策略。其中组织策略对应管理职责；目标建构策略主要是运用了第四代评价理论中评价对象对于评价的参与，主要体现在评价对象参与评价目标的建构；服务支持策略对应资源管理；评价反馈策略对应过程实践以及测量、分析与改进，而以学生为中心的教学质量保障改进策略是一种人员、物质、信息不断交换的动态的服务与评价过程，主要特征是学生作为教学质量保障主体，主动参与教学质量保障过程。其中，目标建构策略包括学生参与学校人才培养目标的顶层设计、学生参与专业人才培养目标以及参与课程学习目标的建构；服务支持策略包括课程、教学和管理服务。由于服务过程和消费过程的不可分离性，学生并不是服务的消极消费者，而是服务的积极参与者。在服务过程中，学生必须积极参与教师和管理者的工作，才能获得优质的服务，所以服务支持策略中包含了学生的学习参与；评价反馈策略主要解决学生对课程、教学、学习的参与以及管理服务的评价及管理者和教师的反馈与回应。组织策略是指在高校内部建立相应的组织机构，组织学生参与建构并贯彻质量目标到基层，根据学生评价及反馈结果反思课程设置、教学及管理中存在的问题，追踪学生学习成果和困难，并及时进行对策性的改革，促进高校内部教学质量保障工作的完善。[17]具体的教学质量保障改进策略如下。

1. 基于学生学习和发展的组织策略

建立在纵向上层次合理、责权明晰的专门的教学质量保障组织机构，尤其是校级教学质量保障机构，在顶层设计上要确定“重学”的评价导向和服务导向。改善过去以教为中心和重在投入的思维，更多地关注学生发展、学习以及学习成果，围绕学生学习设计服务和评价项目，将“以学生为中心”的教学质量保障理念深入到各院系专业、各行政管理部门和教学辅助机构。此外，对学校职能部门收集学生评价信息提供评价技术支持，并综合系统的学生评价数据进行分析和趋势预测，形成分析报告，供学校领导作为决策参考。

还可以增设对学生学习的支持服务机构。从国外教学质量保障的组织经验来看，成立学生学习指导中心、构建学业辅导机构、成立学生参与教学质量保障的专门机构、成立教学的服务中心以及成立师生评价素养提升中心等机构促进学生的学习和发展，是可以借鉴的做法。

2. 基于学生主动参与的目标建构策略

高校教学质量保障以人才培养目标的实现为最终目标。在目标建构的过程中,要赋予学生机会,与管理者、教师共同参与建构目标的过程。在宏观层面上,高校应根据社会发展需求及本校定位,明确人才培养指导思想,让学生有机会参与制(修)订学校人才培养的总体目标,实现学生"知识、能力、素质"协调发展;在中观层面上,各学院根据学校制订的人才培养总目标及适应行业发展制订的各专业人才培养目标,在本科生毕业时应达到的知识、能力、素质要求的具体化工作中纳入学生的观点,并在培养方案中有所反映;在微观层面上,教师要根据校级人才培养目标和专业人才培养目标以及学生的特点,与学生共同建构课程学习目标。学校、专业、课程目标体系的构建,通过学生的积极参与并对学生完整呈现,使学生的学习成为"知情学习"。

无论是建构校级、专业学位级还是课程级的学位标准,需要注意的是:①调查和考虑雇主对毕业生的意见和要求;②调查和考虑历届毕业生对学校教育教学的意见和建议;③分析和考虑国家和地方发展的需要;④表述形式以学习成果为宜;⑤制订和修订的过程与结果公开透明,邀请校外人士参加,有一定数量的学生和教师代表参加,共同建构。[18]通过与学生等利益相关人士共同建构各级目标,实现学生心中有"质量"标准,并主动积极地参与服务过程和评价过程。

3. 基于学生学习需求驱动的服务支持策略

服务支持策略主要是指课程服务、教学服务和管理服务。课程服务重在以学生为中心的课程体系的整体结构优化以及综合化建设。结构优化在于实现基础课与专业课、主干课与非主干课、理论课与实践课、必修课与选修课等之间的恰当的比例关系,还要发挥每门课程对其他课程所发挥的延伸、扩大、融合以及激活的作用。综合化必须要加强文理交叉、理工结合,还必须实现学科与学科之间的"科际综合",大力发展跨学科课程和广域课程,建立跨学科的交叉和边缘学科课程。[19]

教学服务包括以学生为中心的教学观、教学活动的组织以及课外的师生接触。尤其是课外的师生接触对于学生的学习和发展非常重要。牛津大学和剑桥大学在本科生与导师之间确立的人际关系,尽管可能存在种种个人的局限性,却是世界上最有效的教学关系。课堂教学的稀少,师生间每周的面谈,有时延伸至漫长假期的非正式的关系,促使学生独立自主,也使他们直接受到教师的影响。[20]宁波诺丁汉大学采用了导师的课外辅导制,以强化课外师生的接触。每位学生都配备导师,导师由所在院系的学术教师担任。学生每学年有三次机会(每次 10～15 分钟)与导师一对一交流,主要是关于学业发展、选课以及个人发展等议题。通过"个体学术记录"和"院系导师制报告"对导师督导情况进行监督和管理,确保教师对学生的课后支持服务到位。[21]值得注意的是,教学服务是一种特殊的服务,为了让学生达成课程学习目标,教学服务需要教师严格要求学生,明确严格的课程要求。对学生学习的严格要求恰恰是为了更好地提供教学服务。[22]

管理服务在于为学生自由选择课程和专业提供便利、实行完全学分制及个性化培养等。此外,学校通过创设能引导学生主动参与的学习环境,提供学生学习所需的物质资源,包括图书馆、计算机、多媒体和在线学习资源、实验室、工作室(演播室、画室、电影制片厂等)、体育设施、实习基地等信息资源和服务。

服务支持策略是受学生学习需求驱动的,解决的问题主要是学校如何通过配置资源、组织课程、开展教学活动以及提供管理服务等实践,引导并促进学生对有效教学活动和课外研学活动的参与。高校服务质量在于质量本身就是服务的过程。在质量服务支持过程中做到以学生为中心,大学要经常问自己几个问题:①本校的使命是什么?②学生需要什么?本校能提供什么?③目前本校在为学生服务中取得了哪些成功?存在哪些不足?④今后学校计划如何改善这些服务?

4. 基于学生学习质量证据的评价反馈策略

评价反馈策略是重点的改进策略,既包括收集学生的评价观点,也包括对学生的评价结果予以反馈和回应。学生评价主要以学生为评价主体,包括对服务支持(课程、教学、管理)的评价,对学生学习参与的评价(学生个体努力程度),以及对学生学习成果的评价(学生的学习质量证据)。反馈回应是针对学生的评价观点向学生反馈,确保基于学生的观点采取相应的改善行动。

在收集学生对于质量评价的观点时,需要将质性的和量化的两种形式结合起来。有时候,质性的观点比标准化的量化问卷得到的反馈对于质量提升更加有价值。学生调查是广泛使用的方法,更加有用的收集学生观点的方法就是直接对话,可以通过教室里面对面的讨论小组、博客、在线讨论小组以及网络研讨会等形式收集学生观点,也可以通过学生作为各级委员会的代表获得学生的观点,还有一些院校使用抱怨系统和建议盒收集来自学生的有用信息。[23]

课程评价并不常用调查问卷,而是通过教学管理者、教师和学生的非正式讨论实现,聚焦于对新课程的评价、对现行课程的意见建议、对整个教学计划的定期评价。学生对课程的评价可以采用匿名评价,针对课程的设置和课程体系的结构等方面做出合适的评价。评价结果由人才培养方案负责人进行总结,用以了解学生对课程设置的想法和建议,最后的反馈信息向学生公示。此外,学生对课程的评价结果还需纳入课程设置和学位培养计划的评审过程中。[24]

学评教不应该只包括教师表现,还应从学生的角度设计学生评教项目或问题,将学生学习参与以及学习需求等,以更多的比例和权重纳入学生评教指标体系中,使学评教成为对教和学整个教学过程的评价,而不仅仅是评单个教师。学评教的结果要向学生公示,并确保根据学生的建议采取行动。

学生对自身参与的评价主要包括课程学习参与和课外研学参与的评价。大学生在以学业为目标的活动上所花费的时间和精力,是唯一能够最好预测其学业状况与个人发展的指标。有效的学习参与行为就是指与课程学习目标和课程要求相对应的、学生所付出的努力和行为表现。学校可根据问卷调查所得结果,为学生学习参与提供改进建议。

学生对自身学习成果的评价在于把学习看成一副动态的画面,构建动态的学习成果评价体系。学生学习成果包括课程学习成果和课外研学成果,其中课程学习成果包括课堂内外的学习成果以及学业成绩评价,课外研学成果包括学生科研项目、学科竞赛、发表论文和申请专利等。课程学习成果评价重在关注学生的学习过程,抓住课堂学习评价、书面作业评价、课程实践评价等关键环节,改变以考试成绩为评价学生学业的重要标准的单一的、线性的评价方式。在评价内容上不局限于评价学生的记忆、认知能力,更要关注非智力因素在学生发展中的重要作用,如情感、态度、价值观、与人合作的能力、参与社会活动的能力等。在评价方式上采用课程嵌入式评价、档案袋评价,或是表现性评价等新型评价方式。就学生而言,更为有价值的是非正式的评价,在班级中、上课中、楼道中、喝咖啡间隙、电子邮件中与教师的即兴沟通,这些非正式的反馈是"以学生为中心"的。

要想学生对上述评价保持持续的兴趣,首先应给予学生参与制订评价标准的机会。学生参与的上述系列评价是师生之间、管理者和学生之间共同建构的活动,评价标准都由教师、管理者和学生共同商议确定。将学生评价的结果向学生反馈是个重要因素,可以通过导师和学生之间的沟通,以及通过学生会或学生代表进行反馈,还可以通过针对学生的杂志、公告中的文章进行反馈。反馈的报告可以装订成册或公布在公共网站上,并以年度出版物的形式报告给学生。这些正式和非正式的反馈帮助学生了解进展情况,提升学生学习动机,并赋予他们作为学习者的力量。

总之,在高校教学质量保障中以学生为中心,是在对我国高校教学质量保障实践过程和理论研究进行深刻反思之后得出的可行路径。建立以学生为中心的高校教学质量保障体系,并非把高校原有的质量保障理念、措施全部抛弃掉,而是对现有的教学质量保障体系进行有针对性的改进、更新和完善。以学生为中心的教学质量保障,能够将学生学习、大学环境、学习资源和教师等因素聚合在一起,保持对学生及其大学学习的焦点的关注。以学生为中心的教学质量保障是对传统的评价和管理思想的挑战,有利于实现高校教学质量保障学生向度的回归,真正抵及高校教学质量保障的核心。

参考文献

[1] 潘懋元.《学习风格与大学生自主学习》书评[J]. 西安交通大学学报(社会科学版),2004(4):95-96.

[2] 别敦荣,孟凡. 论学生评教及高校教学质量保障体系的改善[J]. 高等教育研究,2007(12):80.

[3] 孙士杰,张国荣,冯喜英. 高校学生学业成就评价现状及改革的研究[J]. 河南师范大学学报(哲学社会科学版),2000(5):106.

[4] 赖雄麟,张铭钟. 高等学校内部管理体制创新论[M]. 徐州：中国矿业大学出版社,2009：81-82.

[5] 宋慧丽. 德国大学生参与高校管理给予的启示—：从学生参与学校管理谈我国高校教学质量的提高[J]. 中国大学教学,2007(4)：83.

[6] 刘小强,蒋喜锋. 学生学习视野中的高校教学质量建设研究[J]. 教育研究,2012(7)：78.

[7][10][11] 刘献君. 论"以学生为中心"[J]. 高等教育研究,2012(8)：3,4.

[8] 冯大鸣. 美国："知情学习"解读[J]. 教育旬刊,2009(30)：59.

[9] 满晶,马欣川. 罗杰斯"以学生为中心"的教学思想述评[J]. 外国教育研究,1993(3)：3.

[12] 黄启兵. 学生是高等教育的消费者吗：来自国外的相关讨论[J]. 比较教育研究,2008(1)：26-28.

[13] [美]威廉姆·耐特. 院校研究与质量保证：以美国高等教育为例[J]. 刘智勇,译. 魏署光,校. 高等教育研究,2008(8)：18.

[14] 陈玉琨,代蕊华,杨晓江,等. 高等教育质量保障体系概论[M]. 北京：北京师范大学出版社,2004：58-59.

[15] Misiunas M. Internal quality assurance system and its implementation in Kaunas College[J]. Quality of Higher Education,2007(4)：38.

[16] 戚业国. 本科教学质量保障体系建设的思想与方法[J]. 教师教育研究,2007(2)：8.

[17] 陈静,赵俊峰. 英国高校教学质量信息发布制度述评[J]. 外国教育研究,2014(2)：101.

[18] 毕家驹. 高校内部质量保证工作：教育质量目标的制订[J]. 中国高等教育评估,2010(2)：32.

[19] 周英. 激励性教学质量保障机制研究[M]. 北京：煤炭工业出版社,2008：126-127.

[20] [美]亚伯拉罕·弗莱克斯纳. 现代大学论：美英德大学研究[M]. 徐辉,陈晓菲,译. 杭州：浙江教育出版社,2003：204.

[21] [24] 赵风波. 中外合作大学的教学质量保障机制探析：基于宁波诺丁汉大学的分析[J]. 中国高教研究,2014(6)：82,83.

[22] 王玲玲,罗晓光. 高校教学服务的核心服务接触点分析[J]. 科技与管理,2013(4)：118.

[23] Adams P, Bennett L, Chalmers D. Student Feedback：The Cornerstone to an Effective Quality Assurance System in Higher Education[M]. Oxford Cambridge New Delhi：Chandos Publishing,2011：8.

利益相关者视角下的现代大学共同治理机制探析

刘红光
(厦门大学教育研究院)

[摘要] 治理机制是大学制度赖以有效运行和更好地发挥作用所必须遵循的原则与规范。共同治理机制是现代大学典型组织特征的必然要求。我国大学外部治理关系问题表现在政府与大学关系的管控(依附性)、治理结构的封闭(内控性)上;内部治理关系问题表现在决策机制的集权性、行政管理权力泛化、学术民主管理机制不健全等方面。大学共同治理机制的形成有赖于大学形式法人地位的确立和实体法人地位的实现,利益相关者委员会的建立是一个重要保障,落实基层学术单位的自主权是必然要求。

[关键词] 大学管理;利益相关者;共同治理;治理机制

Collaborative Governance Mechanism of Modern University in Stakeholder Perspective

LIU Hongguang

Abstract: Governance mechanism is an important factor to ensure effective operation of university system. Collaborative governance mechanism is a necessary requirement of the typical organization characteristics of the modern university. The problems existing in the external governance are the control-dependent relationship between government and university, and close-internal control in governance structure. The problems existing in internal governance are centralized decision-making mechanism, generalization of administrative management power and imperfect academic democratic management mechanism. The acquisition of university formal legal person status and substantive legal person status, establishment of stakeholder committee and implementation of autonomy for grassroots academic units are necessary steps and measures to establish collaborative governance mechanism.

Keywords: university management; stakeholder; collaborative governance; governance mechanism

治理机制是指治理主体间的关系,以及他们在治理活动中实现其诉求的关系模式,包括治理活动开展所依托的一系列制度、资源和权力框架。治理机制是大学治理的重要组成部分,完善的治理机制是大学制度有效运行和更好地发挥作用的重要保障。完整的大学治理由内部治理机制和外部治理机制组成。利益相关者理论作为一种分析框架,契合现代大学的组织特征,为观察和揭示大学治理问题及相关原因提供了新的视角,对推进我国现代大学制度建设具有现实意义。

一、大学利益相关者共同治理机制的必要性和可行性

大学利益相关者共同治理机制是指一种由包括政府、社会、市场在内的大学外部利益相关者和包括学术主体、行政主体、学生群体在内的内部利益相关者共同参与,以伙伴关系为基础的、多元化大学治理模式。

随着大学自身功能的不断拓展、组织结构的日益复杂及其与外界关系的日趋密切,现代大学已经发展成一种典型的利益相关者组织。从大学与外界的关系来看,现代大学已经从社会的边缘走向社会的中心,从偏安社会一隅的"象牙塔"变成社会的"轴心机构"。"有一张庞大而复杂的关系网把大学和社会其他主要机构连接起来"[1];从大学的内部来看,它"并非一个统一的机构,它不是一个社群,而是若干个社群——本科生社群和研究生社群、人文主义者社群、社会科学家社群和自然科学家社群、一切非学术人员社群、管理者社群"。"一个社群应当有一个灵魂,一个单一的富有生命力的原则;而多元大学有若干个灵魂。"[2]在上述情况下,利益相关者各有其自身的需要和诉求,同时,大学的非营利性决定了每一个人或每一类人都不能对大学行使独立的控制权,因此,利益相关者共同治理机制成为实现现代大学治理的必然要求。

现代大学利益相关者共同治理机制不仅是必要的,也是可行的。欧洲中世纪以来的大学发展史表明,利益相关者共同治理机制可以有效地协调各种大学影响力量,有效地实现大学的学术使命和社会使命。在当今欧美各国大学管理中,行政力量、学术力量和市场力量通过某种共同治理机制共同发挥影响,使大学在实现其学术功能的同时,能够兼顾社会使命的达成。[3]由此可见,现代大学利益相关者共同治理机制是有历史和现实依据的。

二、中国现行大学治理机制问题透视

(一)大学外部治理问题

从大学的外部治理关系来看,20 世纪 80 年代以来,历经数次高等教育管理体制改革之后,1998 年通过的《中华人民共和国高等教育法》从国家法律层面确立了

高校的法人地位,并明确了高校办学自主权的具体内容。但时至今日,与有关法律、政策所提出的高等教育管理体制要求相比,高校法人地位尚未完全得到保障,高校自主办学空间仍然比较狭小,政府与大学之间的管控—依附关系仍然突出。[4]其一,大学校长和其他校级领导成员的选拔和任命权完全由上级政府主管部门把控,导致大学领导在进行学校事务决策时常常唯上级命令是从,忽视了大学作为一个学术组织的发展逻辑。其二,计划经济式的资源配置模式,行政主导型管理必然导致资源集中分配。国家的教育经费由教育管理部门转移支付给各个大学,目前这种支付还缺乏科学规范的方式,而演化成各式各样的工程,如“211 工程”“863 工程”“985 工程”等,这些都是由上而下按照行政意志设计的分配方案和规则。这种非规范的资源配置,导致大学把精力放在繁忙的各类争资源的活动中,造成教授们在研究和教育上精力不足;同时,在政府控制下的大学竞争往往异化成向政府争资源、争名额、拉关系等一些不健康的竞争,不仅难以形成有效的竞争市场,而且极易导致政府官员的权力寻租行为。[5]其三,政府对大学微观领域管控过多。大学的专业设置、学位设置、招生规模、教员编制、资源配置以及质量评估等都由政府的教育管理部门掌握着决策和审批权。从机构设置到教师编制,从课程设置、学位授予、招生名额到入学条件和学费标准等,无一不由政府主管部门决定,大学不能依法面向社会自主办学。

对于大学而言,由于长期习惯了计划管理体制下的依附性生活,等、靠、要的惰性思想极为严重,大学领导不用考虑太多的事情,也不用操太多的心,有什么事情即寻求政府帮助;同时,大学对政府的依赖思想也进一步影响到校内教职工,长此以往,大学就慢慢缺乏创新的动力。因此,必须改变传统政府与大学之间的管控—依附关系,重新审视和建立两者的新型合作伙伴关系。

此外,我国大学的外部治理关系问题表现在治理结构的封闭—内控性。根据《高等教育法》,“国家举办的高等学校实行中国共产党高等学校基层委员会领导下的校长负责制”。在这种大学领导体制下,由于高校的党委委员全部来自高校内部,从而导致作为高校决策机构的党委实质上代表的完全是高校的自身利益。这样一个封闭的治理结构,将除教职工和学生之外的其他大学利益相关者完全排除在外。由于高校之外的利益相关者不能从体制上直接进入大学的最高决策机构,大学的社会公益性彻底失去了制度上的保障。大学决策机制的封闭性直接导致整个高校治理结构过于封闭,加之监督机制、评估认证等外部机制的不健全,使得大学适应社会发展需要,利用外部资源获得竞争优势的渠道明显不够畅通。作为一个公共利益机构,大学的利益相关者不仅包括学校内部的学术主体、行政主体和学生群体,还包括外部政府、社会和市场等。与此相适应,高校的治理结构也应该是一个利益相关者共同决策的制度安排。当前的大学党委领导实现形式只保障了其决策功能,而没有为共同治理创造条件,从而为“内部人”控制埋下了伏笔,不仅不能代表高校之外的利益相关者,即使在校内,这种管理体制在一定程度上也往往呈现出行政权力的扩张性，导致学术行政权力在大学里的淡化、弱化和边缘化。[6]

（二）大学内部治理问题

从大学的内部治理关系来看，我国大学决策特点主要表现为决策机制的集权性。目前，我国大学的决策权主要集中在学校层面以及经授权的职能部门，而大学是“底部沉重组织”，院系等基层学术组织在学校办学的过程中扮演的角色与其所拥有的权利不匹配，造成校内权责分配不均衡，院系更多地承担着办学任务而没有自主管理的权利，院系的权责出现了分离。随着近些年我国高等教育的快速发展，办学任务也日趋加重。作为大学办学主体——学院的工作范围也随之扩大，但其在科研、教学、人事、经费、办学等方面仍缺乏应有的自主权，如用人编制、职称评审、岗位设置、人员调配、经费使用等诸多权利都集中在学校及其职能部门，学院的办学自主权难以落实。长此以往，带来的后果是校级领导与职能部门运转繁忙；而学院责大权小、运行不灵，责、权、利始终得不到相应的统一，造成学院办学的积极性丧失。[7]

此外，大学内部治理关系的问题表现在行政管理权力泛化，学术民主管理机制不健全。在大学内部，行政管理是指以科层制为原则建立起来的一整套学校管理系统，及其所具有的管理职能和所从事的各种管理活动，其管理对象包括学术事务和非学术事务。行政管理权力泛化主要是指行政主体过度干预本应该由学术主体管理的学术事务，或者用惯有行政性思维处理学术事务。同时，我国大学学术行政权力长期在大学学术管理中占据主导地位而形成的历史关系，大学学术民主管理机制不健全；要实现学术主体这一利益相关者参与对大学的共同治理，必须加强学术民主管理机制的建设。[8]

三、利益相关者共同治理机制建构路径

（一）法人地位是大学利益相关者参与共同治理的首要条件

在现代社会，法人地位的取得是组织作为独立个体存在的标志，也是其享有权利和承担义务的基础。大学只有取得形式上和实体上的法人地位，才有资格以平等的姿态与其外部利益相关者（如政府、社会、市场）等达成各种“契约”，实现自身价值，才能摆脱其附属地位，给其内部利益相关者（如学术主体、行政主体、学生等）提供参与共同治理的机会。公办高校的法律地位从国家机构转变为自治的法人实体，已经发展为全球教育治理改革的一个重要趋势。在新公共管理思潮的影响下，西方发达国家大多实行了公办高校法人化的改革。英国教育改革引入了公法人的概念，法国的公办高校被转变为公务法人，德国则提出公办高校具有公法社团和公营造物的双重属性，日本把国立大学变成更具企业性质的法人机构，丹麦等北欧国家的公办高校也已经成为自治公共机构。总之，在政事分开的模式下，政府已由公共产品的提供者转变为公共产品的购买者，政府对教育的管理已经从过程控制转变为结果评价，质量保证和问责成了政府关注的主要问题。[9]

我国1998年通过的《高等教育法》从形式上确认了大学的法人资格，赋予了高校一定限度的办学自主权，但并没有从根本上改变大学对政府的附属关系，大学距离实体法人的地位还有很长的路要走。实现政府与大学间伙伴关系的建立，首先要通过《大学法》等立法进一步明确政府与大学的权限，落实大学办学自主权，完善大学校长选拔和任命机制，改革大学经费拨款方式。其次，引入市场机制，使大学办学资金来源更加多元化；培育社会中介结构，协调政府与大学的关系。最后，努力营造治理的社会舆论导向，使"有限政府"成为社会共识，为实现大学共同治理创造外部条件和环境。

(二) 利益相关者委员会是大学利益相关者参与共同治理的重要保障

利益相关者委员会一般由政府代表，大学学术主体、行政主体、学生代表，社会公正人士及捐资人等利益相关者组成，旨在寻求一种利益相关者共同决策和相互制衡的机制。在这种模式下，不是由政府或大学行政主体主导大学的资源配置、财政预算、人事安排、专业设置以及其他事关学校发展的重大事项，而是将决策权交给利益相关者委员会，保证利益相关者的诉求得到不同程度的满足。其一，利益相关者委员会的治理机制把大学的外部利益相关者引入了大学的决策过程，可以避免出现大学的"内部人"控制情况，促进大学办学方式由封闭走向开放。其二，利益相关者委员会的治理机制为大学内部的处于相对弱势地位的利益相关者（如学术主体、学生等）提供了参与治理的机会。

大学利益相关者委员会的建构应注意以下几个问题。第一，利益相关者委员会的人员构成比例和内部决策机制必须符合大学作为学术组织的本质属性。具体而言，其人员构成比例应充分考虑大学学术主体的利益，其决策必须有利于知识的传承与创新。第二，要建立对利益相关者委员会决策失误的问责机制。第三，正确处理利益相关者委员会与党委会的关系。笔者认为，可以考虑在党委会的基础上，通过引进大学外部利益相关者和内部利益相关者，将其扩充为利益相关者委员会，这样既可以实现党委领导，又可以兼顾其他利益相关者。当然，这种观点在实践中如何操作，还要进一步斟酌。

(三) 基层学术组织自治是大学核心利益相关者参与共同治理的必然要求

从大学的学术属性来讲，教师无疑是大学的核心利益相关者，因为教师的工作是实现大学使命的主要承担者，而大学是教师实现自身抱负的最佳场所。同时，大学是"底部沉重"组织，教师是基层学术组织的主体，他们的最大利益是进行知识的传播与创新；基层学术组织自治可以激发教师投身学术的热情，是实现其最大利益的前提。要最大限度地实现以教师为代表的学术主体参与大学的共同治理，必须通过大学章程建设进一步明确校、院两级的责权权限，赋予基层学术组织更多的办学自主权。另外，还要加强基层学术组织级别的院务委员会、学术委员会、学位委员会等机构建设，赋予学术主体代表更多的参与决策的权限。

总之，从现代大学作为一种典型的利益相关者组织的视角来看，其治理的理想状态是大学外部，即政府、市场、社会的合理价值诉求与有效资源可以顺畅地进入高校，政府、市场、社会的利益在高校核心理念允许的范围内可以得到最大限度的实现；大学内部可以建立一种以学术权力为基础、以实现公共利益为目标、能够有效回应“冲突和多元利益”要求的内部决策权力结构，最大限度地释放高校的人才培养生产力与学术创造力。[10]在中国的现实环境下，上述理想治理状态的实现需要外部治理结构和内部治理结构的同时推进。离开大学外部治理环境的改善，内部治理结构的改变很难取得质的突破。同时，受制于中国传统集权文化的影响以及大学自治传统的缺失，实现利益相关者对大学的共同治理不可能一蹴而就，而是一个循序渐进的过程。

参考文献

[1] [美]德里克·博克. 走出象牙塔：现代大学的社会责任[M]. 徐小洲，陈军，译. 杭州：浙江教育出版社，2001.

[2] [美]克拉克·克尔. 大学的功用[M]. 陈学飞，译. 南昌：江西教育出版社，1993.

[3][8] 别敦荣. 高等教育管理与评估[M]. 青岛：中国海洋大学出版社，2009：135，115－118.

[4] 别敦荣，杨德广. 中国高等教育改革与发展 30 年[M]. 上海：上海教育出版社，2009：41－44.

[5] 席酉民，李怀祖，郭菊娥. 我国大学治理面临的问题及改善思路[J]. 西安交通大学学报(社会科学版)，2005，25(1)：79－80.

[6] 黄晓玫. 改进高校党委领导的实现方式推进现代大学制度建设[C]//张国有. 大学理念、规则和大学治理. 北京：北京大学出版社，2013：307－308.

[7] 冯支越. 大学学部制、学院制体系和大学治理[C]//张国有. 大学理念、规则和大学治理. 北京：北京大学出版社，2013：358－359.

[9] 周光礼. 从管理到治理：大学章程再定位[EB/OL]. [2014－08－15]. http://www.cssn.cn/jyx/jyx_jyglx/201408/t20140815_1293042.shtml.

[10] 孟韬. 高校治理的本质、机制与国际经验：高校治理及国际比较高层研讨会综述[J]. 教育研究，2011(2)：373.

改革开放以来我国大学生就业政策的变迁*

——基于支持联盟框架的分析

韦 颖
(华中科技大学教育科学研究院)

[摘要] 改革开放以来,适时调整大学生就业政策是高等教育改革的重要内容之一。运用支持联盟分析框架来探究,可以发现,围绕"如何让大学生得到最合理的配置"这一深层核心信仰形成两大联盟:支持国家主导的联盟与支持市场主导的联盟。这两大联盟依据各自所持守的核心信仰,表达不同的基本政策立场。在国家发展战略规划的重大变革的背景之下,基于对就业问题的基本共识,两大联盟又产生了相互的政策学习,最终促成以市场配置为主导,同时发挥国家宏观调控的现行大学生就业政策模式。

[关键词] 大学生就业政策;政策变迁;支持联盟框架

The Changes of Chinese College Students employment Policies Since the Great Reform and Opening

—An Analysis Based on the Advocacy Coalition Framework

WEI Ying

Abstract: Since the Great Reform and Opening, adjusting college students employment policies timely is one of the most significant aspects of the higher education reform in China. According to the Advocacy Coalition Framework (ACF), there are two coalitions around the core belief of "How to allocate college students most equitably": one supports state's dominant role and the other supports market's dominant role. On the basis of different core believes, they persist in different basic standpoints of policy. With the important transforming of development strategy in China, the two coalitions conduct mutual communication policy based on the consensus of employment issues, and

* 基金项目:国家社会科学基金西部项目(11XSH005)。

ultimately facilitate the current college students employment policy model, which is dominated by market allocation and exerting the ability of national macro-control.

Keywords: college students employment policy; policy change; Advocacy Coalition Framework (ACF)

改革开放以来,我国高等教育在不断适应社会经济发展的变化的过程中,进行了一系列重大改革,其中适时调整大学生就业政策是高等教育改革的重要内容之一,其间大学生就业政策历经了从“统包统分”到“双向选择”再到“自主择业”的变迁。运用支持联盟框架对大学生就业政策的变迁历程进行透析,可以发现,大学生就业政策的变迁实际上可以看作支持国家力量主导的联盟和支持市场力量主导的联盟双方博弈的结果,其博弈表现为各自所秉承的政策信仰系统各有侧重。政策信仰系统的对抗、学习、变迁,使得改革开放以来大学生就业政策的变迁呈现出某些规律,可以给未来政策调整提供特定的启示。

一、支持联盟的理论基础及分析框架

传统的政策分析框架通常采用利益分析法,认为决策者或者利益集团的更迭是政策变迁的主要推动力量;但是,传统的分析框架无法解释当利益集团组成稳定,制度还是发生了变迁的情况。20 世纪 80 年代,美国著名学者保罗 · A.萨巴蒂尔等提出了支持联盟分析框架,其基本观点是:当利益集团组成稳定时,在政策变迁中起主导作用的是行动者所共享的信仰系统,尤其是其中的政策核心信仰,而不是决策者的利益。该框架适用于分析较长时段内的政策变迁。萨巴蒂尔把支持联盟定义为“由来自不同职位(选举的和行政机构的官员、利益集团的领导人、研究者等)并具有以下特征的人组成:①共享一个特定的信仰系统,即一套基本的价值观、因果假设和对问题的感知;②长时间内对一项协调行动毫无争议”[1]。萨巴蒂尔等人将这一特定的信仰系统假定为一个具有等级特征的三维结构,即深层核心信仰、政策核心信仰和表层信仰。深层核心信仰是基本的规范和本体性的原理,类似于宗教信仰,是极难改变的。政策核心信仰是联盟的基本黏合剂,是指关于子系统实现其核心价值的基本政策立场,具体包括基本的价值偏好、对于问题严重性的基本认知、认识子系统中核心价值的策略、适于处理问题的最佳的和最基本的政策工具,它在某种程度上并非僵化不变,但调整起来非常困难。表层信仰,也称为第二层面信仰,涉及人们对具体政策中一些工具性信息的认识,是信仰系统中较容易改变的。即使同在支持联盟中,行动者之间的表层信仰也可能是不同的,所以政策信仰的相互学习(即政策取向的学习)常常发生在这个层面。政策子系统内的各成员由于不同的政策信仰而形成较稳固的联盟。[2]

根据支持联盟框架的逻辑,政策变迁的原因之一是受政策取向的学习所导致的信仰系统变化的影响。但仅有这股力量并不足以改变政府决策的核心方面。政策的剧烈变革往往源自外部(系统)事件。[3]所谓外部事件包括社会经济条件变化、统治联盟系统性变化、来自其他子系统的政策变化以及公共舆论的影响。[4]

二、改革开放以来政策的变迁历程

针对改革开放以来大学生就业政策的变迁,学界主流的观点是依据就业政策的具体形式来划分阶段,例如“统包统分”阶段、“自主择业”阶段等。笔者根据政策变迁中主导性力量的实际变化,把改革开放以来我国大学生就业政策的变迁历程划分为两个阶段:第一阶段是国家调配阶段(1980—1999 年),第二阶段是市场导向阶段(2000 年至今)。整个变迁过程也就是从强调国家力量在大学生就业政策的决策中占主导性地位到市场力量占主导性地位的转变过程。

(一) 国家调配阶段(1980—1999 年)

中华人民共和国成立以来,在集权政治以及计划经济体制下,我国的高等教育一直处于高度集中的计划管理模式阶段。高等学校的办学权和管理权归属中央政府,学校按指令性计划招生,学生按计划分配,用人单位按计划接收学生。这种形式的就业政策被称为“统招统分”政策。

1985 年,中共中央颁布的《关于教育体制改革的决定》(下面简称《决定》)是我国对大学生就业政策改革的重要标志,自此我国维系 30 多年的“统招统分”政策开始被打破。该《决定》明确指出:要改革大学招生的计划制度和毕业生分配制度,扩大高等学校的办学自主权。1989 年,国务院批转了原国家教委提出的《高等学校毕业生分配制度改革方案》,提出“改革高等学校毕业生分配制度是高等教育体制改革的重要组成部分”。1993 年,国务院颁布的《中国教育改革和发展纲要》(下面简称《纲要》)中提到:“改革大学生‘统包统分’和‘包当干部’的就业制度,实行少数毕业生由国家安排就业,多数由学生‘自主择业’的就业制度。”这些政策的推行形成了以高校为主导向社会推荐学生,毕业生和用人单位在一定范围内双向选择的就业政策。同时,区别对待招生计划中三种不同性质的学生(国家计划招生、用人单位委托招生,以及国家计划外招收的少量自费生)。由此,大学生“双向选择、自主择业”的就业政策雏形基本形成。

1994 年国务院在《纲要》实施意见中强调了高校学生“缴费上学,毕业后自主择业”的改革。经过部分高校的试点后,1997 年我国完成了高校招生“并轨”和学生缴费上学的改革。1999 年,国务院批转教育部《面向 21 世纪教育振兴行动计划》规定:到 2000 年左右,建立起比较完善的由学校和有关部门推荐、学生和用人单位在国家政策指导下通过人才劳务市场双向选择、自主择业的毕业生就业制度。在“劳动者自主择业、市场调节就业、政府促进就业”方针的指引下,以市场为主导的“双向选择、自主择业”的大学生就业政策真正确立。

(二) 市场导向阶段(2000 年至今)

2000 年,教育部将新中国成立以来一直使用的大学生"派遣证"改为"就业报到证"(全称为"全国普通高等学校本专科毕业生就业报到证")。这一更改具有里程碑的意义,它从形式上标志着我国大学生就业制度结束了"计划、分配、派遣"的历史,开始真正步入以市场为导向的就业政策轨道上。

2002 年,国务院办公厅转发《关于进一步深化普通高等学校毕业生就业制度改革有关问题的意见》,明确提出市场导向的就业方针,指出引导大学生到基层、到中小企业就业是解决就业的主要途径。2003 年,国务院办公厅发出《关于做好 2003 年普通高等学校毕业生就业工作的通知》,明确了改革方向和工作重点,初步形成了新时期大学生就业工作的政策框架。此后,国家相关部门每年均会针对大学生就业出台相关的政策文件,但就业政策的主导都以强调市场配置为主要目标。据笔者统计,2002—2012 年间,国家有关部门出台的大学生就业政策共 43 项,主要是根据每年的国际国内就业形势,对大学生就业工作做出部署,或者是就某一专项就业工作进行制度安排。从 2000 年至今,我国大学生就业政策的变化总趋势呈现平稳前进的状态,主线是"市场导向、政府调控、学校推荐、学生与用人单位双向选择的就业机制"。同时,在学生自主择业的前提下,国家特别重视从政策上加大对毕业生基层就业项目和毕业生自主创业计划等政府促进就业项目的引导与鼓励,体现了国家力量的调控性和补充性。

三、大学生就业政策的信仰系统分析

是以国家调控为主导还是以市场配置为主导?何种力量主导才能实现毕业生就业的最优配置?对此问题的不同态度形成了大学生就业政策的两个支持联盟:支持国家力量主导的联盟与支持市场力量主导的联盟。前者主要由政府出台政策的行政管理人员、政策研究人员和部分用人单位、高校、学生群体及家庭组成,后者则主要由政策的研究人员(以经济学研究者居多)、新闻记者和另一部分用人单位、高校、学生群体及家庭等组成。

改革开放以来,支持国家力量主导的联盟和支持市场力量主导的联盟之间的博弈所引发的政策变迁,既与两个联盟对就业政策信仰达成的共识相契合,反映着双方在对话和论辩中相互学习、相互妥协,还与改革开放之后整体的社会变迁相契合,即就业政策变迁与国家宏观发展的价值取向直接相关。

(一) 厘清支持联盟的信仰系统

大学生就业政策变迁的两个联盟间的冲突对抗,显示着各自所秉持的信仰系统存在着差异。这种差异既是双方分歧争论的根本原因,也是双方进行政策取向学习的必要因素。

就政策的深层核心信仰来看,改革开放以来,大学生就业政策的最终宗旨是"让大学生得到最合理的配置"。这一宗旨体现了国家最优和个人最优的最佳结合，是社会追求效率和公平的终极价值追求，是各就业相关主体——国家、用人单位、高校、毕业生及其家庭的共同心愿，也是引领就业政策不断变迁的终极目标。这一宗旨也是两个联盟都认可和遵从的深层核心信仰。

但从政策核心信仰层面来看，两个联盟各执己见，迥然有别。支持国家主导的联盟把大学生看作是国家的人才，而且认为唯有国家才能实现资源的最优配置，因此认为大学生其就业应由国家统一调配。在高等教育转轨前，我国高等教育处于计划管理模式，高等教育完全由国家举办。大学生不需缴纳学费，一些特殊专业还有国家的经济补贴。大学生被视为国家举办高等教育的产品。其产品属性决定了其有义务服从国家的调配。与此同时，高等教育一直定位为“一切服务于国家建设，特别是经济建设”[5]。作为高等教育产品的大学生，自然应担负起服务社会主义经济建设的使命。特别是在高等教育精英教育阶段，大学生具有稀缺资源的属性，国家建设急需人才，理应由国家调控、计划分配大学生。这一观念根植在支持国家主导的联盟成员的观念中。

而支持市场主导的联盟则强调大学生的个人产品属性，且认为唯有市场才能实现资源的最优配置，因此认为大学生就业问题应由市场的力量来解决。改革开放以来，随着高等教育由福利性向市场性转变，大学生要缴费上学。尽管大学生自己所缴纳的费用远远不够他们的培养费用，但是却改变了很多固有的观念：大学生不仅是国家举办高等教育的产品，也是个人投资的产品。这样的观念在客观上导致大学生争取对个人产品的使用权和自主权。改革开放初期，社会主义市场经济体制正处于摸索中，一些经济学者受西方新自由主义的影响，提出应让市场“看不见的手”来替代过去大学生“统招统分”的政策。这一支持联盟的信仰系统坚信，人力资本供需的关系应完全由市场自身来确定，并且市场自身也完全具备达成供需平衡的能力。

（二）影响就业政策的外部信仰变化

在支持联盟分析框架中，政策变迁的触发机制往往源于外部的变革。影响就业政策变迁的外部环境更多的是国家的基本政策或国家的发展战略发生了根本性的调整，就业政策实际上只是其中的构成部分。改革开放以来，国家的政治经济体制发生了深刻的变革，建立社会主义市场经济体制成为大势所趋和全民共识。经济体制转轨客观上要求人才分配体制与之相适应，例如，自由劳动力市场的需求日益凸显。而且，随着高等教育扩招政策的实施，大学生规模急剧上升。这就使得劳动力市场在尚未完全成熟的情况下，毕业生结构性失业和摩擦性失业的现象越来越严重，过去大学生作为“皇帝的女儿不愁嫁”的现象不复存在。改变过去计划经济下的就业模式，建立以市场为导向的毕业生就业政策，成为一种理性选择。从观念系统和信仰系统来看，一方面，改革开放后“人”的地位开始凸显，教育哲学逐渐从社会本位向个人本位转变。教育观的此种转型让毕业生渴望可以根据专业、兴趣和价值偏好来选择职业，使个人的人力资源和职业达到最优配置。另一方面，国家发展中对效率价值的优先考虑,从宏观政策环境上促成市场力量的政策空间逐步增强,确保公平的国家力量呈现出消退的趋势,大学生就业政策行为中国家力量与市场力量就处在此消彼长的起伏之中。

四、就业政策取向学习与政策变迁的分析

支持联盟框架的研究者认为,政策取向的学习会产生两种不同的情况:联盟内部的学习,这有利于政策的微调;联盟之间的学习,跨联盟学习会对联盟不同的政策信仰产生重大的影响。当两个联盟之间出现中介层面普遍的观念冲突时,跨信仰系统的政策取向学习是最有可能发生的,[6]这将导致支持联盟内部成员因政策核心信仰转变而出现分化。大学生就业政策的两个联盟之间的学习、影响和博弈,同样呈现出如此特征。诸如用人单位、高校、学生及家庭等政策受众群体,他们会因其行业、地域、知名度、专业及身份等原因,随着就业形势的变化、时代的发展和观念的演变,出现政策核心信仰的转变,从而改变他们所选择的支持联盟。

(一)政策取向学习与政策变迁

支持联盟框架认为,只有当不同联盟对一个问题的总体严重性产生共识以及把现状的维持看作是不可接受时,跨联盟的学习和讨论才会获得成功,才会出现联盟间真正的妥协。

在国家调配阶段,面对国家经济体制改革,两个支持联盟都不同程度地认为过去的政策不可接受。支持国家主导的联盟成员发现,从中华人民共和国成立以来沿袭了30多年的统配政策导致了严重的僵化,这种僵化造成行业、地区、部门间人才分布的不均衡,造成了高校教育体制改革滞后、毕业生综合素质不高、用人单位积极性不高等现象。而支持市场导向的联盟也对当时的就业状况给予了批评:市场经济需要的是自由劳动力的供给,而过去大学生的初始配置是由计划者(劳动人事部门和教育部门)完成的,违背了经济发展的需要,忽视了毕业生个体的自主选择和自由流动的权利。所以,两个支持联盟均有强烈的愿望要改革大学生统配政策,最终促成了以市场为导向的“双向选择、自主择业”的政策。

在市场导向阶段,两个联盟之间的政策取向学习是源于对严峻的大学生就业形势以及毕业生不均衡流向的共识。两个联盟发现,经过前期实施市场导向的“双向选择、自主择业”的就业政策后,毕业生有了自主选择职业和跨区域流动的机会,纷纷涌向东部沿海及内地发达地区,一些行业也备受青睐,呈现出大学生就业的“孔雀东南飞”“一江春水向东流”的现象。这一现象导致了一方面大学生就业面临着困难;另一方面,广大基层,特别是西部地区、艰苦边远地区和艰苦行业以及广大农村无人问津,出现人才匮乏的现象。就此情况,支持国家主导的联盟认为,政府应当对就业市场进行培育、指导、调节和管理,开拓适合我国大学毕业生资源状况的就业岗位。[7]支持市场导向的联盟认为,中国的社会经济环境不同于发达国家的成熟市场经济,正处于从计划经济体制向市场经济体制过渡的制度变迁时期,有其自身的独特性,因此,必须

从制度和市场两个方面对我国大学生就业问题做出研究。[8]实际上，根据我国国情，不同地区和不同行业之间的收益存在较大差异，要实现毕业生充分流动，特别是自觉向西部地区、艰苦行业流动，在我国仅靠市场的力量还难以实现，大学生“自主择业”政策离不开国家的宏观调控。在这样的形势下，国家推出了一系列的政府促进就业项目，例如毕业生基层就业项目、自主创业计划、就业服务和指导等项目。

（二）政策变迁的理性分析

主导政策出台的政府在不得不应对国家经济体制改革所带来的变化时，对把毕业生就业交给市场配置始终充满了疑虑：虽然市场力量主导的诉求在不断增强，但政府对就业政策控制的释放却小心翼翼。支持联盟框架认为，联盟之间的冲突和折中，会使每个联盟修改它的信仰（主要是第二层面的）或者改变它的策略，“最终的结果是建立一个或更多的政府项目，这些项目又反过来产生操作层面上的政策”[9]。兼顾转型期中国的具体国情，两大联盟相互学习和博弈的结果是政府促进毕业生就业项目的持续产生。

1. 政策出台的频率与效力

笔者以 2002—2012 年为一个研究期间，国家有关部门出台的大学生就业政策有 43 项，平均每年出台 4 项以上，其中涉及大学生基层就业项目的专项政策有 9 个，涉及毕业生自主创业的专项政策有 6 个。大学生就业政策的频出，体现了国家对大学生就业工作的重视。从发文的级别之高和频率之繁足见国家把大学生就业看成大事在抓，在全国上下、各个领域营造了关心关注大学生就业的氛围。但如此高频的政策输出也反映出政策的效力不高，重宣传轻实效。一项好的就业政策应融战略性、市场性和保护性[10]为一体，这样的政策一经出台是具有效力的，可以对一段时期的工作取得长效的宏观调控，而不需要时时更新和重新制定。为此，有学者指出：我国的就业政策不是不够，而是太多，让人无所适从。现在需要的是将现有的大学生就业政策进行梳理：政策之间、部门之间从上到下的衔接是否合适？每一个政策执行时碰到什么情况？只有敞开渠道来收集信息，才能清晰地知道我们亟待解决的问题是什么，我们要做什么，而不是把政策的出台本身当作一种解决问题的办法。[11]

2. 政策出台的应景与回应

改革开放 30 多年来，大学生就业面临着前所未有的艰难形势，如扩招导致的毕业生总量增加、经济产业结构调整以及国际金融危机等。这些使得大学生就业工作一次次处在风口浪尖上。由于我国劳动力市场尚不成熟，单靠市场的力量很难应对一系列的难题。国家通过制定各类就业政策这一“看得见的手”来弥补市场“看不见的手”的无力，因此催生了一系列应景的政策。有些政策由于制定时间短，缺乏前期的充分调研，对政策的受众以及政策实施后的效果缺乏足够的认识，政策尚需后期回应。要做好政策的回应需要相关部门跟踪政策实施中的问题，及时纠正、及时补救，在完善一项政策的同时，关爱政策的受众，同时兼顾社会各群体的公正公平。

以大学生基层就业项目为例,按国际惯例,对特定地区就业或从事特定职业的大学生应建立人力资本投资收益的补偿机制,出台相应的激励和保障政策。但本项目这方面政策并不完善,最突出的是没有建立基层就业毕业生向上流动的机制。由于我国劳动力市场的人才流动基本是单向的,加之毕业生的初始就业选择具有衡量人力资本存量的信号功能,[12]一个到基层就业的毕业生似乎就贴上"能力差"的标签。一旦毕业生选择了西部、艰苦地区等基层地方就业,就很难向上流动,可能从此被"固化"在特定地区或特定职业。

3. 政策执行的灵活和坚守

我国的行政管理体制是一个垂直、庞大的金字塔式组织机构,再加上我国东西部地区差异较大、行业参差不齐、城乡二元分化等国情,使得一项政策在执行过程中可能出现各种复杂的情况。大学生就业政策在执行中大致存在两个问题:一个是地方层级的政府行动者在执行中过于死板,照搬照套上一层级的政策,导致政策执行不符合当地的实际情况;另一个是地方层级的政府行动者在执行中存在有意曲解上一层级政策的意图,正所谓"上有政策、下有对策","钻空子、打擦边球"的现象时有发生。

以大学生村干部为例,国家制定了详细的政策,但各地各级政府在实施中千差万别。从工作情况看,有的村干部所干工作是自己的工作范围,但有的村干部只是挂个名,人被其他部门借调;从经济保障看,同为村干部,待遇差距也较大。

存在这两个问题,是因为没有把握好在政策执行过程中应遵循既要灵活又要坚守的应有之意。这就要求我们各政府层级的行动者,既要在符合上一层级政策时,因地制宜地制定出有地方特色的执行策略,又要确保政策执行不走样。只有这样,才能在国家宏观的制度安排下,解决好各层级的实际问题。

五、研究结论及政策建议

(一) 研究结论

改革开放之后,大学生就业政策问题丛生,其根本原因在于对不同信仰系统的游移不定,没能充分地厘清效率与公平之间的均衡关系和配置关系。我们发现,支持市场导向的联盟内在遵循的是效率优先的信念,而支持国家主导的联盟内在遵循的则是公平优先的信念。资源的合理配置应以供需双方的信息均衡和信息共享为前提,市场联盟坚持效率优先,认为在市场交易中信息能够自行实现均衡和共享,因此供需平衡和配置效率能够自动达成;而国家联盟则认为,必须有国家力量的介入才能实现信息均衡和共享,从而实现供需平衡和配置效率,处于信息劣势的群体唯有在国家强有力的保障之下才能公平地参与供需和获取利益。改革之初,两大联盟争议的焦点从根本上来看,是没有弄清楚在供需均衡中效率和公平两大信仰系统的适用范围,从而造成了对市场与国家发挥作用地位认定的左右摆动。两个支持联盟的实际地位一直在发生变动,这就使得国家就业政策呈现出不同的格局。

改革开放以来,两大联盟博弈的总体趋势是国家在逐渐释放空间,而市场的力量则逐渐在增强。虽然进展至政策变迁的第二个阶段,两股力量何者主导仍然显得有些犹豫,但总体上市场主导的力量呼声更胜,并逐渐成为共识。此外,这一过程并没有形成对国家力量的绝对排他,国家力量在特定的时段和特定的领域仍然发挥着强有力的主导作用;这种主导作用并不尽然都是国家力量单方面的行动,而是有着社会、公众甚至市场本身的强烈诉求在里面。因此,大学生就业政策变迁的结果是最终实现了以市场配置为主导,同时发挥国家宏观调控的现行政策模式。

(二) 政策建议

1. 进一步提高国家宏观调控的水平

20 世纪 80 年代以来,西方国家选择了两种不同的就业政策,即新自由主义就业政策和合作主义就业政策。奉行新自由主义的各国强调劳动就业中市场力量的作用。但是新自由主义就业政策执行几年后,虽然提高了就业率,但却出现了劳工权益损害、社会阶层贫富差距大等社会不公现象。[13]相对于新自由主义就业政策来讲,“强调国家在促进就业中的作用”的合作主义就业政策更有利于实现劳动力市场效率与公平的统一。[14]合作主义就业政策把对市场有效的国家干预和对社会公正的尊重等机制结合起来,保持了长期稳定的高就业率,实现了有效的社会公平。我国特有的政治经济体制决定了我们不能完全放手市场,我们可以借鉴合作主义就业政策,重视国家有效干预的力量。就业作为国家行政管理的基本内容,我们应进一步提高国家宏观调控的水平,建立既尊重市场又体现国家调控的高端劳动力资源配置机制。例如,鼓励大学生到西部艰苦地区就业,可以把国家宏观调控的力量转化成市场的力量,把大学生人力资源补偿直接补贴给聘用大学生的用人单位;这样,用人单位就有实力通过提高应聘大学生的待遇来吸引大学生,体现了国家调控力量的间接性和隐蔽性,从而保障社会公平,促进经济和社会发展。

2. 共建政策共同体的合力

在大学生就业政策的支持国家主导的联盟中,主导政府出台政策的行政部门有中组部、教育部、财政部、人力资源和社会保障部、农业部、共青团中央等,下到地方又有相应的对接部门,例如省级的教育厅、人力资源和社会保障厅等。他们为推进大学生就业同处于一个政策共同体中,一方面,为了促进大学生就业他们都有各自的使命;另一方面,他们又有本部门原有的职能和责任。因此,虽然他们共处于一个共同体中,享有共同的政策核心信仰,但在实施政策过程中这些行政部门会采取一种折中的办法,主要坚持他们的传统任务,而把政策共同体的使命搁置。例如,大学生就业工作从新中国成立以来主要由教育部主管,近几年随着大学生就业工作的复杂性,一些职能被分散到其他部门。2007 年以后,大学生就业工作被纳入就业体系管理,由人力资源和社会保障部统一负责。然而 2007 年、2008 年人社部公布的就业统计数字中却不包括大学生就业率;直至 2009 年以后,人社部才重新发布大学生就业率及相关数据。另外,很多政策都是由几个部门联合出台的,但是在政策自上而下执行的过程中却常常出现“铁路警察各管一段”的现象，有时甚至导致政策流失。因此，强化同一联盟的政策取向学习，能促进政策共同体内的不同行政部门的互动和发展，消除隔阂，有效地提高政策的效力、回应性以及执行力等，形成合力，实现共同体的政策理想。

整个政策变迁就是一个政策不断完善的过程，而且政策的完善是没有终点的。大学生就业政策需要我们结合特定时期社会经济结构、行政机构的运行模式、劳动力市场发展趋势以及大学生就业特点开展研究，做好政策决策前的知识存量，扩大政策制定的参与度，让政策受众（大学生）参与到政策制定的过程中。在政策实施过程中加强跟踪监督，及时回应政策不到位的地方并给予及时的修正补救；在政策实施后有一个阶段性评估和反馈，以便于政策的完善与改进，从而使我国大学生就业政策朝着更健康、更有效的方向发展。

参考文献

[1] [2] [6] [9] [美]保罗・A. 萨巴蒂尔. 政策过程理论[M]. 彭宗超，钟开斌，译. 北京：生活・读书・新知三联书店，2004：190，155－162，161－163，159－160.

[3] Mawhinney H B. An Advocacy Coalition Approach to Change in Canadian Education[M]. // Sabatier P A，Jenkins-Smith H C. Policy Change and Learning：An Advocacy Approach. Boulder，San Francisco and Oxford：Westview Press，1993：58－82.

[4] 周光礼. 公共政策与高等教育：高等教育政治学引论[M]. 武汉：华中科技大学出版社，2010：53.

[5] 金铁宽. 中华人民共和国教育大事记（全三卷）[M]. 济南：山东教育出版社，1995：8.

[7] 姚裕群. 论我国的就业政策与大学生就业问题[J]. 人口学刊，2004(4)：8－11.

[8] 姚先国，黎煦. 劳动力市场分割：一个文献综述[J]. 渤海大学学报（哲学社会科学版），2005(1)：78－83.

[10] 杨伟国. 中国就业促进政策的三大支柱[J]. 新视野，2008(2)：18－20.

[11] 王洋. 就业政策亟待梳理[J]. 中国大学生就业，2009(2)：31－32.

[12] 杨伟国. 短期紧张、结构缺口与大学生就业：再读《变革中的就业环境与大学生就业》[J]. 中国图书评论，2007(5)：15－17.

[13] 金喜在，孔德威. 劳动就业政策的新自由主义发展趋势[J]. 当代经济研究，2005(7)：18－22.

[14] 孔德威，金喜在. 合作主义就业政策分析[J]. 当代经济研究，2006(4)：10－12.

基于新制度主义政治学的大学章程制度逻辑研究

朱建新
（浙江大学教育学院）

［摘要］在对我国大学章程制度变迁的历史与现实描述的基础上，运用新制度主义政治学理论主要观点，可以从微观、中观和宏观三个层面对大学章程建设所应遵循的制度逻辑进行剖析：教育实践者对大学组织利益的算计是微观基础、权力的冲突与平衡是主要动力、对于文化的认同是主要决定因素，因此，大学章程建设既要充分发挥大学校长等教育实践者的主动性，又要注重对大学利益相关者的利益表达和吸收，还应重视“认识论”与“政治论”的协调。

［关键词］新制度主义政治学；大学章程；制度逻辑

Research on the Logic of the University Statutes System Based on the New Institutionalism

ZHU Jian xin

Abstract: On the basis of the description of the history and reality of the change of the system of university statutes in China, using the theory of new institutionalism politics, we can analyze the institutional logic of the construction of university statutes from three levels: micro, meso and macro. The pursuit and realization of the interests of university organizations by educational practitioners is the micro foundation; Conflict and balance of power is the main driving force; Cultural identity is the main determinant, So, the construction of university statutes should give full play to the initiative of university presidents and other educational practitioners, pay attention to the interests of University stakeholders, and the coordination of "epistemology" and "political theory".

Keywords: New Institutionalism Politics ;university statutes;institutional logic

大学章程是根据国家法律、政府法规，按照一定的程序，以条文形式对大学设立及运行的重大事项及行为准则作出基本规定,进而形成的规范性文件[1],它发端于西方大学,伴随着大学的发展而不断演化,是大学作为人类重要文明形式之一延续至今的制度基础之一。尽管经历了几个世纪的演化,大学章程始终与大学组织的制度化和规范化、与维护大学自治和学术本位紧密联系在一起,并已成为西方大学一种重要的制度文化。

在我国,伴随着大学章程"从无到有"的制度实践,有关大学章程的理论,包括大学章程的价值、制定、效力、功能、国际比较乃至文本结构等已有很多探索。[2][3][4][5][6][7][8]从制度的视角出发,以新制度主义理论为依据,进一步厘清大学章程建设的内在逻辑,对于下一步大学章程的有效施行,充分发挥章程作为大学基本法的作用具有重要的理论价值。

一、理论依据

作为新制度主义的重要分支,新制度主义政治学已成为当前西方政治学界的主流话语和研究范式。自上世纪八十年代诞生以来,新制度主义政治学就对包括公共组织制度的建设和变迁等政治学议题开展了富有成效的研究,并产生了众多不同的流派,包括历史制度主义、理性选择制度主义和社会学制度主义等,其中,历史制度主义从中层出发,以冲突的路径对制度变迁进行解释,认为"制度可能起源于两个集团之的冲突和竞争,同时也可能来自于环境的变迁所提供的机会"[9];理性选择制度主义则通过微观技术研究,以算计路径对制度变迁进行解释,强调行动者作为理性人,会通过制度安排达到使组织获利的目的;社会学制度主义则主张运用宏观的文化路径进行解释,认为任何制度的构建不是凭空产生的,它总是在旧制度松动与瓦解时被建构的,新制度的建构,最深层次的就是基于文化的合法性构建。[10]

尽管存在诸多差异,但新制度主义政治学三大流派的基本观点存在一致性,例如,坚持将制度作为共同的研究主题;制度不仅包括法律、组织等正式制度,也包括习惯、风俗等;制度既是政治生活的核心要素,又是解释政治生活现象的有效路径等。因此,"制度中心"是这些流派共同坚守的核心观念,就如盖伊·彼得斯所说:他们都认为,制度因素是社会分析的最佳出发点,制度为人们的行为创造出了大量的调节性规则,都将制度视为人们意旨性行为的限制因素。[11]

在高等教育领域,作为大学根本制度的大学章程,从诞生发展至今,伴随着高等教育的发展和社会的变迁,同样经历了巨大的变化。运用新制度主义政治学的主要观点,通过对大学章程变迁作多视角深入分析,可以探寻其背后存在的制度逻辑,为把握大学章程建设提供有益启示。

二、我国大学章程制度变迁的历史与现实描述

(一) 我国大学章程制度变迁的历史描述

我国近代高等教育发萌于清末，这一时期，受“自强”、“求治”和“治学强国”等历史背景的影响，一批具有现代意义的大学开始登上历史舞台。与此同时，作为大学诞生的制度性标志，一批具有典型意义和深远影响的学堂章程也应运而生，成为我国大学制度文化的起点。

1895年，我国近代历史上第一所国立大学——北洋大学堂成立。在教学上引入英美大学的教员、课程、学科等的同时，北洋大学堂也引入了美国大学的办学制度，创制了《拟设天津中西学堂章程禀》，向世人告示“西学体用”的办学宗旨。1898年，维新思潮的推动下，京师大学堂创立。为明确京师大学堂的办学宗旨、满足其办学所需，清政府相继颁布了《奏拟京师大学堂章程》、《钦定京师大学堂章程》和《奏定京师大学堂章程》三部章程。三部章程虽在内容上略有差异，但整体上参考了日本大学的规制，体现了中体西用的办学思想，具备了近代大学章程的基本要素。

北洋政府和民国政府时期，是我国近代大学章程建设的重要发展阶段。1917年，北洋政府颁布了《修正大学令》，根据这一法令的要求，全国高校先后启动修订组织章程工作。1929年，根据国民政府《大学组织法》提出的“校长治校，教授治学，职员治事，学生求学”的主张，北京大学等高校又进行了大学章程的调整和完善，如北京大学在校长蒋梦麟组织下于1932年制定完成了《国立北京大学组织大纲》，进一步完善了学校内部治理结构。

新中国成立之后，党对各类社会组织都采取了一元化领导，大学也不例外，党的各种政策、文件和政府的各种规章制度取代大学章程，成为了大学组织正常运行的唯一依据。1950年，政务院通过《关于高等学校领导关系的决定》，确立了党对高校在人事、财务等重要领域的领导权。1953年，随着我国第一个五年计划的实施和我国逐步从新民主主义向社会主义初级阶段过渡，党对大学的集中统一领导进一步强化。党对高校的领导进一步扩展到教学、课程等学术领域，大学的办学自主权受到极大削弱，大学章程存在的客观环境消失，大学章程逐步淡出了我国大学。这一时期，我国大学除了1950年颁布的《北京师范大学暂行规定》等3部章程之外，到1998年前没有正式的大学章程出现。

(二) 我国大学章程制度变迁的现实描述

1985年，中共中央《关于教育体制改革的决定》发布，拉开了新时期我国教育改革和建设的序幕，“要扩大高等学校办学自主权”成为其中重要思想，大学章程制定的土壤开始得到营造。1995年，全国人大颁布《中华人民共和国教育法》明确规定，“学校设立的首要条件就是必须具备组织机构和章程”；学校应该“按照章程进行自主管理”。1999年，全国人大常委会审议通过《中华人民共和国高等教育法》，

明确申请设立高等学校需有章程等事项。从2005年起,《吉林大学章程》等一批大学章程陆续颁布。2010年,《国家中长期教育改革和发展规划纲要2010—2020》颁布,要求"加强章程建设。各类高校应依法制定章程,依照章程规定管理学校"。同年,国家确立北京大学等26所高校为建立健全大学章程试点院校,推进高校管理方式改革。2011年11月,教育部第31号令颁布《高等学校章程制定暂行办法》,以行政规章的形式回答了大学章程该如何制定的问题。到2015年7月,112所"211工程"高校章程率先完成核准发布工作,各地方高校也陆续完成了大学章程的制定工作,我国大学章程建设的初步实践经验得到积累。

三、我国大学章程制度变迁的制度逻辑

(一)我国大学章程变迁的微观基础:基于算计路径的分析

"变迁似乎发生在现有制度在满足其形成时所能满足的需要出现某种'失败'的时候"[12],理性选择制度主义认为,如果现有制度不能满足作为理性策略算计的行动者在行动中的利益需求,这一制度就有可能被改变,因为改变后的制度能为行动者提供更多利益。我国大学章程"从无到有"到"从有到无"再到"从无到有"反复变迁的历史过程可以了解到,大学章程发生这样的变化,重要原因之一是这一制度设计对于历史形态下具体教育实践者在推动我国高等教育变革过程中所带来的组织收益。

清末,受甲午战争战败影响,康有为、梁启超等维新人士提出"治学强国"的设想,"自甲午一役,丧师辱国,列强群起,攘夺权利,国势益岌岌。朝野志士,恍然于乡者变法之不得其本。侍郎李瑞棻、主事康有为等,均条议推广学堂"[13]。这一动议得到了主政者光绪皇帝的认可,1898年,总理衙门在光绪帝的应允下启动筹办京师大学堂事宜。为使京师大学堂实现"为各省之表率,万国所瞻仰"的目的,达到"规模当极宏远,条理当极详密"的要求,梁启超起草了《筹拟京师大学堂章程》共八章,为京师大学堂筹建提供了最主要的依据。1902年,张百熙在《张百熙进呈学堂章程折》道:"臣此次所拟章程,谨上溯古制,参考列邦……天下之事,人与法相继,用法者人,而范人者法。今学堂图始之时……法之既立……即乞饬下各省督抚责成地方官核实兴办"[14],表达了当时有识之士对以章程治学、以章程兴学的强烈愿望。这一愿望在1904年由张之洞主持的《奏定京师大学堂章程》颁布之后得到了实现,这是"中国历史上第一个正式颁布且在全国普遍实行的学制系统,施行至辛亥革命为止"[15]。

(二)我国大学章程变迁的动力机制:基于冲突路径的分析

制度本质上是一种中层结构,制度的变迁本质上是大学内外部各种力量之间政治冲突的产物,是协调、平衡各种力量的需要。历史制度主义认为,对制度变迁的分析可以转化为探讨在某一特定制度下各种力量之间的政治冲突。大学章程作为一种为建立各教育相关主体间良性权利、义务关系而架构的组织规范,是开展这

种探讨的合适制度。

1927 年，国民政府在教育上实行党化教育，并根据《大学组织法》等法令，颁布了《国立清华大学条例》，不仅对清华大学组织机构作了规定，还规定董事会拥有：推举校长，议决关于国立清华大学的章制、教育方针、预算，审查决算及校长之校务报告等权力，而教授会除了学术权力之外，对其他校务管理仅拥有“建议权”，加大了政府的管理权和控制权，由大学自行制定的《清华大学组织大纲》所鼓励和倡导的“教授治校”管理模式受到抑制。为了争取教授治校的权力，清华大学的教授们发动了“专辖废董”运动。教授会自发按照《清华大学组织大纲》组织成立评议会对学校校务进行决议，同时教授会又不断派代表向国民政府教育部请愿施压，终于迫使国民政府于 1929 年颁布了《国立清华大学规程》。新的《国立清华大学规程》恢复了教授会、评议会的权力，教授会成为大学最高权力机关，评议会成为学校的立法机关，校务会议成为处理日常行政事务的行政机构。以前被董事会所攫取的权力由教授们重新接收，教授在评议会和校务会上的人数也实现了超过半数，学术权力有效渗入到了校务管理当中。在《国立清华大学规程》的设定下，清华大学的内部管理结构逐渐得到稳固，为后续清华大学的辉煌铺就了制度基础。

（三）大学章程变迁的宏观背景：基于文化路径的分析

制度与文化天生存在紧密的关系，制度是文化的载体，文化是制度的灵魂。社会学制度主义认为，合法性问题是文化路径的核心。大学章程制度的变迁，需要从文化的视角来阐释其合法性，既要考虑大学作为学术组织的学术文化因素、又要考虑大学作为社会组织的政治文化因素，还要考虑大学作为独立法人的市场文化因素。

大学以追求高深学问作为目的，以学术自由为灵魂和生命，这是大学作为学术组织的学术文化，大学章程的合法性来源之一就来自于对学术自由和学术权力的尊重。《中国人民大学章程》是首批由教育部核准的大学章程，在彰显学术自由和学术权力的价值取向上也作了积极探索，其中不仅明确坚持“教授治学”、“尊重学术自由”，在内部治理体系设置上也对此作了安排，设置了人才培养委员会、学术委员会、学位评定委员会，由以教授为代表的教师组成，对人才培养、学术发展和学位授予等事项做出审议或决定，符合“大学章程的制定应该基于学术自由和学术自治的原则”[16]。

大学章程的变迁要与社会环境相适应，这也是制度合法性的要求。在社会环境的众多因素中，政治文化是其中的主导因素。坚持党的领导地位是我国政治文化的核心，党的领导地位渗透在社会的各个组织中，包括高等学校。作为学校的“基本法”，《中国人民大学章程》明确提出坚持党委领导下的校长负责制，党委是学校的领导核心，统一领导学校工作，并拥有八项主要职责。这是我国大学章程对所处政治文化作出的回应和主动适应社会政治环境的需要。

随着我国市场经济的不断成熟和社会主体的不断丰富，大学作为独立法人在面向市场办学过程中涉及的相关利益者日益多元。各利益相关者一方面支持和推进着大学发展，另一方面也对大学办学提出了越来越多的要求。《中国人民大学章程》不仅对学校党委、校长、教职工、学生等权力进行了明确，体现了民主管理的要求，还成立学校董事会，作为"由热心高等教育，关心、支持中国人民大学发展的各界人士自愿组成的咨议机构"，为社会主体影响大学办学提供了明确的路径。

四、结论与启示

大学制度滥觞于西方社会，作为大学制度的核心载体——大学章程早已被赋予了维护大学自治权力和确定社会参与大学治理合理边界等的功能，而这一功能的实现和完善过程，也正是大学章程不断变迁的一个过程。通过运用新制度主义政治学的综合分析框架，可以发现，大学章程的变迁是一个由多维度综合推进的过程，这为我们当前大学章程的建设与完善带来了启示和思考。

启示一：相对于当前我国大学章程制定由政府"自上而下"的推动而言，大学章程的建设应更加注重激发一线教育实践者尤其是大学校长对这项工作的重视度和主动性。校长作为大学的法人，应该成为大学章程制定与实施的第一责任人，要赋予他们更大的自主权和自由度，鼓励其根据学校自身的办学定位、历史传统和特色等制定并不断完善章程，使更多的章程富有学校特色、百花齐放。大学校长也要善于运用和挖掘章程作为学校基本法的价值和功用，协调处理学校内部的管理和与外部的关系，实现大学章程建设工作"自上而下"与"自下而上"相结合。

启示二：权力冲突的过程即大学章程功能的调整与更新过程，权力平衡的过程即大学章程功能相对稳定的过程。章程建设绝不仅仅只是一个文本产生的过程，更需要在实施过程中不断吸收校内外各方面力量的意见，不断完善，使校内外利益相关者对自身的利益得到充分表达和体现，实现各种权力的相互博弈，达成力量的平衡。为此，大学在章程制定过程中，就应邀请教师、行政人员、学生、校友、企业代表、政府人员等参与到大学章程的起草工作，在大学实施阶段，还应成立由这些人员组成的章程实施督查委员会，监督章程的落实工作。要通过成立理事会、董事会、校企合作委员会等机构，并赋予这些机构咨询、审议学校相关事项的职权。要通过加强校院两级学术委员会、教职工代表大会和学生代表大会的职权，增强学术权力和一线师生参与学校治理的力度。

启示三：大学章程是一种制度，本质上是一种文化的体现。大学章程的建设一方面要坚持维护大学的核心价值观，要体现大学作为知识生产者、文化传播者的特有角色，要在制定和实施大学章程过程中，把握大学发展的特有规律，坚持教授治学，用章程明晰教师在学校发展规划、学科专业设置、科学研究计划、教师评聘等方面的审议权和决定权，要通过章程赋予基层学术组织在人、财、物组织更大的自主权，用于学术研究和人才培养。另一方面制定和实施大学章程也要主动适应大学所在的社会环境，不能脱离现实社会，要体现大学作为现代社会知识源、创新源和人才源的角色与大学举办者的意志，通过章程明确大学的办学目标和办学定位，服务现代社会发展，妥善处理大学本体的“认识论”和“政治论”之间的关系。

参考文献

[1] 张国有. 大学章程(五卷本)[J]. 北京大学教育评论，2012(1)：1.

[2] 王洪才.大学章程建设何以促进大学之治[J].现代教育管理，2017(4)：1-5.

[3] 刘金龙.行政权力与学术权力在大学章程中的设计与重构[J].现代教育管理，2015(10)：21-26.

[4] 罗向阳，林瑞娟.大学章程的效力约束与对策思考[J].教育发展研究，2016(19)：79-84.

[5] 黄兴胜.大学章程与大学治理现代化[J].黑龙江高教研究，2015(1)：5-8.

[6] 蒋蕾.中外大学章程制度体系建设比较研究[J].高校教育管理，2015(1)：51-56.

[7] 洪煜.大学章程中学术机构及其运行模式[J].中国高教研究，2015(9)：14-19.

[8] 赵映川.我国大学章程的同质化及化解对策研究——基于33所大学章程文本的分析[J].湖北社会科学，2016(1)：172-177.

[9] 何俊志. 结构、历史与行为——历史制度主义对组织科学的重构[M]，上海：复旦大学出版社，2004：225.

[10] 罗燕，叶赋桂.2003年北大人事制度改革：新制度主义社会学的分析[J].教育学报，2005(6)：15.

[11] Peters B G. Institutional theory in political science：the new institutionalism，New York：Pinter Press，1999，141.

[12] 何俊志，任军峰，朱德米. 新制度主义政治学译文精选[M]. 天津：天津人民出版社，2007：89.

[13] 清史稿，卷第一百七，志八十二：237.

[14] 刘绍军.论清末新政中的教育改革——以《中国近代教育史资料》来考察[J]. 北京科技大学学报(社会科学版)，2010(04)：37.

[15] 马陆亭，范文曜. 大学章程要素的国际比较[M]. 北京：教育科学出版社，2010：309.

[16] 袁本涛. 现代大学制度、大学章程与大学治理[J]. 清华大学教育研究，2012(4)：69.

论我国高等教育中介组织的公共治理

尤 伟
（南京大学教育研究院）

［**摘要**］在体制内萌芽和发展起来的高等教育中介组织存在自主性不足、社会合法性缺失、运行机制不畅、专业化程度不够等诸多问题。由于自由竞争的经济社会体制不健全以及社会自主自治程度不高，我国高等教育中介组织适宜采用准国家合作主义与社会合作主义的双重混合模式进行公共治理。需要以“民营官督”为核心重新定位政府与高等教育中介组织的行政关系，建立政府与行业参与的双重管理制度来完善高等教育中介组织的外部治理结构，通过政府设立发展基金与购买服务、实行问责制以及建立内部董事会来完善高等教育中介组织的内部治理机制。

［**关键词**］高等教育；中介组织；公共治理；模式与路径

Discussion on Public Governance of Higher Education Intermediary Organization

YOU Wei

Abstract: China's intermediary organizations of higher education, sprouting and developing in the political system, are faced with many problems, such as lacking independence, social legality, professionalization and imperfection in operating mechanism. Due to the defective free economic and social system and low-degree independent social autonomy, the public governance of higher education intermediary organization in China should combine the quasi national corporatism and social corporatism. The administrative relations between the government and intermediary organization need to be redefined according to the core principle of "nongovernmental operating and governmental supervision". It needs to complete external governance structure of higher education intermediary organization through building a governmental and industrial participation management system, and to perfect internal governance structure via government's setting up development fund, purchasing services, establishing board of directors and building accountability system.

Keywords: higher education; intermediary organization; public governance; patterns and routes

高等教育中介组织是一种在高校、政府、学生、家长以及各用人单位等不同主体之间进行中介性服务(如沟通、协调、监督或公证)的非营利性社会组织,它可以帮助这些主体克服教育活动中因为“理性无知”或信息不对称而出现的错误判断和选择。20 世纪 90 年代以来,我国高等教育领域不仅出现了多种办学体制,还在公立高校内部形成了竞争态势。在这种背景下,亟须新的管理体制来应对高等教育运行中日益增多的微观变化。因此,高等教育中介组织开始出现,如评估中介机构、高等教育考试委员会、资格与证书鉴定委员会、专业性学会等。它们作为一种公益组织介入政府与社会个体之间,为社会提供高等教育服务,具有非政府性、非营利性、公权性和中介性的特点。这些中介组织一般通过审议、咨询、评价和鉴定等非直接性的方式参与高校的管理过程,或承接部分政府职能,或协调各种利益关系,客观上促进了高等教育办学效率的提升。例如,高等教育评估中介组织可以为高等教育质量提供保障,专业学会可以避免行政对学术的干预等。有学者认为,“20 世纪高等教育最重要的发明是它的组织形式,即通过中介组织来缓和中央集权控制主要结构本身”。[1]在高等教育越来越民主化与国际化的时代,中介组织的发展不仅是高等教育发展的内在需要,也是高等教育发展水平的重要体现。

但是,我国高等教育中介组织是在体制内萌芽和发展起来的,还存在自主性不足、社会合法性缺失、运行机制不畅、专业化程度不够等诸多问题,因此,如何通过治理结构与机制优化来促进中介组织的发展,已成为我国高等教育现代化进程中重要的理论与现实问题。

一、高等教育中介组织公共治理的本质意蕴

“治理”的概念是世界银行在 20 世纪末的一次关于非洲发展的会议上提出来的。后来,联合国的相关机构将“治理”的概念阐释为:“公私机构管理其共同事务的诸多方式的总和。它是使相互冲突的或不同的利益得以调和并且采取联合行动的持续过程。它既包括有权迫使人们服从的正式制度和规则,也包括人们和机构同意的或以为符合其利益的各种非正式的制度安排。”[2]之后,治理的理念被组织行为学吸纳,并作为一种优化具有不同利益主体组织的结构、提升组织效率的体系化理论而被广泛运用。例如,美国学者弗里德瑞克森在《公共管理精神》(*The Spirit of Public Administration*)中厘清了组织治理中的主体关系。在他看来,随着社会民主化水平的提高,由国家控制社会的既有平衡关系已经开始松动,国家的

公共部门并不具有绝对的“上等”地位，而是开始与社会的私人部门、半公共部门一起处于纵横交错的网络环境之中。他们之间很难区分上下级关系，是一种平等互动关系，各自代表社会的公共利益与私人利益，其责任担当以及利益分享均处于平等合作状态。由此可见，弗里德瑞克森将这种“治理”解析为一种公私协同的新型互动模式，其中政府不可能再将国家权力或行政权力以命令的形式进行社会治理，而是要运用新型的治理工具和技巧对社会进行引导。总之，国家不再是“独大”的统治者，而是社会的领航者。

彼得森与梅特对“治理”与“管理”的真实内涵进行了比较分析，他们认为：“从概念范畴来看，治理比管理具有更为宽泛的内涵，只要是那些与组织责任和职能的划分、政策体系建构、权力分配、决策过程、特殊情况处置等有密切关系的事项，都应该囊括到治理的范畴之中。”[3]而林伯格将组织的治理过程与公共行政管理联系起来。他认为，治理活动不仅是一种经济行动者之间的整合性行动，也是国家对经济行动者进行控制的一种政治性活动，但是总体目标是提升组织的经济效率和行动效率。由此可见，林伯格将治理看作国家建构经济的基本路径，国家是治理的主体之一，国家意志影响了治理结构的选择。

基于上述理解，可以看出，组织治理行为不同于主体单边性的管理活动，它是不同行为主体在平等互助的合作过程中逐步形成的自主自治网络，通过实现价值取向与行为的整合，最终达到组织效益的最大化。在公共治理过程中，政府不再是“独大”的管制者，而是作为行动者，起到整合、协调、合作、引导以及管制等作用。而对于高等教育中介组织的治理而言，它是教育行政部门、中介组织、高校、用人单位、学生等利益相关者之间形成的一种新型互动关系，以及这些行动主体通过彼此干涉、相互博弈而建立的复杂的组织化自治网络。其中，教育行政部门就是“领导者”，“治理形态也将从单一控制的垂直结构转变成多元核心的结构”[4]。由于高等教育系统本身具有很强的开放性与发展性，高等教育的利益相关者一直处于不断的变动之中。因此，高等教育中介组织的治理是动态发展的，是内外部双重互动治理的统一。

二、我国高等教育中介组织公共治理的模式选择

相对于有着150多年历史的西方高等教育中介组织来说，我国高等教育中介组织的发展比较晚。1994年，《中国教育改革和发展纲要》指出：为了保证政府职能的转变，使重大决策经过科学的研究与论证，要建立健全社会中介组织，包括教育咨询决策研究机构、高等学校设置的学位评议与咨询机构、教育评估机构、教育考试机构、资格证书机构，发挥社会各界参与教育决策与管理的作用。20多年来，尽管高等教育中介组织有所发展，但是高等教育行政主管部门与中介组织的职能和效能均未得到有效发挥；其原因林林总总，但是核心原因是两者之间的关系并未得到真正的厘清，双方最佳的互动结合点难以确定，这也是我国高等教育中介组织

治理的现实基础。

高等教育行政主管部门与中介组织之间的关系，实质上体现了国家与社会的关系。康晓光教授认为，新中国成立以来，我国国家与社会的关系有三个历史变迁阶段，第一阶段是从中华人民共和国成立到“文革”结束的27年，由于特有的国内国际环境，我国对社会实行绝对控制；第二阶段是从改革开放到现在，尽管国家还是处于主导地位，但是国家对社会的控制开始松动，社会组织或社会团体的力量得到发展，国家与社会团体开始建立初步的合作关系，社会中介组织开始承担国家“第二行政系统”的职能；而未来的第三阶段呈现出三个基本特征：政府政权组织高效运转，社会充分自主自治，政府主导的改革获得成功。在这三个阶段中，国家与社会的关系分别为国家合作主义、准国家合作主义以及社会合作主义。[5] 与这三种体制相对应，高等教育中介机构分别为官方型、半官方型以及民间型。

因此，我们借用这一论断将高等教育中介组织的治理也归纳为国家合作主义、准国家合作主义以及社会合作主义三种模式。在国家合作主义模式中，国家具有绝对的社会控制权，包括高等教育中介组织在内的一切社会性组织的合法性都来自于政府的行政许可，并且受国家权力所控制。而在社会合作主义模式中，高等教育中介组织的地位在国家与社会的关系秩序中得到了应有的彰显，它与教育行政部门的关系不再是一种隶属关系，而是在平等自治状态下的主动靠近关系。从上述分析可以看出，基于国家合作主义的高教中介组织治理实质上是一种单一化的控制模式，而社会合作主义模式是一种多元主义的自治模式。在国家与社会关系的谱系中，所谓的准国家合作主义并不是一种完整的或者具有稳定特征的治理模式，而是一种兼具国家合作主义与社会合作主义特征的过渡性模式，具有官方控制与民间自治的二重属性。

我国国家与社会的关系正处于第二阶段向第三阶段转换时期。我国自由竞争的经济社会体制不健全，社会自主自治程度不高，因此，高等教育中介组织治理不可能采用纯粹的社会合作主义模式，而是要立足现实国情并着眼未来发展的需要，采用准国家合作主义与社会合作主义双重混合模式。高等教育中介组织的治理结构要突出“民营官督”特色，即重新定位教育行政机构与中介组织之间的关系，通过合适的制度安排来提升高等教育中介组织结构与行为的自主度，使其最大限度地体现社会利益；而教育行政主管部门要消解原有的控制性思维，通过民主化手段来减少合作中的各种阻力，规范中介组织的外部行为，引导和促进中介机构更好地承担高等教育管理职能。

三、我国高等教育中介组织公共治理的实现路径

公共治理不仅需要选择正确的宏观模式，还要根据我国转型社会的特点选择恰当的微观手段。正确的宏观模式保证了公共治理的准确性，而恰当的微观手段保障了公共治理的有效性，高等教育中介组织的治理莫过如此。

（一）以"民营官督"为核心重新定位政府与高等教育中介组织的行政关系

在社会转型过程中，高校的主体地位得到法律的确认，它与政府之间的摩擦也随之出现。而高等教育中介组织作为一个缓冲机构，可以通过监督、评估等手段维护高校的自主自律，或者承接政府职能来减少政府与高校间的摩擦。但是，我国高等教育中介机构并非自发生成，而是在政府推动下产生，因此，它们具有半官方的属性。例如，大多数专业学会以及近几年在江苏、上海、广东等地出现的高等教育评估机构等无不具有官方背景。半官方属性导致了高等教育中介组织的法律地位与功能定位模糊，其桥梁作用不明显，"反而成为行政机构改革人员分流的渠道，最终沦为一种新的官僚机构"[6]。

高等教育中介组织的本质是独立于政府的民间自治组织，而不是政府的附属物。因此，高等教育中介组织的治理需要其中介性与独立性，由此以"民营官督"为核心重塑它与政府的行政关系。这种新颖的"民营官督"关系的深层意蕴在于，将高等教育中介机构从原来隶属于教育行政管理部门的关系中剥离出来，以一种独立、自主、自治的主体形态与政府建立一种紧密的合作关系，使各自的专业所长与组织目标得到发挥与实现。以高等教育专业评估组织为例，其成员往往由高校中相关专业的专家、行业企业中的专家与管理者等组成。他们既懂得相关专业的学科要求，又了解企业对相关人才的规格要求。他们代替教育行政主管部门进行专业评估，可以促进高校专业教学质量的提升，满足行业对人才的需求，使国家、高校、企业以及学生的利益都得到保障，从而其中介性、服务性、民间自主性都得到了体现。

因此，教育行政主管部门需要通过制度创新促进这些中介性组织发挥自身在资源、信息和组织等方面的优势。在这种制度变迁过程中，教育行政主管部门应该转变原有的控制性角色定位，以"领航者"的角色积极引导与规范这些中介组织从"他律性"组织向"自律性"组织转型。具体来说，主要有三个途径：一是政府应该通过立法或制度形式勘定自己的权力边界，确保中介组织在机构设置、人员产生、经费筹措等活动中的自主、自立与自律。当前，我国特别需要通过立法建立和完善关乎高等教育中介组织保护和救济的行政复议与行政诉讼等制度。二是政府需要通过赋权的方式进行"公务分权"，使高等教育中介组织享有一定的管理权力。三是政府既要一手抓中介组织的培育扶持，又要一手抓中介组织的监督管理。结合我国东、中、西部地区社会管理成熟度差异以及高等教育发展不平衡的现实，对不同地域、不同发展阶段的高等教育中介组织的培育与管理应有所侧重。在我国既有的国情下，既要保证政府实现机构改革与职能转变，又要保障高等教育中介组织的自主协调和自律发展，通过政策调整对高等教育中介组织进行结构优化与行为规范，以提升自主自律能力。例如，英国通过立法形式督促高等教育中介组织实行会务与财务公开，接受公众监督；法国对高等教育中介组织有很严格的审查、统计与评估制度；美国往往将公众或媒体的评价或举报信息进行整理，然后定期发布高等教育中介组织的公信度排行榜等。这些措施都值得我们借鉴。

（二）以"分类管理"为手段完善高等教育中介组织的外部治理结构

我国当前社会治理的核心取向应该是赋权而非放权。赋权是政府将某种权力赋予某个行为主体；而放权是将政府既有的权力通过"委托—代理"方式暂时交给某个行为主体，这意味着权力可以在一个不确定的时期被政府"收回"。因此，在治理过程中经常遭遇"放则乱，统则死"的尴尬境遇，这正好是"准国家合作主义"治理模式的重要特征。为了避免这种怪圈，我们可以按照"分类管理"的方法完善高等教育中介组织的外部治理结构。

分类管理的第一个含义是根据高等教育中介组织的业务性质进行行政归口管理。2000年民政部《关于重新确认社会团体业务主管单位的通知》将所有全国性社会团体归口到20多个行政部门进行管理，并赋予地方县级以上党委、政府根据当地情况对专业性学会或社会组织进行业务管理的权力。尽管这一政策具有一定的合理性，但是"集权化行政管理"的痕迹也十分明显，忽视了高等教育中介组织的固有特性与发展性。从业务性质来看，高等教育中介组织大致可以分为学术型中介组织与管理型中介组织两大类，前者如教学指导委员会、专业联合会、联谊会等，后者如高等教育评估机构、教育考试院等。学术型中介组织的主要作用是促进学术交流，纯属民间组织；管理型中介组织多数脱胎于政府机构，承担政府的某种行政职能，属于事业单位性质。两种中介组织的活动范畴、行为模式、权力架构都存在一定的差异，如果统一按照政府行政管理模式进行管理，就会出现活力不足甚至结构僵化的现象。因此，我们应该区分两种不同类型的高等教育中介组织，将学术型中介组织的行政管理归属于相应级别的民政部门，而将管理型中介组织的行政管理归属于相应的政府职能部门，才能降低高等教育中介组织的治理重心，提升其社会合法性，更好地促进两种中介组织的发展，完善其外部治理结构。

分类管理的第二个含义是要建立行会管理制度。高等教育中介组织的主要活动往往与高深学问密切相关，一般行政管理部门很难对这些中介组织的业务进行实质性的指导，造成名义上的多头管理而实际上的管理空缺，结果是行政部门的管理效率与认同程度降低。基于此，我们需要借鉴经济领域中的行会制度，按照中介组织的业务类别建立高等教育中介行会，如建立高等教育评估行业委员会、高等教育咨询行业委员会、高等教育招生行业委员会等。这些行业委员会在业务范围、区域以及所有制方面可以是单一的，也可以是多重的，他们着重对高等教育中介机构进行业务指导与业务管理，规范同业竞争行为。这样，政府部门对高等教育中介组织实行的是"业外"管理，主要审核业务行为在价值取向或程序等方面是否合乎法律法规；而行业委员会对中介组织实行"业内"管理，着重对高等教育中介组织的业务水平进行指导。同时，为了防止行会组织规模过小、合法性不够等情况的出现，我们需要借鉴德国与法国的"强制入会"制度，让所有的高等教育中介组织加入相应的行会。另外，由于部分高等教育中介组织的业务范围存在跨行业的特点，因此，要允许和鼓励其拥有多重会员资格，以提升这些中介组织的治理活性。

总体来说，分类管理可以使我国高等教育中介组织、政府、行会之间建立起“纵横交错”的双重治理结构机制，三者之间的互动关系得到确认。

（三）以“自立自主”为目标完善高等教育中介组织的内部治理机制

中介组织具有很强的独立性与公益性，并且独立性是公益性的前提。我国高等教育中介组织的发展历史不长，独立性以及承接政府职能转移的能力不强。就目前的情况来看，我们在完善高等教育中介组织治理结构的同时，还需要通过多种方法优化其内部治理机制。

第一，针对高等教育中介组织“权威性资源缺乏”的现状[7]，政府要建立专门的发展基金，通过购买服务的方法完善它们的治理机制。我国正处于高等教育中介组织起步阶段，政府要有“大社会、小政府”的新思维，通过政策倾斜或制度创新推动高等教育中介组织的发展。例如，各级政府要通过财政拨款的形式成立本级专门的高等教育中介组织发展基金；要建立高等教育中介组织的服务制度，在对高等教育中介行业进行详细调查、统计的基础上拟订高等教育中介组织的发展规划，明确划定政府的哪些职能需要向中介组织转移、如何向中介组织转移等，“淡化自身在专业性领域内的直接管理职能，为教育中介组织的发展和壮大提供广阔的空间和舞台”[8]；政府要建立高等教育中介组织监督惩戒与“逆向选择”机制，对服务质量高、履职效果好的中介组织实行奖励性政策，反之，就要通过制度迫使其自我改正甚至退出市场。

第二，政府要建立问责制，以完善高等教育中介组织的自律机制。“我国高等教育中介组织起步较晚……缺乏行业自律规范的指导……过分注重经济利益而忽视社会利益、关注短期利益而忽视长远发展”[9]，政府应该通过制度来敦促高等教育中介组织公布自己对公共责任的履行情况，如资金的使用状况、业务范围与程序的正当性和规范性、履责效益状况等。政府要划定哪些信息需要主动公开，哪些信息可以接受政府或者公众查询。当前，我国高等教育中介组织的公共履责情况不透明。例如，一些省份的教育考试院承担了很多社会性学业评价的职责，理应向社会公布相应考试的经费收支状况、考试的信度与效度等。但是，目前鲜有机构公布相应数据。其中部分原因是教育考试院还属于政府机构的事业单位，没有信息公开的意识；还有部分原因是政府缺少制度规约。又如，一些高等教育专业评估机构是由院校专家、行业企业专家、政府人员等组成的中介性组织，其对高校的专业水平进行评估后往往仅以公布评估结果为终点，并没有向社会公众提供具体数据与信息，也不接受公众的查询与置疑；而西方发达国家则通过制度化的措施，要求教育中介组织借助互联网、媒体、简报等手段公开自己的社会履责情况。

第三，要借鉴《公司组织法》在组织内部建立健全的理（董）事会制度，优化高等教育中介组织的自主机制。既要让更多的专业人员成为内部理（董）事会的成员，又要完善理（董）事会的议事制度；通过民主选举的方式产生相应的理事或董事，让他们真正地具有实际权力和权威，成为中介组织内部治理的主要力量，对内行使重大决策权，对外代表组织从事业务活动；还要成立常务理（董）事会，使之拥有临时召集会议的权力，行使理事会闭会期间的职权，协助和监督理（董）事长履行职责。

参考文献

[1] [美]伯顿·克拉克. 高等教育系统：学术组织的跨国研究[M]. 王承绪，译. 杭州：杭州大学出版社，1994：305.

[2] 全球治理委员会. 我们的全球伙伴关系[M]. 伦敦：牛津大学出版社，1995：23.

[3] Peterson M，Mets L. An evolutionary perspective on governance，management and leadership [C]// Governance，Management and Leadership. San Francisco：Rosebays，1987：3－4.

[4] 林闽钢. 我国行业性中介组织治理的公共政策[J]. 科学学研究，2005(3)：337－341.

[5] 康晓光. 转型时期的中国社团[J]. 中国社会科学季刊(香港)，1999(冬季号)：36－45.

[6] 周光礼. 论教育中介组织的法律地位[J]. 高等工程教育研究，2006(5)：47－52.

[7] 刘耀明. 教育中介组织发展的制度变革[J]. 教育发展研究，2012(5)：66－69.

[8] 葛新斌. 教育中介组织的合理建构与职能运作探析[J]. 清华大学教育研究，2011(6)：99－103.

[9] 王新明. 内涵发展时期我国的高等教育中介组织[J]. 国家教育行政学院学报，2013(12)：57－61.

大学生实践与就业核心竞争力：相关性及对策

吴海江
（浙江大学教育学院）

［摘要］大学生就业核心竞争力是通过学习和实践获得的、独特的、个性化的就业能力，是大学生可持续发展的就业竞争优势。社会实践经历能促进大学生各方面的能力发展，是提高大学生就业核心竞争力的有效途径。本文基于地方高校实际，立足大学生就业现状，分析大学生在校实践经历与就业核心竞争力的相关性，并提出培养和提高大学生就业核心竞争力的相关对策。

［关键词］大学生；就业核心竞争力；社会实践；对策

College Students' Practice and Core Employment Competitiveness: Relevance and Countermeasures

WU Haijiang

Abstract: College students' core employment competitiveness is individual and personalized, which can be achieved by learning and practice. It is also an advantage that will contribute to college students' sustainable development. Social practice could promote various development of college students, and it is an effective way to improve college students' core employability. Based on the reality of local university and current students' employment situation, this paper analyzes the relationship between students' social practice and core employability, and puts forward the countermeasure to cultivate college students' core competitiveness.

Keywords: college students; core employment competitiveness; social practice; countermeasure

努力实现高校毕业生更加充分、更高质量的就业，已成为当前高校就业工作的主要任务。截至2013年年底，全国普通本科院校共计877所，其中地方高校数占总数的87%左右，地方高校历届毕业生数占全国本科毕业生总数的90%以上。可以说，地方高校毕业生就业是高校就业工作的重点，也可以说，地方高校毕业生能否顺利就业是高校就业工作的核心问题。

毋庸置疑，地方高校人才培养与重点高校、高职院校相比，在培养目标、培养方式、就业方向等方面有自己的特点。当前，劳动力市场充满竞争，提升大学生就业核心竞争力是实现地方高校毕业生更高质量就业的有效保证。因此，地方高校要以着力提升大学生就业核心竞争力为目标，努力构建科学合理的大学生就业核心竞争力指标体系和评价标准，以便对大学生就业核心竞争力的培养进行系统的科学指导。

如何有效培养，麦肯锡公司的研究报告很有启发意义。研究表明，中国高校毕业生就业核心竞争力不强，主要原因是缺乏实践经历；许多中国学生接受的教育使他们无法获得在跨国企业工作所需的实践技能和团队技能，“大学所采取的是一种理论性的以书本为主的、以事实为基础的和向老师学习的教学方式”。然而，当前许多企业在招聘时非常关注学生的实践经历，这主要是因为市场经济下企业之间的竞争越来越激烈，只有雇用熟练的、能力强的员工，才能降低用人成本，保持较高的市场竞争力。所以，如何加强大学生的社会实践，事关大学生就业核心竞争力的有效培养。

一、就业核心竞争力研究现状

影响大学生就业核心竞争力的因素很多，如就业市场的有效性、高校的就业指导程度等，但是却很难说明为什么同一学校甚至同一专业的学生就业竞争力不尽相同。一些研究者从大学生的个体特征，诸如职业成熟度、可雇用性能力和择业取向、求职心态、学习成绩和能力素质、大学生的就业成本和拥有的社会资本等对就业竞争力进行分析，但是这些研究多为定性分析，基于调查基础上的实证研究相对较少。相关观点主要有以下几个：

(1) 知识技能观。管斌全等[1]认为，个人的核心竞争力是指“不易被竞争对手模仿的、具有竞争优势的生存和发展能力，是其立足于社会取得成功所具有的独特的知识和经验技能”。王志峰[2]认为，大学生就业核心竞争力是指大学毕业生在校学习期间所内化了的经过整合的知识和技能。

(2) 创新能力观。施炜等[3]认为，大学生就业核心竞争力是个人以其拥有的知识和技能为基础，在不断学习中创新，在不断创新中整合各项可供利用的资源，充分凸显资源要素的效用而使自我获得持续竞争优势的能力，是其综合素质的集中体现。

(3) 职业技巧观。高翔[4]认为，大多数大学生尚不能很好地利用各种渠道的就业信息和资源。许多大学生对文书撰写的基本常识和规范没有很好地把握，求职文书中出现错别字、语句不通顺的情况比比皆是；大学生由于缺乏相关的应试技巧，他们在应聘过程中，尤其是在面试中出现了许多问题。

(4) 综合素质观。赵波[5]认为，大学生核心竞争力是大学生综合素质的集中体现，是相对于其他学生的优势能力，是人文精神、创新能力、专业技能和健全人格的有机统一。陈忠平等[6]也认为，大学生就业核心竞争力是大学生综合素质的集中体现，包括良好的个性、人文精神、创新能力、专业技能等方面。

(5) 实践能力观。大学生由于缺乏实践能力，在求职过程中缺乏相关的应试技巧，在面试中容易出现问题。世界银行印发的《21世纪中国教育战略目标》指出："在各级教育中，教学过于理论化，而且学生学的都是书本知识和老师讲的东西，太不重视解决问题和实践能力。"

综上所述，学者们从不同角度对就业核心竞争力进行了界定和分析，但是对大学生就业核心竞争力相关因素的研究较少。上述研究要么是某一方面的研究，要么是基于某一具体学科的研究，而采用调查数据分析地方高校大学生核心竞争力与实践经历之间相关性的文献不多。

二、大学生实践经历与就业核心竞争力的相关性分析

(一) 研究假设

为了更好地解释大学生实践经历与就业核心竞争力之间的关系，本文以是否签订就业协议和就业满意度作为大学生就业核心竞争力的外显衡量指标，利用J大学光电学院2013届毕业生同专业4个班139名学生的统计数据进行分析，着重从大学生政治面貌、学生干部经历、学科竞赛、勤工助学、实习经历等五个方面进行因子分析，分析这些个体特征对就业核心竞争力的影响。

假设1：中共党员大学生综合素质高，其就业核心竞争力也较强；

假设2：担任过学生干部，其就业核心竞争力也较强；

假设3：参加过学科竞赛，其就业核心竞争力也较强；

假设4：参加过勤工助学，其就业核心竞争力也较强；

假设5：有专业实习经历，其就业核心竞争力也较强。

(二) 变量设定

变量设定如表1所示。

表 1 变量名称解释

名称	变量解释
性别	虚拟变量：1(男),0(女)
政治面貌	虚拟变量：1(中共党员),0(非党员)
学生干部经历	虚拟变量：1(有),0(无)
学科竞赛	虚拟变量：1(有),0(无)
勤工助学	虚拟变量：1(有),0(无)
实习经历	虚拟变量：1(有),0(无)
就业情况	虚拟变量：1(已就业),0(未就业)
满意度	虚拟变量：满意程度从高到低(5,4,3,2,1)

(三) 数据收集

分析数据来源于J大学光电学院学工办统计汇总的2013届毕业生数据,为使统计分析更具有对比性,选定同专业平行班4个班学生的就业调查数据。

(四) 数据分析

表2为后面因素分析中所涉及的一些相关统计量表。分析方法如下：就业核心竞争力用大学生是否签订就业协议来衡量;签订就业协议,就业竞争力为1,否则为0;签订就业协议的学生比没有签订的学生更有就业竞争力。此外,对于已经签订就业协议的学生,我们又设计了就业满意度题项作为衡量就业竞争力的指标,并用1～5分表示满意度从不满意到满意的变化,满意度越高说明就业竞争力越强。

表 2 变量描述性统计量表(1)

	N	极小值	极大值	均值	标准差
政治面貌	139	0	1	0.46	0.50
学生干部经历	139	0	1	0.47	0.50
学科竞赛	131	0	1	0.05	0.23
勤工助学	135	0	1	0.36	0.48
实习经历	135	0	1	0.49	0.50
情况	139	0	1	0.88	0.32
满意度	122	1	5	3.16	1.13
有效的 N (列表状态)	118				

由表 3 可知，就业满意度相对来说更能体现大学生就业核心竞争力。利用 SPSS 20.0 软件对大学生就业核心竞争力的影响因素进行分析，其相关性从高到低依次为学生干部经历、实习经历、政治面貌、学科竞赛、勤工助学。

表 3　变量描述性统计量表(2)

		政治面貌	学生干部经历	学科竞赛	勤工助学	实习经历	满意度
政治面貌	Pearson 相关性	1	0.567**	−0.232**	0.008	0.407**	0.293**
	显著性(双侧)		0.000	0.008	0.931	0.000	0.001
	N	139	139	131	135	135	122
学生干部经历	Pearson 相关性	0.567**	1	−0.239**	−0.138	0.377**	0.450**
	显著性(双侧)	0.000		0.006	0.110	0.000	0.000
	N	139	139	131	135	135	122
学科竞赛	Pearson 相关性	−0.232**	−0.239**	1	−0.097	0.047	0.129
	显著性(双侧)	0.008	0.006		0.270	0.596	0.164
	N	131	131	131	131	131	118
勤工助学	Pearson 相关性	0.008	−0.138	−0.097	1	−0.014	−0.050
	显著性(双侧)	0.931	0.110	0.270		0.868	0.583
	N	135	135	131	135	135	122
实习经历	Pearson 相关性	0.407**	0.377**	0.047	−0.014	1	0.435**
	显著性(双侧)	0.000	0.000	0.596	0.868		0.000
	N	135	135	131	135	135	122
满意度	Pearson 相关性	0.293**	0.450**	0.129	−0.050	0.435**	1
	显著性(双侧)	0.001	0.000	0.164	0.583	0.000	
	N	122	122	118	122	122	122

注：** 表示在 0.01 水平(双侧)上显著相关。

大学生在大学阶段利用空余时间参与实践活动，是一个很好的锻炼机会。对大学生来说，参与实践是他们受教育、长才干、做贡献的重要渠道，借助这个平台，大学生可以提升自己在社会认知、人际交往、合作共事、开拓创新等多方面的能力素养。大学期间担任学生干部的经历能有效提升大学生就业能力，其竞选学生干部的过程就是一次竞争上岗的过程；担任学生干部期间可以加强与老师和同学的交流和沟通，培养大学生的组织、协调和沟通能力。参加学科竞赛的往往是成绩相对优秀的学生，同时获得的奖励也较多，实践经历更丰富。政治面貌是否为党员，对大学生就业核心竞争力形成具有显著影响，即政治面貌是党员的大学生的就业竞争力要强于非党员学生。根据分析结果，勤工助学实践经历与大学生就业核心竞争力两者之间的相关性并不明显。现实中，多数大学生更多的是完成学校教学要求和兼职打工赚钱。大学生参加社会实践以提高自身社会实践能力和积累社会工作经验为目的的比例不是很高，而且学生参与社会实践的类型与所学专业相关性也不显著，如多为社会家教和学校勤工助学岗位等。由此看来，目前大学生在校期间参与社会实践存在一定的盲目性，科学合理指导学生利用课余时间参加社会实践活动显得尤为重要。

三、大学生就业核心竞争力的特点及对策

大学生通过理论学习和实践经历，会形成独特的就业能力结构，大学生就业核心竞争力处于大学生就业能力系统中的核心层。大学生就业核心竞争力是通过学习和实践获得的、独特的、可持续发展的能力，它能为大学生带来持续的竞争优势。在就业市场中，个体与竞争对手相比所体现出的竞争优势，正是就业核心竞争力的外在表现。

（一）大学生就业核心竞争力的特点

1. 实践性

“实践、认识、再实践、再认识”的无限循环促进人的能力不断发展，核心竞争力作为就业能力系统中的核心层，也是基于实践形成和发展的。因此，大学生就业核心竞争力的培养要以实践为平台。作为高等教育重要组成部分的地方高校，首先要准确定位人才培养目标，科学制定人才培养战略，同时要积极践行实践育人理念，为社会培养高素质人才。

2. 相对性

大学生就业核心竞争力同时具有相对性。地方高校要坚持立足行业背景、专业特色，积极凝练培养优势，搭建多样化人才实践平台，打通学生成长成才的实践通道。人的能力包含很多方面，可以说，能力培养是无止境的，但是对于大学生个体来说，时间维度、能力发展是有限的，大学生要避免成为盲目的“实习培训考证族”。借用中国台湾著名作家龙应台的说法，大学生的各种能力就像散落的珠子随地乱滚，没有意识进行优化和整合，如果能找到那根柔软又强韧的细丝将珠子串起来，那就能形成大学生就业核心竞争力。

3. 发展性

大学生就业核心竞争力具有发展性。不同高校的相同专业、相同专业的不同个体、相同岗位的不同发展阶段，其核心要素也不一样，而大学生就业核心竞争力代表大学生未来持续发展的实践能力。因此，培养大学生就业核心竞争力要与地方高校实际、大学生就业现状、地区经济发展状况以及个人素质结构紧密结合起来。

(二)思考与对策

1. 构建科学合理的人才培养实践体系

地方高校作为培养应用型人才的主要阵地,其人才培养既有别于传统本科院校培养学术型人才,又有别于高职高专院校培养技能型人才。地方高校课程实践改革应坚持以个人发展为导向,以用人单位为依托,瞄准就业市场需求,并紧紧围绕大学生在毕业就业时所需要的核心竞争力,构建具有地方高校自身鲜明特色的课程体系、教学内容、教学方法和人才培养模式,从而更加有效地培养学生核心竞争力。

2. 搭建开放式人才培养实践模式

地方高校在进行专业和课程设置以及教学内容改革时,应该充分了解社会各界对当前专业人才状况的评价以及对未来专业人才的要求。大学科研活动应该与地方经济、社会发展实际相结合,适应本区域经济建设或行业发展需求培养应用型人才,其知识、能力、素质结构等方面均具有鲜明的特点。把具有鲜明地方特色的学科和专业知识变成大学生的技能和技术特长,把所学的专业技能和专业特长转化为实际应用能力,最终形成大学生个人就业核心竞争力优势。

3. 建立与市场互动的实践机制

地方高校既要遵循人才市场规律,以社会需求为导向科学合理地定位学校人才培养目标,使人才培养更好地适应经济社会发展的需要,又要遵循教育内部关系规律,以专业的培养目标为参照基准,使人才培养模式中的诸要素更加协调,优化人才培养结构,提高人才培养质量,着力提升大学生就业核心竞争力。随着我国向社会主义市场经济体制转变,市场机制作用趋于强化,市场机制的导入促使地方高校增强竞争意识和效益观念。地方高校需要重视大学精神的传承,培育自身的价值理念,实现学校与市场之间的良性互动。同时,地方高校要积极建立高校人才培养质量动态监控制度,完善高校人才质量评估体系,反馈并改进人才培养模式,以达到提高教学工作水平和人才培养质量的目的。

参考文献

[1] 管斌全,徐建华,朱向军. 打造个人核心竞争力[M]. 北京:清华大学出版社,2006:219-220.
[2] 王志峰. 金融危机形势下提升大学生就业核心竞争力的思考[J]. 思想理论教育导刊,2009(11):117-120.
[3] 施炜,张苏. 大学生就业核心竞争力辨析[J]. 现代教育管理,2010(5):118-121.
[4] 高翔. 浅析大学生就业中存在的问题[J]. 时代教育,2011(1):32-34.
[5] 赵波. 提升独立学院大学生就业核心竞争力的策略[J]. 现代教育科学,2010(7):76-77.
[6] 陈忠平,王朝霞,杜品. 提升大学生就业核心竞争力的几点思考[J]. 中国成人教育,2012(5):56-57.

德美两国高校内部治理的理论、实践及启示

马香媛　黄　健　乔元正
(华东师范大学教育学部)

[摘要] 高校内部治理应当注重协调而不是控制,应实现从单一权威向多中心协调的转变。借鉴德美两国高校内部治理的经验和启示,将治理理论引入我国高等教育管理的实践之中,有利于缓解行政与学术权力之间的深刻矛盾以及保护知识生产的学术逻辑,有利于最终形成高校所需要的合理制度安排。

[关键词] 共同治理;双向分权;交往理性;法人-董事会

Theory, Practice and Revelation of German and American University Inner Governance

MA Xiangyuan, HUANG Jian, QIAO Yuanzheng

Abstract: University inner governance should pay attention to coordination rather than control, and transform from single authority to multicenter coordination. Taking the experience of German and American university inner governance as reference, this paper argues that introducing governance theory into higher education management in our country is helpful to alleviate the contradiction between administrative power and academic power, and protect academic logics of knowledge production. It is also useful to construct rational institution arrangement for colleges and universities in our country.

Keywords: shared governance; separation of powers; communicative rationality; legal person-the board of directors

一、从管理到治理:治理范式迁移的适切性

(一) 高校场域权力形态分析

场域理论认为,高校内部主要包含学术和行政两种权力形态:①以教授为代

表的学术权力强调大学运行的知识逻辑，维护大学的独立性，关心大学如何确保学术自由权等学术系统机能；②以大学校长为代表的行政权力，遵循官僚科层制度的秩序与效率逻辑，倾向于维护公共利益而非专业利益，关心如何提高组织执行力等管理系统机能。

伯顿·克拉克将学术权力划分为三部分，即扎根于学科的权力、学院权力和系统权力。克拉克教授分析的各种学术权力属于广义的和宏观的范畴，涵盖了大学的整个权力结构，囊括了国家"元场域"所施加的政治权力以及由政府赋予的行政权力。从我国高校场域内部权力主体的二元格局出发，即从大学内部的教师与行政人员、学术团体与科层机构之间的权力分配与权力关系的角度展开，可以对学术权力做出广义和狭义的区分。

广义的学术权力是指学术事务管理权力，其主体可以是教师、专职研究人员和学术组织，也可以是科层行政人员和组织。高校内部场域中同时存在学术和行政两类行动者，在分析场域权力结构时，两种形式是截然分开的；然而，实践中它们是紧密联系在一起的，"学术团体与等级机构（科层机构）组成了大学组织'杰纳斯'（Janus，古罗马传说中头部前后各有一张面孔的两面神）的两面"[1]。

学术事务的决策并非由个别教授制定，也并非由行政人员单独制定，而是由不同专业知识背景和利益诉求的人共同协商的结果。学术事务决策是在复杂利益相关者相互作用的过程中产生的，"决策过程也就是包括确定先例（precedent）的教授到加强现存模式的行政人员等在内的许多不同的人参与的过程"[2]。广义的学术权力概念暗含着学术团体科层化的意味，操纵科层体系的人既可以是专业的行政人员，也可以是学者，这为学者担任行政职务的双肩挑行为提供了合理性。

狭义的学术权力是指学术人员基于专业训练、研究能力的权威力和影响力。从权力的源头来看，源于职位的权力称作职位权力，包括强制性权力、法定权力和奖酬性权力；其权力依托是科层组织，运行方向是自上而下的，权力属性和决策方式是集中性的和指令式的，以效率为价值取向。个人权力指的是专家权力和参照性权力，前者指"一个人具有受到组织重视的特殊的专门知识和专门技能"，后者指"由于具有他人喜欢、仰慕的人格特质而产生的权力"[3]。高校场域内部的个人权力以学者和学术组织为主体，以学术声望为依托，运行方向自下而上，权力属性和决策方式是松散的和协商式的，并以自由自主为价值取向。

学术权力与马克斯·韦伯所说的超凡魅力型权力具有同质性，它并非外部赋予的，而是一种基于专业知识、带有个人魅力色彩的权威影响力。高校教师对学科和专业知识有着深刻的理解，他们心目中最有权威的人不是握有行政权力的官员，而是有着高深专业造诣的专家和教授。因此，他们最有资格决定应开设哪些课程，谁有资格研习高深学问，谁应获得学位，谁有资格成为高校教师。

(二) 治理范式迁移的适切性

学术研究的内在价值决定了高校既不能像政府那样以科层制的“命令—服从”手段达成组织目标,也不能像企业那样受经济利益驱使而不择手段地追逐利润,高校毕竟是以学术自由探究为逻辑的知识场域。在现代民主社会的治理语境下,自治、参与的政治理念大量涌现,合作、协商的经济概念也频频出现,参与、协商和谈判成为治理理论的关键词。治理不同于一般的管理。管理是单向的和自上而下的,在相对封闭的系统即组织内部展开,采用“主体—客体”式的考察方式。治理则是一种多向交叉的制度设计和运行规范,在开放的系统即组织内外所有利益相关者之间展开,采用“主体—主体”式的考察方式。

治理是一种管理机制,然而与统治相比,治理的内涵更为丰富。它不仅包括政府机制,还包含各种非正式和非政府机制;尽管这些机制“未被赋予正式的权力,但在其活动领域内也能够有效地发挥作用”[4],各种组织和个人得以借助这些机制满足自己的需要。统治以制度作为物质、心理和意识形态基础,统治的价值取向是工具理性的,旨在在管理者与被管理者之间建立一种控制与被控制、命令与服从的关系。治理则遵循这样一种规则体系:“它依赖主体间重要性的程度不亚于对正式颁布的宪法和宪章的依赖。更明确地说,治理是只有被多数人接受(或者至少被它所影响的那些最有权势的人接受)才会生效的规则体系。”[5]

学术权力与行政权力在权力性质、价值取向和运行逻辑等方面存在的差异,意味着教师与行政人员之间的目标冲突不可避免。分歧是多元利益的真实表达,在价值取向不尽相同的情况下,如果放任某一权力主体长期独霸决策权并妨害其他利益主体,那么主体间继续合作的可能性将越来越小,大学决策效率以及组织目标的实现将受到影响,大学发展的社会基础也必将遭到削弱。“没有一个协商机制和被所有‘签约主体’都接受的决策权分配机构,就不可能形成它们的‘共治体系’,以达成法人的统一意见并执行之。”[6]

当传统管理范式无法有效解决问题时,治理范式提供了化解矛盾的思路,高校内部治理应当注重协调而不是控制,应实现从单一权威向多中心协调的转变。治理的核心理念是去权威、去中心的多元民主协商,强调从主客体之间的“控制—服从”关系走向主体间的对话与交流。治理理论认为:“大学中包括两个体系,即基于法律权威的理事会和行政体系以及基于专业权威的教师体系,大学治理就是为实现两个体系的微妙平衡而设计的结构和过程。”[7]这种平衡不是“上帝的归上帝,恺撒的归恺撒”的简单责任划分,而是学术的归学术,同时教师也要参与管理,这与民主协商、多元参与的治理精神相契合。将治理理论引入高等教育管理的实践之中,有利于保护大学知识生产的学术逻辑,守望大学的人文精神,激发科学创造力;有利于发挥大学服务社会的功能,以其丰富的精神和物质成果满足公共利益、增进人类福祉;从而有利于最终形成高校所需要的合理制度安排。

二、德美两国高校内部治理的理论与实践

(一)"交往理性"与德国高校内部改革

在哈贝马斯看来,劳动实践和交往共同决定社会进化,前者解决人与自然的问题,是"主体与客体之间"以目的行为为中介的相互作用;后者解决人与社会的关系,是"主体与主体之间"以交往行为为中介的相互作用。他认为交往行为"所涉及的是至少两个以上具有言语和行为能力的主体之间的互动,这些主体使用(口头的或口头之外的)手段,建立起一种人际关系。行为者通过行为语境寻求沟通,以便在相互理解的基础上把他们的行为计划和行为协调起来"[8]。

交往行为蕴含的理性就是"交往合理性",是哈贝马斯在批判马克斯·韦伯"目的理性"或"工具理性"基础上极力弘扬的一种价值理性。交往理性的内涵"最终可以还原为论证话语在不受强制的前提下达成共识这样一种核心经验。其中,不同的参与者克服了他们最初的那些纯粹主观的观念,同时,为了共同的合理信念而确立了客观世界的同一性及其生活语境的主体间性"[9]。可见,交往合理性不是一种外在实体,而是内在地寓于主体交往关系之中;主体间通过语言和理解摆脱压抑和强制,在彼此信任的基础上达成共识;交往主体间的共识越多,交往合理性的程度就越大。

1968年前后,哈贝马斯直接为联邦德国黑森州文化教育部起草了《新高等学校法的基本原则》,确立了黑森州高等学校法的基本框架。在高校内部治理问题上,哈贝马斯主张高校各成员参与高校决策的机会平等,他认为,高校科研活动参与者之间应保持理性、平等而广泛的对话与交流。哈贝马斯强调高校自治应采取民主决策的形式,也就是说,政策制定应是高校成员民主协商、利益均衡的结果,高校所有成员都是大学组织的重要构成元素。具体而言,"高校决策委员会应是由三大直接参与教学与研究过程的团体,即教授、教授以外的其他研究与教学人员、大学生等推举组成的,且各团体拥有的表决票数相等的、具有谈判能力的议会式委员会"[10]。

哈贝马斯有意将非学术人员,即技术和管理人员排除在外,原因在于学术自由和科层等级制度不能相容。学术民主只能由遵循理性原则的直接从事教学与科研的人员分享,这种决策方式实际上是哈贝马斯在"植根于生活世界的新人文主义知识类型和通过以权力和金钱为媒介的社会系统形成的新的技术统治论知识类型"[11]之间选择的中间路线。在他看来,高校治理和制度决策是主体间交往行动的结果,但排斥技术和管理人员却成了交往理论的悖论,违反了交往理性、自由平等的精神。高校治理固然要避免官僚控制过度对学术本质的侵害,但也不能因噎废食、厚此薄彼,因为"只有在决策活动中最大限度地满足了大学本质属性与公共利益需要的治理结构,才是能够被大学和社会认可与接受的治理结构"[12]。

20世纪60年代,联邦德国开始了教育民主化运动,高校治理结构变革成为改

革重点。与哈贝马斯主张高校各团体等额参与决策过程不同，鉴于教师在学术活动中的主导地位，联邦宪法法院强调教师在决策中的优势地位，这无疑是一个重大的方向性调整。“在交往行为关系中，如果谁作为交往共同体的成员，能把主体间所首肯的有效性要求当作其行为准则，谁就称得上是有能力的。”[13]对高校治理而言，这个有效性要求就是释放高校的本质功能，提升教师科研创造力。

按照民主原则构成的合议机构，其团体代表比例分配必须考虑以下基本原则：“第一，高校教师团体的成员必须是同质的，也就是说，高校教师团体其整体具有明显不同于其他团体的团体特征。第二，在决策直接涉及教学事务时，必须保证高校教师团体拥有与其特殊地位相应的决定性影响。满足该要求的条件是高校教师团体应获得半数的表决权。第三，在决策直接涉及科学研究或者高校教师的聘用事务时，必须保证高校教师团体广泛的、决定性的影响。第四，在决策所有研究与教学问题时，非学术性的高校公职人员团体的无差别参与权必须被排除。”[14]改革后的高校组织结构引入了治理元素，决策过程渗透着民主协商的精神，在体现广泛性的同时保留了差别性，充分保证了教师的学术自由权，为我国高校内部治理结构改革提供了借鉴。

（二）美国高校“法人-董事会”制度与共同治理模式

美国高校将学术法人与外行董事会结合起来，使高校保持独立的同时满足社会的需要。董事会架起了高校与外部沟通的桥梁，能够以公共利益的视角对高校办学绩效加以监督，保证公众和学生的利益不受侵犯，并促使高校不断满足社会的需求。法人与董事会制度的有机结合，形成了高校既独立又紧密联系政府和社会的格局，这种复杂微妙而又行之有效的制度安排满足了高校内部与外部治理的需要。法人—董事会治理结构是美国高校自治制度的稳固根基，其核心在于教师参与和大学内部的分权。事实上，为了避免高校内部管理过分行政化，切实保障教师参与决策权等自由权利，美国高校在共同治理的过程中采取了“双向分权”的变革路径，即纵向分权和横向分权。“纵向分权属行政内部分权，旨在实现部分决策控制权由行政系统的上端流向下端；横向分权属行政外部分权，旨在实现部分决策控制权由行政系统流向学术系统。”[15]

19 世纪以前，美国高校的决策权集中在董事会手中，专门的行政机构还没有分化，作为董事会委托者的校长和教师必须服从董事会的意志，教师只具有建议权而没有决策权。1870 年以后，校长权力逐渐增大并在学校管理中占据主导地位。1824 年，哈佛大学 9 位教授向董事会联名抗议教授决策权被剥夺的状况。翌年，董事会修改了大学章程并做出重要决定：教授必须加入决策机构，“授予教授负责学生考试和挑选、学生行为以及与教学有关的权力”。[16]同时，修订后的章程确立了系在高校管理中的地位，每个系必须由正教授组成一个委员会，负责处理课程与教学方面的事宜，由此“正式确定了教授团体主管教学研究，与学校行政官员和董事会分权的管理制度”。[17]虽然早期教师参与共同治理只强调单纯处理学术事务的决策权，但共同治理制度却被美国高校广泛认同与接受。第二次世界大战后，高校内部结构日益复杂，董事会和校长权力逐渐分化，教师参与高校管理成为普遍趋势，形成了多权力中心的管理格局；"在美国大学的'法人-董事会制度'内部不断发生权力重组，这种内部分权的制度结构保证了教授决策的权力"。[18]

1966 年，美国大学教授联合会(MUP)、美国教育委员会(ACE)和美国大学董事会协会(AGB)联合颁布《学院与大学治理的联合声明》(以下简称《联合声明》)，标志着美国高校共同治理制度的正式确立。《联合声明》界定了共同治理的含义，"基于教师和行政部门双方特长和决策的责任分工，以代表教师和行政人员共同工作的承诺"，即董事会、行政人员、教师和学生等大学利益相关者共同参与高校治理。《联合声明》规定了共同治理的两条原则："大学组织重大事情的决策既需要首创能力，也需要全体人员的参与；大学各组成群体在决策中的地位有所不同，谁对具体事务负有首要责任，谁就最有发言权。"[19]换言之，共同治理蕴藏了相互补充但又有重叠的两层含义："(1) 在做出重大决策的过程中，赋予不同群体参与的机会，通常是通过选举出来的代表；(2) 在特定领域的决策上，允许特定群体负主要责任。"[20]共同治理原则为加强大学不同专业群体之间的合作，划分学术人员、管理与技术人员的权力与责任提供了指导。

事实上，共同治理模式是"根据机构群体的不同责任层级(layers of responsibility)来设计的，包括学校整体(overall institution)、董事会、校长、教师以及学生的参与"。[21]具体而言，教师和行政人员为了学校的整体利益，必须在一系列事务上进行合作；董事会就学校发展的方针和政策做出最终决策，任命校长并对其工作进行评估，广开财源并加以有效利用，维持和改善院校与政府、社会的关系；校长引领目标实现，并为大学全部利益共同体(包括董事会和教师)沟通确定基调；教师在课程设置、教师聘任、晋升与解雇等决策中起核心作用，凡影响到高校学术发展的方面教师都要有话语权。《联合声明》充分保障了教师的参与权，除在学术治理中拥有当然的话语权以外，董事会决策也要倾听教师的声音，校长遴选、院系负责人确定也应充分吸纳教师意见。"大学教师不仅拥有了参与决定教育和研究事务的权力，而且更普遍地涉足教育政策，如制订目标、规划、预算，选举管理者等。"[22]1966 年《联合声明》发表以来，共同治理制度在全美高校推广并发展，逐渐成为美国高校的标准化治理模式。

三、借鉴德美经验，建立健全高校内部治理制度

我国高校内部治理结构是党委领导下的校长负责制，《高等教育法》规定：国家举办的高等学校实行中国共产党高等学校基层委员会领导下的校长负责制。还规定：高等学校应当面向社会，依法自主办学，实行民主管理；高等学校通过以教师为主体的教职工代表大会等组织形式，依法保障教职工参与民主管理和监督，维护教职工合法权益。从构成主体来看，内部治理结构包括了中国共产党组织和成员构成的政治权力系统、科层管理组织的行政权力系统、学术组织以及教学科研人

员构成的学术权力系统。从指导原则来看,党委领导下的校长负责制的核心是建立政治权力、行政权力与学术权力共同治理的权力分配体制,这与德美倡导的高校内部权力制衡、多元参与、民主协商的共同治理模式颇为相似。

事实上,我国高校在理解和实施共同治理制度方面还存在着诸多误区。某些高校党委统领一切,将党委领导和校长负责对立起来,以党代政、争权夺利,学术权力在党政关系紧张的氛围中难有生存空间。某些高校以校长为首的行政机构权力很大,官僚化现象严重,行政权力与学术权力失衡,学术权力以任命和任务的方式运转,严重遏制了学术权力参与、批判和监督行政决策的功能,学术的自由探究因此受到严重制约。共同治理、民主参与、科学决策的原则遭受有意或无意地忽略和背离,行政组织凌驾于教学、科研组织之上,行政权力僭越挤压学术权力,这是造成我国高校普遍行政化、治理实效性低下的重要原因。

(一) 引入"法人-董事会"制度

"中国高校未来共同治理模式的最大变数在于董事会的地位和作用。"[23] 欧美高校与我国高校的治理结构完全不同,中国高校董事会不是决策机构,不是高校治理结构的组成部分,没有明确的法律地位。高校法人地位能否真正落实,关键要看高校法人能否发挥权能,能否在法律允许的范围内实现权利、履行义务。要真正落实高校法人地位、发挥法人权能,必须建立合理的法人治理结构,即董事会制度。

高校法人治理结构要求参与治理的各方责任明确,决策机制灵敏,富有时效性。董事会成员必须来源广泛,政府官员、社会公众力量以及高校教师都应包括在内。董事会专注于制定政策,为学校提供宏观的战略性规划,避免干涉校长及其行政机构职责内的事务管理。在权力制衡和有效监督的条件下,校长及其行政机构执行董事会决策,发挥领导作用,协调各方利益。学术委员会决定学术事务,防止行政人员以聘用、考核的名义干涉教师的学术自由。我国高校内部治理问题的核心在于强化和保障学术权力,在内部治理结构短期无法根本变革的情况下,应着力强化学术委员会权力,赋予其在学术资源配置上的决策权。学术委员会成员应体现差异性原则,即以具备学术资格的教授为主,行政人员的数量不能超过一定的比例,教授在决策中具有主导作用。

(二) 消除"权力异化"风险

建立健全高校内部治理制度的关键在于合理配置权力,保障各利益相关者的利益诉求。有效的高校治理结构必须按照实际需要,将决策控制权合理地分布于不同权力主体手中,使彼此间产生权力依赖和制衡关系。通过权力主体间的协调整合机制,抑制由官僚体制作用过强和管理统治取向过重造成的"内部人控制"现象,消除"学术行政化"的权力异化风险。

高校管理行政化集中体现为行政权力与学术权力的失衡与冲突。高校管理"机关化"色彩过于浓重,学术组织或泛化为行政组织,或沦为"虚位"组织,难以发挥学术决策的作用。由于与学术事务相关的人财物配置权掌握在行政机关手中,加之学术组织多由具有行政职务的大小领导组成，导致学术决策间接行政化。“学术行政化”的权力异化现象不仅严重影响了学术组织的独立性，还驱使教学、科研人员投入更多的精力去钻谋“权术”，动摇了学术自由探究的根基。消除权力异化，改变高校人员“多角色”现象，必须推进管理队伍职业化、教师队伍职业化，使各类人员各安其位、各得其所，实现组织中人的发展与组织绩效的双赢。也就是说，无论多么优秀的学者，一旦走上管理岗位，就应当履行好管理职责，做好行政职务，为学校教学、科研做好服务。学术事务则应实施“教授治学”，教授专职从事具有研究属性的学术活动，包括教学、科研和学术事务决策等。

（三）实施“双向分权”的变革路径

高校内部应采取“双向分权”的变革路径，理顺权力关系。横向分权是由内而外的、权力由行政系统流向学术系统的分权行为，其目的在于摒弃过分行政化的学院管理体制。纵向分权则是自上而下的、权力在行政系统内部的再分配，其目的在于使学院摆脱行政职能部门的直接管制，增强自主权。分权过程的实质是实现从“科层式管理”到“民主协商治理”的转变。

在横向上按照权力适当分散的原则，不断完善不同权力和利益主体参与高校决策的机制，在全校范围内形成广泛参与、共同协商的运作机制，从根本上理顺行政权力、学术权力、政治权力以及民主权力之间的关系。党政机关需要更新观念，从“管理—统治”范式转变为“治理—协商”范式，提高重大事项决策的民主化和公开化程度；鼓励师生员工参政议政的积极性，保障各类建议和意见的通道畅通无阻，并及时处理、反馈有关信息；建立健全各类各层级的委员会，合理授权、民主管理，约束行政权力的权限，做到位而不越位。

纵向上按照权力重心下移的原则，将原本不必要集中在职能部门的权力让渡给学院，学校职能部门不再任意干涉学院事务，使学院成为名副其实的管理主体、教学主体和科研主体。学院拥有学科建设和科研规划的自主权，切实承担起基层管理中心和学科培育主导场所的责任；学院制定和实施院系人才培养和引进计划，具有师资调配、人员流动和职称评定等事宜的自主权；允许学院对学校下拨的办学经费拥有自主管理权，增强学院自主理财的能力。

综上所述，高校共同治理制度的核心是制度保障下的对话与交流；高校场域存在两种决策权力，即以校长为代表的行政科层管理权力和以学术委员会为依托的教师决策权力。两种权力的来源和价值取向各异，冲突不可避免，共同治理就是行使和平衡两种决策权力的过程。如果高校利益相关各方都能以教育和学术为核心事务，以代表全体教师参与高校治理的学术委员会为核心机构，在遵循学术逻辑的共识基础上开展对话、参与协商，就一定能够遏制不断膨胀的行政权力，缓解行政权力与学术权力之间的深刻矛盾。高校共同治理制度不仅是学术权利本位的必然要求，也是落实“党委领导、校长负责、教授治学、民主管理”办学原则的题中之意，对构建适应我国国情并与世界接轨的现代大学制度大有裨益。

参考文献

[1] [2] [英]玛丽·亨克尔,[英]布瑞达·里特. 国家、高等教育与市场[M]. 谷贤林,译. 北京：教育科学出版社,2005：258,271.

[3] 李硕豪. 大学的权力运行：基于组织政治学的分析[J]. 中国行政管理,2007(3)：91-94.

[4][5] [美]詹姆斯·罗西瑙. 没有政府的治理：世界政治中的秩序与变革[M]. 张胜军,译. 南昌：江西人民出版社,2001：5.

[6][12] 龚怡祖. 大学治理结构：现代大学制度的基石[J]. 教育研究,2009(6)：22-26.

[7][17] Birnbaum R. The end of shared governance：Looking ahead or looking back[J]. New Directions for Higher Education, 2004(127)：12-43,5-22.

[8][9][13] [德]尤尔根·哈贝马斯. 交往行为理论(第一卷：行为合理性与社会合理性)[M]. 曹卫东,译. 上海：上海人民出版社,2004：84,10,14-15.

[10] [11][14] 周丽华. 德国大学与国家的关系[M]. 北京：北京师范大学出版社,2008：153-157.

[15] 龚怡祖. 大学管理中心定位的理论分析[J]. 北京大学教育评论,2009(4)：136-146.

[16][22] 甘永涛. 美国大学共同治理界说及制度演进[J]. 外国教育研究,2008 (6)：20-24.

[18][19] 甘永涛. 美国大学共同治理制度的演进[J]. 清华大学教育研究,2009(3)：25-30.

[20] Olson G A. Exactly what is "shared governance"? [EB/OL]. [2009-07-24]. http：//chronicle. com/article e/Exactly-What-Is-Shared/47065.

[21] Redmond R W. Faculty Involvement in Shared Governance and Decision Making：A Case Study[R]. Morgan State University,2007：8.

[23] 马彦利,胡寿平. 高校共同治理及其对完善中国特色现代大学制度的启示[J]. 复旦教育论坛,2010(3)：18-22.

变革时代的大学课程与教学

高校"以学生为中心"教学模式的解读与反思

徐毅鹏
(浙江大学教育学院)

[**摘要**] 在当前高等教育大众化阶段,贯彻"以学生为中心"的教育理念对于大学生个人成长和发展而言具有重大意义。与"以教师为中心"的教学模式相比,"以学生为中心"的教学模式更尊重学生需求,能促进学生学习主动性、反思性和交互性等能力的培养。然而"以学生为中心"的教学模式也不是"放之四海而皆准"的,仍有不少值得反思与改进之处。

[**关键词**] 以学生为中心;高校;教学模式;反思

An Interpretation and Reflection on Teaching Theory of "Student-Centered" within Universities

XU Yipeng

Abstract: In the period of the popular higher education, implementing the educational concept of "student-centered" is of great importance for the development of college students. Compared with the "teacher-centered" teaching model, the "student-centered" teaching model takes more consideration of internal demand of students, and it will promote college students' learning initiative, reflection and interactive ability. However, the "student-centered" teaching model is not a "one size fits all" strategy. More reflections and improvements are needed.

Keywords: student-centered; university; teaching model; reflection

一、"以学生为中心"教育理念的时代诉求

(一)个体终身发展的内在要求

"教育是有意识的以影响人的身心发展为直接目标的社会活动。"[1]从叶澜教授所归纳的定义来看,人的"发展"是直接目标,也是终极目的,而发展是没有阶段

性的，必将伴随着人的一生，所以教育也必须是终身的。终身教育的一个重要前提就是学生必须对个人学习以及对个人未来发展担负起责任，能成为一个随时适应时代变革的终身学习者。而这一切需要在学校教育中形成终身教育的观念，学会主动学习的方法，更重要的是具备评估和反思自己学习结果的能力。但从当前中国大学普遍存在的、以教师讲授为主的教学模式来检视，学生尚不具备上述能力，仍缺乏学习的主动性和积极性，缺少在学习过程中构建知识框架的能力，更不用说其他在个人成长过程中必备的，如团队合作、人际交往、时间管理、言语沟通等能力。因此，要让学生成为独立自主且自我激励的终身学习者的话，高等学校必须在教学理念、教学模式和教学方法上进行变革，即由教师的"教"为主向学生的"学"为主转变；要"以学生为中心"，让学生成为学习的主导者，并对学习的过程和结果随时进行反思[2]，只有这样才能在日益激烈的现代化社会竞争中取得优势。

（二）高等教育质量内涵发展的必然要求

自扩招以来，随着我国高等教育在短时间内迅速跨入大众化阶段，高等学校的办学质量滑坡问题一直是社会各界关注的焦点。自 2001 年始至今，教育部开展了一系列的教学改革措施，并投入数额不菲的专项资金用以提升教学质量，但实际效果却未尽如人意。例如，"十一五"期间开展的"质量工程"建设还存在重数量、轻质量，重教师、轻学生，重投入、轻结果等问题。[3—6]导致上述情况的出现有诸多原因，如政策实施的针对性、项目评审的规范性、实施过程的监督性等[7]，但从高校微观层面分析，还有一个非常重要的因素就是课堂教学质量没有受到应有的重视。根据相关学者研究，即使在"985 工程"高校的课堂，由于教师讲课没有吸引力，学生认真听课者只占 45%，认真做笔记者只占 15%，而上课玩手机、睡觉、交谈、吃东西等现象大量存在。[8]学生的课堂学习没有质量，必定导致整个高等教育质量水平的下滑。因此，要进一步贯彻《国家中长期教育改革和发展规划纲要（2010—2020年）》中强调的高等教育质量的提高，关键就是要在大学教育中确立"以学生为中心"的教育理念和教学模式。

（三）"以教师为中心"的教学模式面临诸多挑战

传统教育中，高等学校的课堂教学仍以"教师、教室、教材"三者为中心。教师依据学科知识的逻辑框架，通过课堂讲授，将知识与信息传递给学生；学生是被动的接受者，主要通过记忆、复述等学习策略获取知识；考试成绩则成为学生学习的外在刺激因素。在课堂中，教师是主导者，其设计、掌控、评价、反馈学生的学习过程和结果，具有绝对的权威。"以教师为中心"的教学模式的优点在于能发挥教师的主导作用，能按知识逻辑体系分层分步地传授知识，可以控制学习过程，具有高效率等特点。但其弊端也是显而易见的，即忽视了学生需求，不能体现学生个性化的发展要求，不易激发学生主动学习的积极性，容易造成学生厌恶学习的情绪，学生在课堂上毫无主动权，无法自我构建知识体系。[9]当今世界科技发展日新月异，知识经济、信息时代要求年轻一代更需要有创新意识与创造能力。而传统教育"以教师为中心”的教学模式过分强调知识识记，必然会受到挑战。因此，要培养当代大学生，必须从注重教师的“教”转向注重学生的“学”。唯有此，才能让学生在自我构建中获取知识与能力，促进情感与价值观的发展。

二、“以学生为中心”教育思想的历史脉络

“以学生为中心”教育理念主要是针对传统教育中过分强调“教师中心”而提出的，因此，虽然在教育史上大学的诞生早于现代化义务教育的产生，但最先在课堂教学中提出“以学生为中心”理念的，却是进步主义教育运动。进步主义教育批判以教师为中心的教学方法，强调“儿童中心”的教育。这种教育思想可以说是“以学生为中心”教育理念的开端，而作为进步主义教育运动的代表人物杜威，自然也提倡“以儿童为中心”的教育思想。杜威认为“教育即生活”、“学校即社会”，学校教育应与儿童生活相契合，满足儿童的需要和兴趣。杜威批判传统教育的课程代表了成年人的标准，超出了儿童经验的范围，是他们能力不及的地方，因此他反对传统教学法中“以教师、教室、教材书为中心”，提倡“以儿童为中心”，从做中学、从经验中学，以活动课程、经验课程来满足儿童发展的心理性和社会性需要。[10]

首次针对高等教育提出“以学生为中心”教育理念的，是著名人本主义心理学家卡尔·罗杰斯。1952 年，他在哈佛大学教育学院举办了一次主题为“课堂教学如何影响人的行为”的学术研讨会，提出了“以学生为中心”的观点。罗杰斯认为，在教学过程中，教师的作用应该弱化，“我的经验使我认为，我是不可能教任何一个人怎样去教”；相反，教师应该促进学生自己去发现知识，“我相信唯一能影响个人行为的知识，是他自己发现和化为己有的知识”。[11]由此可见，罗杰斯认为，学习应该从学习者的角度去构建知识，而不是从教育者的角度去传授知识。众所周知，罗杰斯也是一位心理治疗家，他所提出的“以学生为中心”的教育思想，是其“以病人为中心”治疗原则在教育实践中的贯彻，这与认知性学习理论恰恰是相反的。

提出美国高等教育应该从教学中心转向学生中心观点的、最著名的也是最有影响力的文章，应该是美国学者巴尔（Robert B. Barr）和塔格（John Tagg）在 1995 年撰写的《从教转向学——大学本科教育的新范式》一文。该文全面勾画了美国本科教育从教向学范式转型过程中的种种变化，并提倡以学生为中心、由学生控制学习过程以及通过学习者的经验构建自我知识的教学理念。巴尔等认为，教师的责任在于设计教学过程，要把学生的学习经历与学习过程融合在一起，构建能充分赋予学生权利的学习环境，从而完成真正的教育目标。[12]

从世界范围看，1998 年的世界高等教育大会发布了《21 世纪的高等教育：展望和行动》的大会宣言。宣言指出，高等教育要培养学生的批判性思维和创造力，那就必须革新教学方式，而“以学生为导向”的教学改革便符合了世界高等教育新的发展趋势。[13]这是“以学生为中心”的概念首次见诸联合国机构的正式文件之中。

2012年7月,中国高等教育学会院校研究分会第五届国际学术研讨会暨2012年年会在华中科技大学召开,会议的主题是"院校研究:'以学生为中心'的本科教育变革"。这是自改革开放以来,国内首次在学术会议中明确提出"以学生为中心"的教育改革理念。会议认为,"以学生为中心"的本科教育变革是世界高等教育发展的必然趋势和提高高等教育质量的必然要求,当前的中国高等教育界迫切需要这样的探讨并推行相应的改革。会议还出台了《关于"抓住历史机遇,推进'以学生为中心'的教育教学模式变革"的倡议书》,呼吁各高校积极投入到此项教学改革行动中去。[14]

三、"以学生为中心"教育理念的内涵探析

虽然有众多学者和国际组织都对"以学生为中心"的教育理念进行了阐释,但实际上其内涵概念还是比较模糊的,作为教师、管理者和学生,都难以把握其具体标准。作为一种教育理念,"以学生为中心"已经成为当前世界各国教育教学改革的一股重要潮流。事实上,"以学生为中心"的教育理念是相对于"以教师为中心"的教育理念提出的,两者在教学策略、认知途径、学习方式等方面都有不同的选择途径,存在较大的差异。有学者简要归纳了这两种论述在不同维度上的基本主张,如表1所示。[15]

表1 "学生中心"与"教师中心"两种论述的对比

维度	学生中心	教师中心
获知途径	学生主动构建知识	教师向学生传递知识
教学模式	强调理解、应用与发展学生的能力	强调对事实的记忆
学习策略	运用教育心理学的有关模式	依赖死记硬背
学习状态	主动学习	被动学习
学习结果	学习结果反映了学生的个别差异	强调整齐划一的学习结果
激励来源	内在激励为主,如学生兴趣	外在激励为主,如考试成绩
课堂管理	领导权威分散于课堂教学参与者,所有学生均有机会参与课堂管理	教师是唯一的领导权威,只有个别学生辅助教师管理课堂
规则制定	师生共同构建和协商关于课堂教学应遵循的规则	教师单独制定规则,将其应用于学生群体

从上述对比中可以发现,中国目前高校课堂教学的总体现状就是"以教师为中心"的模式为主,长期以来大学课堂教师始终占据主导地位,学生的权利和自觉意识一直饱受压抑,基本上是被动式的学习方式。这样导致的后果就是学生的学习积极性和主动性非常欠缺,学习兴趣不高,动手能力不强,创新意识严重缺失,非常不利于国家创新型人才的培养。而一些研究显示,"以学生为中心"教育理念的实施,能较好地提升学生的学业成绩和学习兴趣。例如,美国学者通过研究认为,在文学课中实施分组讨论、角色扮演、集体辩论等"以学生为中心"的教学手段,能大

大提高学生学习的质量。[16]而澳大利亚学者研究认为,“以学生为中心”的教学理念更有利于学生培养,因为:①“以学生为中心的教学理念”可以激发促进学生学习的动力;②有利于同学之间的交流;③可以减少扰乱学生学习的行为;④能建立良好的师生关系;⑤可以促进学生主动式、探究式的学习;⑥能为学生终身的学习负责。[17]当然,“学生中心”与“教师中心”两者并不是排斥的关系,而是互为补充的关系。但我国高校教学的现状是“教师中心”过度,而“学生中心”不足,因此亟须在教育理念上进行转变,逐渐建立“以学生为中心”的教学模式体系,从而真正从根本上提高人才培养的质量与水平。

四、“以学生为中心”教学模式的理论基础

“以学生为中心”教学模式的兴起应该与建构主义理论的发展有很大关系,可以说,“以学生为中心”教学模式是建立在建构主义的理论基础之上的。建构主义(constructivism)的最早提出者可追溯至瑞士的皮亚杰(J. Piaget)。皮亚杰认为,儿童是在与周围环境相互作用的过程中,逐步建构起关于外部世界的知识,从而使自身认知结构得到发展,这就是皮亚杰关于建构主义的基本观点。[18]建构主义认为,人是以自己的经验为基础来建构或解释现实的,每个人的世界是用我们自己的头脑创建的,由于我们的经验以及对经验的信念不同,于是对外部世界的理解便也迥异。所以建构主义更关注如何以原有的经验、心理结构和信念为基础来建构知识,并且强调学习的主动性、社会性和情境性。[19]美国学者韦默认为,建构主义的核心是教师能正确处理学习者和教学内容之间的关系,教师应该更多地教授探索知识的方法,而不是直接把知识结论直接呈现在学生面前。[20]

建构主义提倡在教师指导下的、以学习者为中心的学习,也就是说,建构主义既强调学习者的认知主体作用,又不忽视教师的指导作用。首先,教师是意义建构的帮助者、促进者,而不是知识的传授者与灌输者。教师的职责就是要激发学生学习的积极性和兴趣,创设能促使学生建构所学知识意义的教学环境,组织协作学习并使之向有利于学生意义建构的方向发展。其次,学生是信息加工的主体,是意义的主动建构者,而不是外部刺激的被动接受者和被灌输的对象。对学生而言,必须具备自我建构知识意义的能力,具备搜索与分析各种信息的能力,具备针对学习内容提出建设并加以验证的能力,以及把学习内容与自我经验相联系并分析思考的能力。[21]

五、“以学生为中心”教学模式的实施原则

“以学生为中心”教学模式就是要以学生的发展、成长及学习结果为核心要义,要达成这个目的,作为教学过程主导者的教师必须改变教育理念,改善师生关系,改进教学方式,并且需要在教学活动中遵循以下几个原则。

(一) 反思原则

在传统教育中,教学方法主要是基于行为主义的学习理论,教学的过程就是建

立“刺激—反应”的强化过程，教师需要不断加强对学生的“刺激”。在这个过程中，教学的重点是学生的认知是否达到了教师所设定的目标，而不是学生的心理理解过程。而“以学生为中心”的教学活动将教学的重心转移到学生身上，教学的过程更加注重学生内在学习结果的生成；而这种内化结果一方面需要学生通过外在的学业成就显示出来，另一方面则需要加大对教学过程的不断反思，即反思“教师的教、学生的学、学校的管”是否共同促进了学生学习经验的增长，反思学校设置的课程或教学计划是否确保了学生批判性思维和实用技能的获得等。

（二）因材施教原则

“以学生为中心”的教学活动必须以学生为主体。由于每个学生的心智成熟程度和个体发展状况是不一样的，相应地，他们就有不同的学习兴趣和学习需要，有不同的学习风格和习惯方法，更有不同的知识背景和生活经历。因此在“以学生为中心”的教学活动中，很难形成一种“放之四海而皆准”的教学模式，教育者必须根据学习对象的不同而采取适合的教学方法和策略，真正做到“因材施教”。

（三）相互协作原则

在“以学生为中心”的教育理念下，教师与学生都有不同的角色责任，两者是相互促进、相互作用的合作关系。学生需要教师的引导和促进，而教师需要随时关注学生的心理和思维发展状况。只有在两者都视彼此为伙伴关系时，教育者才能达成教学目标，而学习者才能真正建构自己的学习经验和学习意义，从而形成双赢的局面。

（四）“授之以渔”原则

随着信息时代的到来以及互联网通信技术的发展，人类已经进入信息爆炸时代，单纯传授型的教学模式早已不能满足21世纪社会发展的需要。而在“以教师为中心”的教学活动中，学生更多的是接受知识结果，缺乏对知识的思考、应用、分析、综合及评价能力的训练，但借助“以学生为中心”的教学活动，学生可以在上述方面得到更多的锻炼。所以说，对学生而言，掌握学习的能力比获得知识的结果更为重要，正如富兰所言，“教育的最终目的是产生出一个学习的社会”[22]，因此教师应该谨记“授之以鱼不如授之以渔”。

（五）自我负责原则

在“以教师为中心”的教学模式中，课堂的权威和责任者是教师，学生属于从属地位，学生学习的目的是获得知识、完成学业。而“以学生为中心”的教学活动需要赋予学生更多的责任和义务，因为教学的目的是学生的发展，需要学习者发挥学习的能动性和主动性，能根据将来人生的发展规划和职业需求来建构学习目标、任务和内容，并不断加以自我反省，促进人生目标的完成。因此，在“以学生为中心”的教学活动中，必须让学生养成为将来自我发展负责的意识习惯。

六、“以学生为中心”教学实践案例的反思

虽然“以学生为中心”的教育理念正在为世界各国大学的教师所接受，并在全世界范围内推广实施，但仍有部分学者对这种教学模式持有怀疑态度。他们认为，如果没有翔实的数据或实验证明的话，很难确定“以学生为中心”的教学模式确实比“以教师为中心”的教学模式更为有效。因此，许多学者对“以学生为中心”的教学模式进行了验证、反思性的研究。

(一)“以学生为中心”的教学方式未必都有积极效果

美国新墨西哥州生物系教师普雷斯勒在其所教授的“生物学辅助课”中，对不同教学方式与学生测验成绩的相关性进行了测试研究。由测试结果来看，普雷斯勒发现，与“以教师为中心”的教学方式相比，“以学生为中心”的教学方式并没有一贯地表现出与学生成绩呈现正向的效应，相反，有些小组还呈现出大幅下降的情况。在图 1(a)中，在测试Ex 1和Ex 2之间，教师采用“教师中心”的教学方式；在测试Ex 2和Ex 3之间，教师采用“学生中心”的教学方式。两个对照组中，“TS 1”组在采用“学生中心”教学方式后的成绩呈现下滑趋势。在图 1(b)中，教师采用相反的顺序授课，即在测试Ex 1和Ex 2之间，教师采用“学生中心”的教学方式，在测试Ex 2和Ex 3之间，教师采用“教师中心”的教学方式。两个对照组中，“ST 2”组在采用“学生中心”教学方式后的成绩也呈现下滑趋势。因此，普雷斯勒建议教师需要通过经常性的形成性评价来判定使用何种教学方式比较适宜，而不是以教师主观倾向或喜欢的教学方式进行教学。[23]

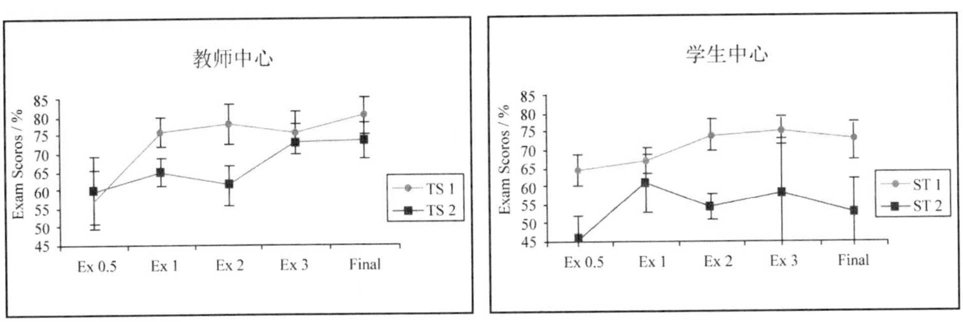

(a) (b)

图 1 “教师中心”与“学生中心”教学方法实施效果对比图

(二)教师在学习控制中处于主动或被动的地位，并非是影响学生学习效果的主要原因

美国学者科拉斯认为，以小组为单位进行教学一直是医学专业占主导地位的教学方式，但小组学习的形式是“以教师为中心”还是“以学生为中心”却各有利弊。于是科拉斯想通过实验研究，证实哪种形式的小组学习更有利于学生学习。科拉

斯假设,“以学生为中心”的模式更有利于学生学业成就的增长。但最后结果显示,并没有发现“以学生为中心”的教学方式更有效,因为这种方式可能更耗费学生的学习时间,效率相对较低,进度不能把握。当然,科拉斯认为,这项研究集中于知识的获取,但这并不是唯一的教育目标。至于学生对专业的态度、价值观、自我管理能力、人际交往能力等方面,是否有类似结果,需要更多的研究加以证实。[24]

(三) 小组合作学习的效果存疑

小组合作学习是实施“以学生为中心”教学方法改革的重要途径之一,但仍有研究者质疑小组合作学习的实际效用。英国学者利文斯敦等通过对朴次茅斯大学和金斯顿大学两个地理专业的本科生分组教学实践案例进行定量与定性分析,发现就小组成就与个人成就的相互关系来看,虽然不能肯定“学生的个人成就是小组成就的主要决定因素”,但是实验数据还是显示出以下两个结论:“个人成就突出所需的能力与小组成就突出所需的能力是不同的”,“小组成就突出所需的能力是对个人大学学业评价的有效组成部分”。[25]

(四) 真正让教师从“教”转向学生的“学”仍存在较大阻力

要在课堂中真正从“教”转向“学”,仍然有较大的阻力。美国肯塔基大学海恩斯和斯密斯认为,这种阻力体现在三个层面:①教师层面会认为课堂的权力旁落于学生之手;②行政管理层面会担心增加教学、研究以及预算额度,另外,求学人数的不断攀升、教师晋升职称以及学业压力、课程评价方式等因素,都是阻止全体教职员工探索“以学生为中心”课程改革的重要原因;③学生层面也会存在不适应新教学模式变化的情况。[26]

纵观教育史,提倡“儿童中心”或“学生中心”的思想虽早已有之,但在当前中国大学教学实践中却仍处于摸索阶段。当然,我们需要辩证地看待“以学生为中心”的教育思想,但我们更需要广大育人工作者,尤其是教师,处理好“教”与“学”的关系,以学生为本,始终把学生发展作为教书育人的根本使命。

参考文献

[1] 叶澜. 教育概论[M]. 北京:人民教育出版社,1991:8.

[2] Stefani L A J, Clarke J, Littlejohn A H. Developing a student-centered approach to reflective learning[J]. Innovations in Education and Training International, 2000, 37(2): 163 - 171.

[3] 万晓兰,汤德平. 要关注“质量工程”的质量与实效[J]. 中国大学教学,2010(4):15 - 16.

[4] 廖红. “质量工程”建设存在的主要问题及对新一轮质量工程集成式发展的思考[J]. 现代教育科学,2012(1):127 - 129.

[5] 赵婉莹. 高校“质量工程”建设的问题与对策[J]. 教育发展研究,2009(17):77 - 79.

[6] 郑开玲. 高校实施本科教学“质量工程”的问题与对策探讨[J]. 教育与职业,2012(5 月下):30 - 31.

[7] 李祥云. 本科教学质量与教学改革工程实施现状、问题与政策建议:基于武汉市 9 所高校的学生问卷调查[J]. 中国高教研究,2011(7):88 - 91.

[8] 刘献君. 论“以学生为中心”[J]. 高等教育研究,2012(8): 1 - 6.

[9] 李子建,尹弘飚. 课堂环境对香港学生自主学习的影响——兼论“教师中心”与“学生中心”之辨[J]. 北京大学教育评论,2010(1): 70 - 82.

[10] 吴式颖. 外国教育史教程(缩编本)[M]. 北京: 人民教育出版社,2003: 367 - 388.

[11] [美]卡尔·罗杰斯. 关于教和学的若干个人想法[J]. 洪丕熙,译. 外国教育资料,1984(2): 25 - 28.

[12] Barr R B,Tagg J. From teaching to learning: A new paradigm for undergraduate education [J]. Change,1995,27(6): 13 - 25.

[13] UNESCO. Higher education in the twenty-first century: Vision and action[EB/OL]. (1998-10-09)[2013-06-28]. http: //www.unesco.org/education/educprog/wche/declaration_eng.htm.

[14] 张俊超. 推进从“教”到“学”的本科教育教学变革: “院校研究: ‘以学生为中心’的本科教育变革”国际学术研讨会暨中国高等教育学会院校研究分会 2012 年年会综述[J].高等教育研究,2012,33(8): 104 - 109.

[15] 李子建,尹弘飚. 课堂环境对香港学生自主学习的影响: 兼论“教师中心”与“学生中心”之辨[J]. 北京大学教育评论,2010,8(1): 70 - 82.

[16] Weinbaum B. Teaching feminist approaches to the classics: An experiment with multicultural,student-centered pedagogy at an urban university[J]. The Journal of Culture and Education,2004(Spr-Sum): 115 - 123.

[17] Chegenizadeh A,Nikraz H,Zadeh H H. Student centered class[J]. International Proceedings of Economics Development and Research,2012(47): 144 - 148.

[18] 何克抗. 建构主义的教学模式、教学方法与教学设计[J]. 北京师范大学学报(社会科学版),1997(5): 74 - 81.

[19] 张建伟,陈琦. 从认知主义到建构主义[J]. 北京师范大学学报(社会科学版),1996(4): 75 - 82.

[20] Weimer M. Learner-Centered Teaching: Five Key Changes to Practice[M]. 1st ed. San Francisco: Jossey-Bass,2002: 10 - 13.

[21] 何克抗. 建构主义革新传统教学的理论基础(上)[J]. 电化教育研究,1997(3): 3 - 9.

[22] [加]迈克尔·富兰. 变革的力量: 透视教育改革[M]. 北京: 教育科学出版社,2004: 158.

[23] Preszler R W. Student-and teacher-centered learning in a supplemental learning biology course[J]. Bioscene: Journal of College Biology Teaching,2006,32(2): 21 - 25.

[24] Kolars J C. The effect of student-and teacher-centered small-group learning in medical school on knowledge acquisition, retention and application[J]. Medical Teacher, 1997, 19 (1): 53 - 57.

[25] David L,Kenneth L. Group project work and student-centred active learning: Two different experiences[J]. Studies in Higher Education,2000,25(3): 325 - 345.

[26] Hains B J,Smith B. Student-centered course design: Empowering students to become self-directed learners[J]. Journal of Experiential Education,2012,35(2): 357 - 374.

战略管理视角下的高等体育院校组织结构优化研究

杨 琬 林 健

(清华大学教育研究院)

[摘要] 组织结构是组织实施战略管理的重要基础,是实现组织目标的重要手段。本研究依据企业战略管理理论,结合高等体育院校的组织特性,在系统分析大学组织结构与战略管理关系的基础上,研究选择适用于高等体育院校的战略模型,并以此为引领,优化和构建与战略相匹配的高等体育院校组织结构,以期通过此研究为进一步推进和加强高等体育院校的战略管理和组织结构建设工作提供参考。

[关键词] 高等体育院校;战略管理;组织结构;结构优化

A study on the Optimization of Organizational Structure of Sport Universities and Institutes from the Perspective of Strategic Management

YANG Wan, LIN Jian

Abstract: Organizational structure is an important foundation for the organization to implement strategic management, and crucial means to achieve the objectives of the organization. On the basis of the enterprise strategic management theory, this study tries to investigate the relationship between universities' organization structure and strategic management, combined with the characteristics of the organization of sport universities and institutes. The major purpose of this study is to choose a strategy model to be applicable to sport universities and institutes, and to optimize the organization structure matched with the strategy.

Keywords: sport universities and institutes; strategic management; organizational structure; structure optimization

一、引言

组织结构是一个组织内正式的工作安排[1]，是描述组织的框架体系，它反映了特定组织内部的部门组合及其相互间的责任和权力关系。组织结构作为组织实现目标的一种重要手段，在很大程度上决定了组织的目标和政策是如何建立的，以及决定了组织内资源的分配[2]，因此，设计和构建一个合理的、有效的组织结构对于组织的建设和发展具有重要意义。组织结构的设计和构建主要取决于组织的战略、规模、技术及外部环境四个因素[1]。

大学作为社会系统中的复杂组织，其结构是大学组织成员为了完成组织目标，在职责、职权等方面的分工、协作体系，它是大学运行和发展必不可少的构成要素。[3]20 世纪 90 年代以来，随着我国高等教育大众化、国际化、市场化进程的推进，高等学校的市场竞争日趋激烈，政府和社会对大学的期望也在不断增强，大学组织本身也变得比以往更加复杂。为适应这一新的环境形势，各高校必须更加关注其自身长远发展与谋划的管理和研究，战略管理已逐步成为高校管理的核心内容[4]。与此相适应，大学战略也成了决定大学组织结构的主要因素。

高等体育院校作为我国高等教育体系的重要组成部分，在高等教育事业中发挥着积极的作用，形成了自己的办学和管理特点。在当前深化教育领域综合改革、加快推进教育治理体系和治理能力现代化的大背景下，高等体育院校必须积极推进现代大学制度建设，努力完善内部治理结构。而通过前期调研发现，体育院校实施战略管理的意识还不强，以战略引领组织结构、以组织结构匹配支持战略管理的工作机制建设还有待加强，这不利于新时期高等体育院校的进一步发展。因此，必须在强化战略管理思维的同时，从战略的角度审视和优化高等体育院校的组织结构。

综上所述，本研究拟依据企业战略管理理论，结合高等体育院校的组织特性，在系统分析大学组织结构与战略管理关系的基础上，探索和选择适合高等体育院校的战略类型，并以此为引领，优化和构建与战略相匹配的高等体育院校组织结构。最后，本文就北京体育大学、首都体育学院、武汉体育学院实施战略管理及优化组织结构的实践探索进行了案例分析，以期为进一步推进和加强高等体育院校的战略管理和组织结构建设工作提供参考。

二、对大学组织结构与战略管理关系的分析

钱德勒(Alfred D. Chandler)在《战略与结构》中指出的战略与结构互动的分析框架[5]为我们研究大学组织结构与战略管理的关系提供了依据(见图 1)。

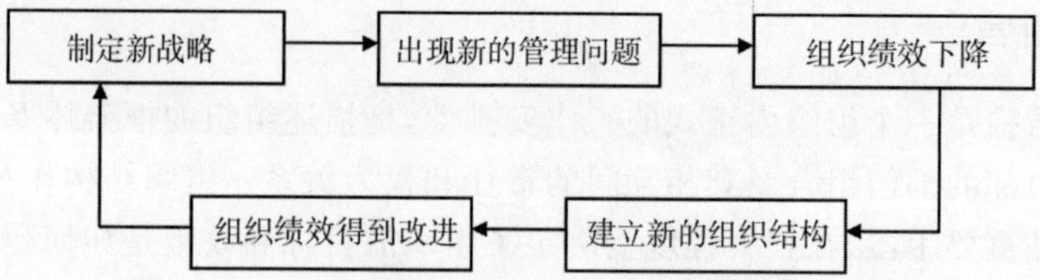

图1 钱德勒的战略——组织结构关系图

(一) 战略的前导性与组织结构的滞后性

组织作为一个开放系统,总是处于不断变化着的外部环境之中。[6]当组织所处的外部环境发生变化时,组织的战略和结构都会做出相应的反应,但两种反应之间会存在时间差。

从钱德勒的分析框架可以看出,战略会首先做出反应,随后组织结构才会在战略的引领和推动下做出相应的反应,从而形成战略变化的前导性和组织结构变化的滞后性。形成战略的前导性,是由于当大学面对外部环境变化所造成的机遇和调整时,会首先谋求在战略上做出变化,以维护和扩大学校的利益。而造成组织结构变化的滞后性,则是由于当新战略所带来的新的管理问题引起组织绩效下降时,大学才往往考虑推动组织结构的改革;而这种改革会造成新旧结构在一段时期内处于交替状态,同时,旧的组织结构都有一定的惯性,它会形成变革阻力。[2]

(二) 战略管理对组织结构的决定作用

战略的变化将导致组织结构的变化,战略目标是一个组织的愿景与使命;不同的组织有不同的战略目标,而离开了战略目标,组织结构将没有意义。[2]

组织结构应该追随大学战略。随着战略的变更,大学的组织结构也要做出相应的改变,以更好地实现大学的战略目标。一般来说,大学都是根据战略目标来设计自己的系统结构的,不同的战略目标要求有不同的管理幅度和层次、不同的组织职能和人员配备、不同的权责安排等。通过组织结构,大学的目标和战略转化为一定的体系或制度,融进大学的日常运行活动中,发挥指导和协调的作用,以保证大学战略的完成。

(三) 组织结构对战略管理的促进作用

战略管理对组织结构具有决定作用,而组织结构也可以影响组织战略。只有结构与战略相匹配,才能成功地实现组织的目标。[2]

第一,组织结构在很大程度上决定了战略是如何建立的,它影响着大学战略的适用性、可行性和可接受性,良好的结构将为制定一个较为先进、富有效率的战略规划提供基础。第二,组织结构会对所有战略实施活动产生相当大的影响。组织结构决定了资源的配置,科学、富有效率的战略规划缺少组织资源分配的支持,该战略目标将无法实现。第三,组织结构还会影响管理信息在高层领导者和基层管理者之间传递的效率,进而影响战略管理的实施。在大学组织中,组织结构决定基层的管理者以哪种流程将内外部信息、决策汇总到高层领导者，为组织的战略管理服务。[7]

三、基于竞争力分析的高等体育院校战略选择

竞争是组织成败的关键。[8]竞争力分析是大学制定和选择战略最重要的基础。据此，本文采用"认识产业和竞争者、建立竞争战略"的分析框架[9]，在对高等体育院校进行外部战略环境分析的基础上，探索和选择适合高等体育院校的战略类型。

(一) 高等体育院校战略组群分析

目前，我国共有高等体育院校 14 所。本文通过分析整理，形成了我国高等体育院校基本情况一览表(见表 1)。由表 1 可知，从管理体制看，体育院校分属中央部委和地方政府管理。从所处战略组群来看，除北京体育大学为"211 工程"高校，属于研究教学型大学外，[10]其他 13 所体育院校均属于本科教学型大学。从战略组群分析来看，北京体育大学作为国家体育总局唯一一所直属体院，管理体制和行业领域相对独立和特殊，因此受到来自战略组群内其他高校及其他战略组群的竞争压力不明显，竞争优势较明显。而其他 13 所体育院校作为地方一般普通高校，规模效益和范围效益都相对有限，因此，在政府重视、财政拨款及优质生源招收等方面，受到来自同地区的"211 工程"及地方重点大学的竞争压力较大，竞争优势不明显。

表 1 我国高等体育院校基本情况一览表

院校名称	所属管理部门	成立时间	学生规模	大学类别	备注
北京体育大学	国家体育总局	1953 年	11000 余人	研究教学型	"211 工程"院校
上海体育学院	上海市教委	1952 年	4900 余人	本科教学型	
武汉体育学院	湖北省教育厅	1953 年	11000 余人	本科教学型	
西安体育学院	陕西省教育厅	1954 年	8600 余人	本科教学型	
成都体育学院	四川省教育厅	1953 年	8300 余人	本科教学型	
沈阳体育学院	辽宁省教育厅	1954 年	8500 余人	本科教学型	
首都体育学院	北京市教委	1956 年	3000 余人	本科教学型	
天津体育学院	天津市教委	1958 年	6000 余人	本科教学型	
广州体育学院	广东省教育厅	1956 年	5200 余人	本科教学型	
哈尔滨体育学院	黑龙江省教育厅	1956 年	5900 余人	本科教学型	
吉林体育学院	吉林省教育厅	1958 年	7000 余人	本科教学型	
河北体育学院	河北省教育厅	1985 年	3600 余人	本科教学型	
山东体育学院	山东省教育厅	1958 年	7300 余人	本科教学型	
南京体育学院	江苏省体育局	1956 年	2000 余人	本科教学型	

（二）高等体育院校行业环境分析

以林健教授的大学五种竞争力模型[4]作为分析框架（见图2），参考波特（Michael E. Porter）教授的行业竞争驱动力模型[8]，结合高等体育教育的发展史、当前政策环境及办学现状，对我国高等体育院校的行业竞争环境进行分析。

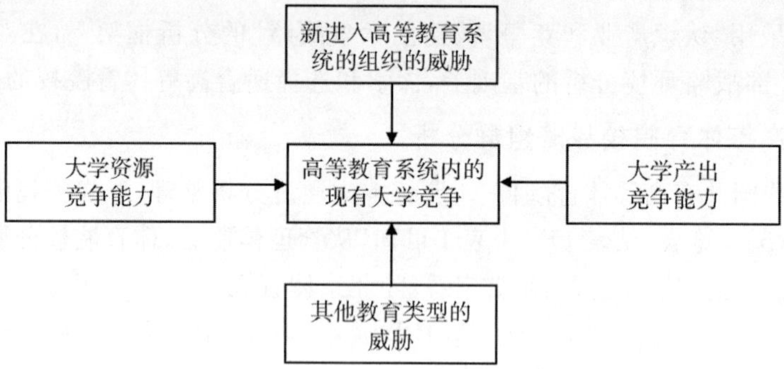

图2 林健教授的大学五种竞争力模型

1. 高等教育系统内现有体育院校间的竞争

中华人民共和国成立之初，在建立六大直属体育院校时，国家就确立了“按大区域设置体育院校”的原则，例如，上海体育学院（原名华东体育学院）主要负责为华东地区培养体育专门人才，成都体育学院（原名西南体育学院）主要负责为西南地区培养体育专门人才。后续建立的8所体育院校也都延续了这一设置原则。因此，各体育院校在服务区域、招生来源、学生就业等方面没有明显的交叉和重叠，高等教育系统内现有体育院校间的竞争强度弱。

2. 新进入高等教育系统的体育院校的威胁

从体育人才供需情况看，现有高等体育院校较好地满足了经济社会发展的需求，因此，今后一个时期，国家新增单独设置的体育院校的可能性不大。部分国内综合大学和师范大学新增设的体育院系，由于在办学历史、办学积累和办学条件上与体育院校存在差距，对体育院校构成的威胁不大。但随着经济全球化和教育开放的扩大化，高等教育领域的跨国教育服务竞争将会升级，国外高水平体育院校将有可能成为新的潜在竞争者而对国内体育院校产生威胁。这也提醒我们，体育院校必须积极推进国际化战略。正如罗伯特·艾伦（Robert Allen）所说的：“全球市场绝不仅是个空洞的名词。外国竞争者就在我们身边，我们也必须到他们那儿去。”[2]

3. 其他高等体育教育类型的威胁

体育学科的强实践性和体育专门人才培养的特殊性，对体育教育的教学条件、教学形式及教学方法提出了专门的要求，这其中涉及师资水平、教学场地、面授指导等多个方面。因此，虽然部分地区体育局、教育学院也参与了体育教育的相关工作，但诸如体育教育的远程教育、异地办学和自学考试等工作，主要还是由各体育院校承担和实施，来自其他高等体育教育类型的威胁并不大，竞争强度弱。

4. 高等体育院校资源竞争能力

高等体育院校的资源竞争能力不突出，所处行业环境的资源竞争强度较强。其原因来自两个方面：一是我国高等教育投资体制主要以政府投资为主，这就必然造成地域（地区）内高校之间的竞争，而由前面的战略组群分析可知，体育院校的竞争优势不明显；二是计划经济向市场经济转型后，资源提供方（包括政府、社会等）对高等体育院校获取资源的能力提出了越来越高的要求，而体育院校以往相对独立的办学倾向与这种要求不适应。

5. 高等体育院校产出竞争能力

高等体育院校产出竞争能力面临巨大挑战，所处行业环境的产出竞争强度较强。这主要是由于我国高等体育院校对经济社会变化和体育事业进步的响应迟滞。学校专业雷同，人才培养方式与实际需求脱节，应用性、技能性的传统优势被削弱；人才培养类型、层次特征不清晰，缺乏与行业单位需求和区域发展需求紧密结合的机制，从而造成体育院校所提供的包括人才培养在内的教育服务产品质量及服务水平，与政府、人才市场及其他用人单位和服务对象的需求有差距。

（三）高等体育院校战略选择

大学战略主要划分为总体战略、竞争战略和职能战略三个层次，本文主要分析和探讨高等体育院校的总体战略与竞争战略。

1. 总体战略选择

大学总体战略可以分为成长战略、稳定战略和更新战略三种主要战略。[1]通过之前对高等体育院校战略组群的分析，可以看出体育院校作为地方一般性本科教学型大学，面临来自其他战略组群高校的竞争压力。而随着社会主义市场经济的逐步完善，高校间吸引高素质的师资、生源和社会经费的竞争，将成为高校战略竞争的焦点。[11]这就要求高校在战略管理过程中，必须根据现有的资源条件进行合理有效的资源配置，找准突破口，强化特色意识，抢占市场的"制高点"，提高学校竞争力，实现可持续竞争优势。[4]据此，高等体育院校应该在实施稳定战略的基础上，选择并实施成长战略。

2. 竞争战略选择

根据波特（Michael E. Porter）的竞争战略理论，大学的竞争战略可以分为成本领先、差异化和目标集中三个基本战略。结合对高等体育院校行业竞争环境的分析，从竞争优势和竞争范围来看，高等体育院校主要面临来自大学资源竞争力和产出竞争力的压力，因此，应该积极采取差异化集中战略的战略模式，[8]即追求目标市场上的差异化优势。一方面集中学校的学科、师资、软硬件优势，锁定特定的服务领域和区域，建立独特的竞争优势；另一方面根据自身的历史、传统、学科优势等制定特色化发展战略，形成与其他战略组群不同的特色化办学模式。[12]

四、以战略管理理念引领高等体育院校组织结构优化

大学的组织结构必须适应战略实施的需要。高等体育院校要优化组织结构，以推动战略实施。本文在对高等体育院校组织结构的现状进行系统分析的基础上，以战略管理理念为引领，对高等体育院校的组织结构进行了优化设计。

（一）高等体育院校组织结构现状

1. 高等体育院校组织结构类型及形成原因

本文通过查阅14所体育院校官方网站所公布的学校组织机构设置信息，形成了高等体育院校组织结构分类情况一览表（见表3）。从组织管理学对组织结构的分类和定义来看，体育院校的组织结构类型和基本结构是相似的。体育院校普遍采用的都是多分部结构，由此，本文形成了高等体育院校多分部组织结构示意图（见图3）。如图3所示，体育院校的组织结构总体分为三个层级：第一个层级是学校领导；第二个层级是由各分部（以学院为主体的单位）以及职能部门，包括组织部、人事处、教务处、科研处、总务处（部、中心）等共同组成；第三个层级是教研室、中心等，即各分部及职能部门的下一级管理机构。

表3　我国高等体育院校组织结构分类情况一览表

院校名称	部门分类情况
北京体育大学	教学单位、内设机构、其他单位、挂靠单位
上海体育学院	院系、党群部门、行政部门、直属机构
武汉体育学院	教学训练单位、党政机关、直属单位
西安体育学院	教学单位、党群部门、行政部门、其他部门
成都体育学院	教学业务部门、党政管理部门、直属单位
沈阳体育学院	行政组织机构、党委组织机构
首都体育学院	教学单位、党政部门、群团组织、教辅单位、附属单位
天津体育学院	教学单位、管理部门、科研机构
广州体育学院	教学单位、党群部门、行政部门、直属单位
哈尔滨体育学院	职能部门、教学系部、教辅部门、党委机关、党的基层组织
吉林体育学院	教学单位、党群部门、行政部门
河北体育学院	教学单位、党政机构、教辅部门
山东体育学院	教学机构、管理机构
南京体育学院	教学部门、训练单位、机关后勤部门

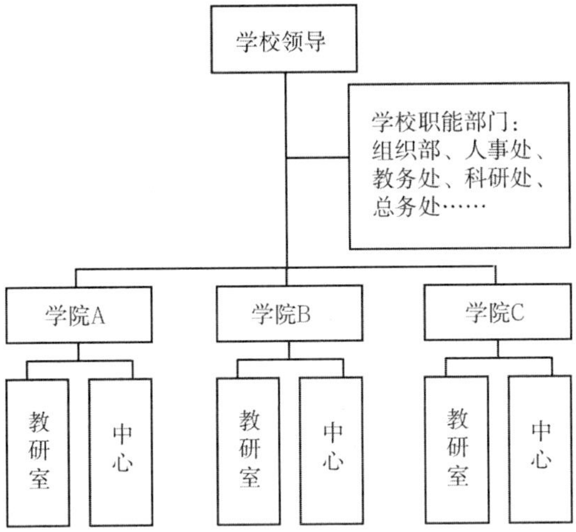

图 3　高等体育院校多分部组织结构示意图

高等体育院校的组织结构现状与我国的宏观教育管理体制、体育院校的建设历史及院校特点有关。就国家宏观教育管理体制而言，长期在高度计划经济体制下运行，高等学校实行“国有公办”“一包二统”[13]，使得包括体育院校在内的整个高等教育管理体制、组织结构都比较单一和固定。从建设历史来看，首批建立的六所直属体育院校都是在中华人民共和国成立之初，我国高等教育全面学习和模仿苏联模式的背景下建立起来的单科性高等体育院校，是在国家体育总局(原国家体委)的统一领导下进行建设的。后续建立的体育院校也都参照这种建设结构模式进行发展，这种传统一直延续至今。在高等教育管理体制改革的过程中，学校整体组织结构模式变化不大。

2. 高等体育院校组织结构的优势与不足

高等体育院校组织结构的主要优势如下：首先，促进了体育院校按照大学的基本要求建立和规范学校的工作。按专业设置院系，按职能划分部门，分工明确、职责清晰，提升了办学的专业化水平和规范化管理水平，有针对性地培养各类体育专门人才。其次，尽力突出了高等体育院校“体育”的特点，在认真履行教学、科研和社会服务等基本职责的同时，特别强调了运动训练和竞技体育成绩，为举国体制下的中国竞技体育事业的发展做出了积极的贡献。

高等体育院校组织结构的不足主要表现在：一是组织结构同质化。这也是当前中国高校普遍存在的共性问题，组织结构千校一面、相互模仿、趋于同一[14]，从而造成各院校缺乏创新，难以形成办学特色，进而减弱整个战略组群在整个高等教育系统中的竞争力。二是组织结构刚性化。刚性化的组织结构容易限制战略的实施[7]，表现为强制的专业化分工，难以调整改变。而一个组织如果结构上没有改变，那就很少能实质上改变当前的战略[7]，与战略不相适应的组织结构将会限制和阻碍战略的实施。三是组织结构分隔化。多分部组织结构容易造成不同事业部间方针不一致，造成组织的部门、人员、资源的条块分割和隔阂，不利于集中发挥组织的整体优势。

（二）高等体育院校组织结构优化设计

1. 组织结构类型的选择

依据之前分析确立的“组织结构追随和服从于组织战略”的原则，本文分析认为，以“成长型总体战略”和“差异化集中战略”为引领，高等体育院校的组织结构应由目前采用的多分部结构，优化发展为“二维矩阵型”结构（见图 4）。

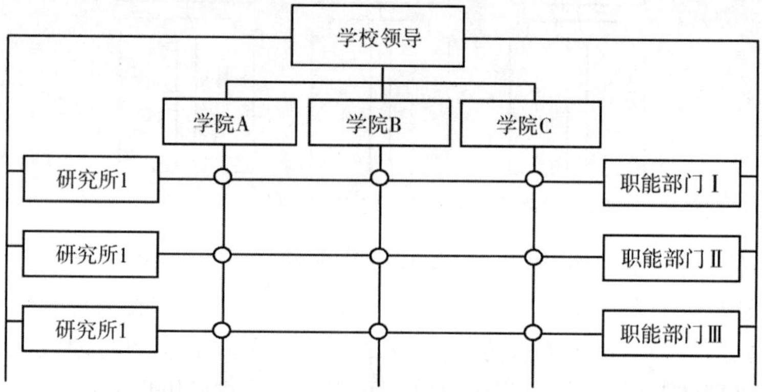

图 4　高等体育院校二维矩阵组织结构示意图

如图 4 所示，在高等体育院校二维矩阵结构中，学校领导处于组织的领导位置，负责组织的宏观管理、调控和监督；各学院负责常规的教学、科研、训练等工作；各职能部门发挥支持、服务和管理作用；研究所作为系统中重要的单位，围绕科研、训练项目的任务与需求，可以在全校范围内，跨学院、跨部门调动人力和资源来开展相关工作。矩阵结构的优势是适应性强，机动灵活，容易接受新战略、新观念和新方法，有利于把管理中的垂直联系与水平联系更好地结合起来，加强各业务部门、职能部门之间的协作，便于集中力量、沟通意见、集思广益，有助于解决一些重大的问题。因此，它能够很好地为“成长型总体战略”与“差异化集中战略”提供支撑。

2. 组织结构的具体设计

在设计组织结构时，罗宾斯（Stephen P. Robbins）提出，必须考虑如下六个方面的因素：工作专门化、部门化、命令链、控制跨度、集权与分权以及正规化。[1] 高等体育院校应该用二维矩阵结构模型，结合本校的战略目标和战略规划来设计具体的组织结构。

一是工作专门化。高等体育院校横向的工作专门化将高等体育院校的组织工作任务划分为教学工作、科研工作、训练工作等，而纵向的工作专门化则可以划分为高层管理、中层管理、技术核心和支持系统等部分。二是部门化。高等体育院校同其他高校一样，一般设置教务处、人事处、科研处等部门；按照所生产的教育服务产品，设置学院、研究生部等。三是命令链。高等体育院校必须建立清晰的命令链，学校中的每个部门、每个人都必须明确自己在组织系统中的位置，明确自己的岗位、任务、职责和权限。四是控制跨度。高等体育院校的总体规模虽然不大，但仍然要合理地控制跨度，在加强组织管理的同时，控制成本，畅通信息渠道，增加组织的有效性。五是集权与分权。高等体育院校要将集权与分权有机结合，系统实施校长治校、教授治学。六是正规化。对于行政工作，需要较高程度的正规化，制定比较清楚和明确的岗位职责。但在学术领域，应减少正规化，给予学术自由。

（三）高等体育院校组织结构优化实践

面对高等教育和体育事业的迅猛发展，各高等体育院校强化战略管理思想，积极推进战略管理的探索与实践。本研究选取在组织结构优化实践方面具有代表性的北京体育大学、首都体育学院、武汉体育学院三所高等体育院校作为案例进行研究，利用之前研究形成的理论框架对这三所体育院校组织结构的优化做案例分析。从调研情况看，三所体育学院都系统地开展了战略分析、战略制定、战略实施及战略控制工作。在战略实施过程中，以战略为引领，推进了以优化和调整组织结构为主要内容的学校内部管理体制改革工作，并逐步构建形成了学校战略与组织结构间的动态调整机制。

1. 设立专门的战略管理机构

北京体育大学与武汉体育学院都成立了发展规划处，作为辅助校领导承担学校整体战略分析、战略规划和战略监控职能的专门机构。北京体育大学发展规划处的主要职能如下：①全面组织制定学校事业发展、学科建设、人才队伍建设、校园建设、“211 工程”建设等中长期发展规划；②监督、考核、评估学校事业发展、学科建设、人才队伍建设等中长期发展规划的落实执行情况，协调做好学校重要资源的配置工作；③研究、论证学校改革与发展的重大问题与重要政策，为学校改革与发展提供高质量、建设性、可操作的研究报告、方案设计、政策建议和决策咨询。[15]武汉体育学院发展规划处则由政策研究与咨询室、发展规划中心、学科建设办公室和目标管理评估中心组成。[16]

2. 科学制定战略规划

在认真总结“十一五”期间的建设成果、取得的经验、存在的问题，系统研究和分析外部环境和内部条件，进而确定学校使命、愿景、定位和战略目标的基础上，三所体育院校都制定了学校的战略规划《“十二五”发展规划》。在整体战略规划中，首都体育学院确定了“精心育人、精细管理、精品建设、精致典雅”的“四精”办学理念。[17]北京体育大学确立了“建成综合性、高水平、有特色的世界一流体育大学，争取到 2020 年，跻身于世界一流体育大学前列”的办学目标。[18]武汉体育学院则以战略规划为统领，完成了《学科建设规划》《师资队伍与人才队伍建设规划》《竞技体育规划》和《校园建设规划》四个专项规划的制定工作。随后，学院还将战略目标进一步分解，并在全校范围开展部门规划制定和论证工作，形成了各部门的规划，从而完成了学校总体战略、竞争战略和部门战略的制定工作。

3. 系统开展组织结构调整

在战略规划的基础上，为了匹配和支撑学校的发展战略，三所体育学院都启动了以组织结构调整为主要内容的内部管理体制改革工作。其中，北京体育大学和武汉体育学院注意在关键点上恰当地增设机构以保证战略重点。北京体育大学为了加强对学校发展的政策研究，增设了发展规划处；为适应新增的对外汉语专业的需要，将国际交流中心更名为国际教育学院。武汉体育学院为加强学校留学生教育和国际合作教育，增设了国际教育学院，并将英语专业纳入该学院；为适应市场对人才的需求，成立了网球学院。首都体育学院则适应学校战略发展需要，对内部管理体制进行了重大改革。改革前，该校实施的是"系部制"的管理体制，是典型的职能型的组织结构。而本次改革的重大举措就是"撤系建院"，调整设立了五个二级学院，各学院下设二至三个专业，若干教研室、实验室、实训室、研究中心、研究基地等，并明确规定二级学院承担人才培养、科学研究、社会服务等任务；学院的职能部门和教辅单位也相应做了调整，初步构建了校、院两级管理体制，实现了由职能型组织结构向多分部组织结构的转变。

4. 实施组织机构目标管理

在战略规划的基础上，三所体育院校都重视战略实施与监控工作。武汉体育学院系统推进了组织机构目标管理。该校制定了《目标管理实施方案》，将学校组织机构按照职能相近、同质可比和有限合理的原则进行分类，以年为单位，对各二级部门进行年度目标设定、实施、评价和表彰。其中，年度目标划分为"基础目标"和"改革与创新的特色工作"两大类，前者是学校下达的各部门必须完成的刚性基本任务，后者与教育部门高校实力考评和大学建设的指标对接，是各部门超额完成基础目标或基础目标以外所申报的加分项目。[19]各部门在年初制订年度标书，年末由学校组织目标考评，并按一定比例评选出年度优秀奖和年度单项奖，对获奖单位进行表彰。2013年，武汉体育学院共有12个部门获得了年度优质金奖、银奖和铜奖，从而健全和完善了以组织机构绩效考核为关键环节的学校绩效管理体系。

参考文献

[1] [美]斯蒂芬·D. 罗宾斯. 管理学[M]. 李原，译.北京：中国人民大学出版社，2012：224-273.

[2] [美]David F R. 战略管理[M]. 李克宁，译. 北京：经济科学出版社，2001：263-273.

[3] 闫树涛. 大学组织结构及其运行机制研究综述[J]. 河北大学学报，2009，34(4)：129-133.

[4] 林健. 战略视角下的大学管理[M]. 北京：高等教育出版社，2005：53-62.

[5] [美]艾尔弗雷德·D. 钱德勒. 战略与结构[M]. 孟昕，译. 昆明：云南人民出版社，2002：3-4.

[6] 杨锡怀，王江. 企业战略管理：理论与案例[M]. 北京：高等教育出版社，2010：318-320.

[7] 杨阳. 基于战略管理的行政组织结构优化研究[D]. 武汉：武汉科技大学，2011.

[8][9] Porter M E. 竞争战略[M]. 陈小悦,译. 北京：华夏出版社,2003：5－36,2－3.
[10] 武书连. 再探大学定位[J]. 科学管理研究,2002(10)：26－30.
[11] 项振乐,杜欢政. 论高等学校战略管理[J]. 有色金属高教研究,1998(6)：55－57.
[12] 王孙禺. 高等教育组织与管理[M]. 北京：高等教育出版社,2008：90－91.
[13] 周远清. 中国高等教育的改革与发展[J]. 华夏文化,2011(3)：6－8.
[14] 袁东,李爱民. 中国大学组织结构同质化探析[J]. 中国高教研究,2013(7)：37－41.
[15] 北京体育大学. 发展规划处简介[EB/OL]. [2013-05-30]. http：//fzgh.bsu.edu.cn/bmjj/index.htm.
[16] 武汉体育学院. 发展规划处[EB/OL]. [2011-07-02]. http：//www.wipe.edu.cn/www/fzghc/html/jgsz/13.html.
[17] 北京市教育委员会,北京市发展和改革委员会. 关于首都体育学院"十二五"发展规划的批复[Z]. 2013-04-15.
[18] 北京体育大学. "十二五"事业发展规划[Z]. 2013-05-18.
[19] 武汉体育学院. 2014 年度学校目标管理实施方案[Z]. 2014-07-05.

护理硕士专业学位制度的生成和制度化过程分析

——以北京大学为例

孙宏玉

(北京大学教育学院)

[**摘要**] 本研究以护理硕士专业学位制度在我国的生成和制度化过程作为研究对象,以北京大学为例,采取新制度主义的微观分析模式,探索在高等院校护理硕士专业学位制度的生成过程中,高校、政府、市场三者的角色和作用。在护理硕士专业学位制度的生成和发展中,高校的自主改革在制度生成阶段起了重要的作用,政府在制度化的过程中作用明显,市场则在不同时期为制度变革提供了一定的空间。

[**关键词**] 新制度主义;护理硕士专业学位;高校;政府;市场

An Analysis of the Formation and Institutionalization of Master of Nursing Specialist Taking -Peking University as an Example

SUN Hongyu

Abstract: This study takes the Master of Nursing Specialist in our country as the research object, via a case study of Peking University, and adopts the micro-analysis mode of the new institutionalism to explore the roles of university, government and market in the formation and institutionalization of the Master of Nursing Specialist. In this process, the independent reform of universities played an important role in the institution formation phase, the government made significant effect in the process of institutionalization, and the market provided a certain amount of space for the institutional reform in different periods.

Keywords: new institutionalism; Master of Nursing Specialist; university; government; market

一、背景与研究问题

21世纪,中国社会进入了制度变革与创新时代。大学不再只是政府的有关高等教育建设计划的执行机构,而是拥有一定决策权、自主办学权和获得资源渠道的独立法人机构。大学可以根据人才市场的需求和自身发展的需要,通过自身的努力,自下而上地进行改革与创新。中国专业学位研究生教育制度创新的重要源泉就在于高校内部的自主改革,这是专业学位研究生制度变迁的基础和前提。我国自1991年开始实行专业学位教育制度以来,经过二十几年的努力和建设,专业学位教育发展迅速,取得了显著的成绩。目前,我国已基本形成了以硕士学位为主,博士、硕士、学士三个学位层次并举的专业学位体系。

本案例以北京大学护理学院为个案,以制度研究为主要分析框架,以护理硕士专业学位在我国的生成和制度化过程作为研究对象,通过分析高校在我国护理硕士专业学位制度的生成过程所扮演的角色和发挥的作用,来展现中国专业学位研究生教育制度创新的独特路径。

具体案例的背景:2007年,北京大学护理学院针对人才市场对护理专科化的高层次人才需求的变化,进行了关于设置护理硕士专业学位的必要性调研并形成了调研报告;2008年,北京大学护理学院试点开始招收护理硕士专业学生;2009年,受国务院学位办的委托,北京大学护理学院牵头进行了"在中国设置护理硕士专业学位的必要性"的调研报告并提交国务院学位办,同时提交了护理硕士专业学位的指导性培养方案及办学的基本要求;2010年1月,国务院学位委员会第27次会议审批并通过了《拟增设硕士专业学位设置方案》,并在3月18日下发了金融硕士等19种新增专业学位设置方案,其中包括护理硕士专业学位;[1] 2011年,全国28所院校获批开始招收护理硕士专业学生;2013年,新一轮的护理硕士专业学位硕士点开始申报,条件更加放宽,鼓励院校积极申报护理硕士专业学位,以满足人才市场的基本需求;2014年,58所护理院校获批新增护理硕士专业学位授权点,截至2015年,全国有护理硕士专业学位授权点的院校总计86所。目前,我国将护理硕士专业学位定位为培养具备良好的政治思想素质和职业道德素养,具有本学科坚实的基础理论和系统的专业知识、较强的临床分析和思维能力,能独立解决本学科领域内的常见护理问题,并具有较强的研究、教学能力的高级护理专门人才。[2]

二、分析框架及概念

本研究使用的主要分析框架是"制度分析"。在社会科学界,"制度分析"即"Institutional Research"。在不同的学科内,对于这一词的理解差异较大,但总的来说,都是将"制度"视为社会的基本组成部分或运行机制,研究制度的生成、发展和变迁的过程与机制。[3] 在社会学中,制度被理解为包含规则、规范与文化认知三个方面的要素,能不断再生产出来的围绕着对人或资源的权利(或权力)而形成的人群或组织之间的互动框架。制度构成的三要素之间并不是递进式的关系，而是共存于某一制度之中；同时，由这些要素所构成的规制性制度、规范性制度或认知文化制度，都可能共存于组织的环境中。[4]这三大要素在将制度外延扩展的同时，也动态化了制度本身。三个要素之间相互影响和渗透，使得对“制度”概念的探讨必须进入对“制度化”过程的研究。制度不再是一个固定的结构或模式，而是存在于不断发展或变迁的“制度化”过程之中。在这个意义上，制度分析就是对制度化过程的分析，即制度分析成为一种过程方法，这类研究强调制度的产生和变化。[5]

新制度主义是在20世纪70年代后期兴起的一个充分关注组织与外部环境，特别是制度环境的理论学派。它将其研究焦点放在组织生存的制度环境上，强调组织是开放系统，组织的架构以及运作都受到社会性建构的观念体系和规范所体现的制度环境的影响。新制度主义强调制度环境对组织与组织行为的约束性并不是指组织只能被动消极地适应服从制度环境的规定，基于组织生存的需要，组织也会采取相应的策略措施以应对甚至改变制度环境的限制。[6,7,8]

组织分析中，新制度主义的经典理论讨论的核心内容是组织的合法性与同形性。新制度主义的代表人物梅耶认为，理性化的文化规则是组织建构的基础。随着现代化进程和现代国家建设的过程，理性渗透进了生活的方方面面，其他因素必须与这种理性化一致以获得合法性。[4]大学是组织的典型，所以其成败的标准就在于其组织结构和行为是否符合人们对大学应该为何样的价值判断。符合这一标准就具有了合法性。然而，强调合法性，并不意味着组织只能被动地适应外在环境的需要。新制度主义在后期的发展中，开始关注组织在制度变迁中的能动性，即认为制度的生成和变迁都是在组织与环境的博弈中形成的。[3]

新制度主义对概念的扩展、对合法性的重视、强调组织在与环境博弈中的自主性以及引入组织利益的观点，都为本研究提供了很好的理论分析工具。护理硕士专业学位的生成过程及制度化过程，根据新制度主义理论分析的框架，分析这一制度产生的外部环境和政策变化的基础，体现了高校内部的自主改革行为。按照新制度主义的理解，这一制度的产生也和社会对护理高层次人才的需求密切相关。

由于教育改革相对滞后于经济改革，人们对中国高等教育改革的研究较多从宏观背景变化、外部力量推动、政府政策导向等方面入手，高等教育机构自身的改革更多被看作应对环境变化、迫于外部压力的被动之举。近年来，国内高等教育兴起的院校研究热虽然将研究的重点放在高等教育机构自身，但这在一定程度上限制了这类研究从更大范围内揭示高等教育机构自身改革与社会整体改革所具有的密切联系和复杂互动管理。必须看到，中国的高等院校，特别是国家重点大学在社会上和人们心目中占有重要地位，而社会转型期所特有的在某些方面“市场缺失”与“政府失灵”现象的存在，为大学提供了更大的自主活动空间，使大学可以在社会规则重构、制度创新中发挥更积极的作用。在高等教育机构，院校内部的自主改革尝试可能是制度变迁的基础和前奏。

因此，结合不同时期中国高等教育研究制度变迁的影响因素，本文主要分析在护理硕士专业学位制度形成过程中，院校、政府以及人才市场需求三者相互作用的过程。护理硕士专业学位的生成过程的分析包括社会和政策背景、社会对高层次应用型人才需求的推动和院校内部研究生培养机制改革的分析。对护理硕士专业学位的制度化分析包括制度获得合法性、院校的推动作用及制度化的深层意义（见图 1）。

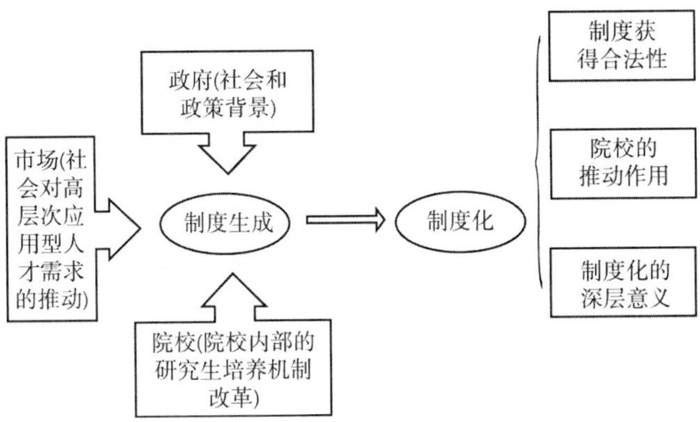

图 1　本研究的理论框架

三、护理硕士专业学位形成过程简介

我国护理学专业的研究生教育始于 1992 年，北京医科大学护理系成为全国的首家护理硕士学位授权点。[9]到 2008 年，全国已有 57 家护理院校获批护理科学学位授权点。2011 年之前，护理学属于临床医学的二级学科。临床医学专业学位的授予标准中要求研究生能独立处理本领域（二级学科）的常见病，达到国家卫生部颁发的《住院医师规范化培训实行办法》中规定的第一阶段培训结束时要求的临床工作水平。由于护理学专业的特点，使得护理学专业硕士研究生难以达到临床医学专业学位的授予标准，因此，我国多数院校的护理学专业实行的是单一的科研型培养，毕业时授予医学科学硕士学位。

2005 年，卫生部公布的《中国护理事业发展规划纲要（2005—2010 年）》在具体目标和工作任务中明确指出，要根据临床专科护理领域的工作需要，有计划地培养临床专业化护理骨干，建立和发展临床专科护士。[10]2007 年，北京大学护理学院针对人才市场对护理专科化高层次人才市场需求的变化，进行了关于设置护理硕士专业学位的必要性调研并形成了调研报告；2008 年，北京大学护理学院试点开始招收护理硕士专业学生；2009 年，受国务院学位办的委托，北京大学护理学院牵头进行了“在中国设置护理硕士专业学位的必要性”的调研，对全国 57 所已开办护理硕士研究生教育的院校进行了调查，并提交了《护理硕士专业学位设置方案和指导性培养方案》的调查报告；2010 年，国务院学位办颁发《关于印发金融硕士等 19 种硕士专业学位设置方案的通知》(学位〔2010〕15号),护理硕士专业学位设置方案获得批准。[1]

虽然卫生部首先指出“要培养临床专科化护理骨干,建立和发展临床专科护士”,但是培养的试点和研究工作则主要由院校完成。在这项工作中,院校经历了自下而上的由院校建议、尝试且最后经政府认可批准的过程。那么,院校提出设置护理硕士专业学位的动力何在?支撑院校自身行为的理性基础是什么?院校自身的愿望与行为又怎样为政府所采纳,进而转化成新的制度形式?在护理硕士专业学位这一新的制度的生成过程中,院校、政府、市场之间的互动与博弈会呈现怎样的场景?为更好地回答这些问题,我们将进入院校内部,以北京大学护理学院为例,对问题进行微观的考察与分析。

四、护理硕士专业学位制度的生成

(一)外部环境和政策变化的基础——政府的引导作用

随着护理学科的发展,以及免疫学、生物技术的进展和临床大量先进科技和仪器的应用,器官移植的普遍开展,专科研究的不断深入,需要一批有临床专业知识和管理能力及系统科研思维能力的临床型高级护理人才,也就是临床护理专家。这是医疗卫生事业发展的需要,也是护理学学科本身发展的需要。国外成为临床护理专家的基本条件就是专业学位的硕士水平。[11]自1992年开展护理研究生教育以来,我国多数院校的护理学专业实行的是单一的科研型培养,毕业时授予医学科学硕士学位,培养类型仅限于学术学位,培养的人才以教学、科研型为主,没有突出护理学科的应用性与实践性特征。因此,不完善的护理研究生学位类型已经不能适应社会发展的需求,并直接影响到我国护理学科的发展和人才培养的质量。

2007年1月,国务院学位委员会第23次会议明确提出,要适应经济、社会发展需要,宏观设计,总体规划,积极发展专业学位教育,并成立了专业学位总体设计研究课题组(简称课题组),负责研究设计专业学位发展的总体方案,统筹规划我国专业学位教育的发展。“积极发展专业学位教育”的方针为院校的自主改革提供了方向和政策上的合法性。

(二)社会对高层次应用型人才的推动——市场的需求

现代护理已经逐渐发展成一门独立的学科,护理理念、工作环境和工作范畴也在不断发展变化。为了适应这些变化,社会需要专家型的护士,即专科护士,履行管理者、教育者、健康顾问等职责。[12]同时,护理人才需求也表明,不仅需要科研能力强的护理研究者、教育者,也需要能够直接服务于临床、社区各领域的实践型高层次护理人员。所以,有研究者认为,我国护理研究生教育应由培养护理教师、护理管理者为主,转向培养临床专科护士为主,培养立足护理临床实践、融通护理理论的护理专家,使中国护理逐步走向专科化发展的道路。[13]美国某州的专科护士中硕士占75.0%,博士占16.5%,而我国现已取得专科护士资格的护士中,具有本科学历的只有 19.1%，大专学历占 52.4%。[14]这些现象引起了我国一些教育者的思考，并在改革研究生培养方式方面找到了解决方法，进而提出设置护理硕士专业学位。

2008 年，北京大学护理学院申报获批了医学部研究生教育改革的重点课题“护理学设置专业学位的调查研究”。本研究以护理部主任或副主任、副主任护师以及具有本科学历的护士作为研究对象，了解他们对开设专业型护理研究生教育的观点和看法，探讨护理学研究生教育设置专业学位的必要性、可行性和方式，为设立护理硕士专业学位提供依据和参考。通过对北京大学 12 家附属及教学医院的 20 名护理部主任或副主任、32 名副主任护师及 371 名具有本科学历的护士进行问卷调查和访谈，95%的护理部(副)主任、94%的副高及以上职称的护士以及 80%的本科学历护士均认为开设专业学位护理研究生教育是十分必要的。但是，访谈结果也显示，目前开展护理硕士专业学位研究生教育存在一些问题，如临床目前能够承担研究生指导工作的师资不足，生源难以达到招生条件，通过入学考试有一定难度等。

结合当前实际，此次调查提出以下建议：建议采用学院和医院联合培养的方式进行专业型护理研究生培养，以解决临床师资力量不足的问题；培养目标要强调科研能力和临床专科知识、技能并重，使其在完成培训后能更好地胜任专科护理工作，更好地服务于临床；采用导师组形式指导学生，导师组成员可以包括护理学院老师、医院护士以及愿意参与护理教育的医生，通过这种形式，取长补短，更有利于培养出高质量的高级临床护理人才。

(三) 院校内部研究生培养机制的改革——高校的自主性

2009 年，受国务院学位办委托，北京大学护理学院成立护理硕士专业学位研究论证工作组，在全国范围选择已经开办护理学研究生教育的院校(共 57 所)，函询其护理学院(或系)负责护理教育的教师，就在我国设置护理硕士专业学位及此学位的设置方案、指导性培养方案等情况进行调查研究，为我国增设护理硕士专业学位提供依据和参考。该研究形成了《关于拟增设护理硕士(暂定)专业学位的专家论证调研报告》《护理硕士专业学位设置方案》及《护理硕士专业学位研究生指导性培养方案》，并提交国务院学位委员会办公室。报告中指出，设置护理硕士专业学位的原因如下：①护理工作需要直接参与临床护理实践的高层次、应用型、专科型护理人才；②是护理专业化发展及与国际护理硕士教育接轨的需要；③是改革和完善我国护理学专业硕士研究生培养体系的需要；④护理学是应用性、实践性学科的性质。研究论证专家一致同意设置护理硕士专业学位，对统一学位名称、设置的必要性进行了调查。在借鉴国外护理硕士专业学位经验的基础上，专家们对护理硕士专业学位研究生的设置目的、招生条件、培养目标、培养模式、教学方式和方法、课程设置等方面做出了规定。其中，63.3%的专家认为护理硕士专业学位研究生的培养模式应该是以临床护理实践为主，辅以一定的课程学习和科研(论文)训练；所有专家均认可护理硕士专业学位研究生应用的教学方式是临床实践。[16]

在广泛调查研究的基础上，北京大学护理学院制定了护理硕士专业学位研究生招生要求，并根据临床需求和师资力量初步制定了专业学位培养方案；数次召开导师研讨会，积极研讨培养方案的可行性并进行修改，在 2008 年 9 月首次试点招生。护理硕士专业学位的招生条件规定为"护理学本科毕业，具有学士学位，具有两年临床护理工作经历，并具有注册护士执照"。北京大学护理学院护理硕士专业学位的培养目标明确定位为培养高层次、应用型和专科型护理人才，采取护理学院导师和临床医院导师（或副导师）联合指导与指导小组集体培养相结合，"理论课学习及护理学专业相关方向的临床实践为主"的培养方式，硕士生的学习时间主要用于课程学习、临床能力训练和完成学位论文，学制为 3 年。

对于护理硕士专业学位培养实践，临床训练是很重要的部分：主要是护理学专业基础训练，以与研究方向相关的科室轮转为主，临床能力训练时间不少于 30 个月（含科研训练及学位论文）。为了更好地帮助专业学位研究生完成临床实践，要建立规范的临床教学基地的遴选标准和要求，体现专业学位的职业性、实践性和专业性。

总之，在实施护理硕士专业学位的试点工作中，北京大学护理学院有很明确的"组织利益"需求：根据临床需求设置培养方向，不断修改和完善护理硕士专业学位研究生的培养方案。这些改革均具有北京大学护理学院自身的特色。

五、护理硕士专业学位的制度化

各高校在护理硕士专业学位研究生的重要性和培养目标方面达成了共识，但对于其培养模式、方向等问题，特别是课程设置问题尚处于探索阶段，各个试点院校开设的课程也不尽相同。课程体系的建设是落实培养目标的核心，随着专业学位研究生培养的启动，迫切需要构建具有护理专业特色的课程体系，拓展研究生的知识结构。

（一）与国外院校合作，共同开发护理硕士专业学位的核心课程：国外院校的推动作用

北京大学护理学院自 2008 年起就积极开展与澳大利亚部分大学的合作交流项目，与澳大利亚墨尔本市天主教大学（ACU）洽谈双方在护理专业学位研究生领域的课程建设合作，旨在立足于我国对高层次专科护理人才培养的需要，通过合作共同建设护理专业学位研究生课程体系，培养更多的专科型高层次的护理人才。该合作项目由双方教师共同组成课程建设小组，就课程教学大纲、授课内容和考评方式等进行了多次沟通和研讨，结合国际专科护理的发展动态和国内专科护理现状，合作进行护理硕士专业学位特色课程建设，由双方教师共同承担教学任务，且邀请澳大利亚天主教大学（ACU）、复旦大学、香港理工大学的专家进行专题讲授。

通过几年的建设，在课程设置方面，护理学院专业学位基本形成了护理专业实

践基础课程Ⅰ和Ⅱ、高级护理实践能力培养Ⅰ和Ⅱ、专科护理实践课程Ⅰ和Ⅱ共计6门的主干课程，包含专科领域病理生理及药疗监护理论与实践知识、专科护理实践的标准、专科护士的角色和职责范围、专科护士的伦理和法律责任、决策能力和循证护理的过程、专科护理实施整体护理、团队合作技巧、时间与训练等内容；初步形成了与护理科学学位显著区分的课程框架，结合硕士专业学位培养要求的公共课程，已形成比较完整的具有护理硕士专业学位特色的课程体系。[17]

（二）与国内院校合作，共同建设专业学位的核心课程，推动专业学位的整体发展

2011年，28所护理院校获批专业学位硕士授权点；2014年，新增了58所护理硕士专业学位授权点。特别是很多新增护理硕士专业学位授权点院校的专业学位研究生培养尚处于起步阶段，对于《护理硕士专业学位全国指导性培养方案》中规定的四门专业基础课尚属于空白，亟待建设。鉴于此种情况，北京大学护理学院作为护理专业学位教指委分委会牵头单位，申报了教育部学位管理与研究生教育司专业学位研究生教育指导委员会建设项目“护理硕士专业学位研究生核心课程建设研究”，项目的目标如下：①确定我国护理硕士专业学位研究生核心能力要素，应用科学的研究方法，构建一套符合我国当前护理教育特点、适应社会发展需求的护理硕士专业学位研究生核心课程体系；②推广核心课程建设成果，在全国范围内进行资源共享，培养更多能胜任岗位需求的高素质护理人才，促进研究生培养质量的提高。护理硕士专业学位研究生核心课程建设方案如下：按照护理硕士专业学位研究生的培养模式与定位，参考国内外护理学专业硕士学位培养状况分析，专家组确定重点建设四门核心课程，即高级病理生理学、高级药理学、高级健康评估、循证护理实践。

核心课程建设的指导思想：护理硕士专业学位的课程设置要充分反映护理实践领域对专门人才知识与素质的要求，以培养学生的临床护理实践能力为主，注重学生临床思维和独立解决本学科领域内的常见护理问题的能力培养。核心课程建设的特点：①充分考虑护理学专业硕士毕业生的工作特点，注重培养临床分析和思维能力；②采取进阶式设计，与本科课程既有有机衔接，又有提高。核心课程教学和推广方式：采取网络线上教学和线下实践指导相结合的方式，采用MOOC和微课以及翻转课堂的形式教学，四门核心课程的网上资源与全国设置护理硕士专业学位院校的资源共享，从而推动我国护理硕士专业学位的建设和发展。

（三）院校的自主与自律以及国家的质量监管并存：制度化的深层次意义

护理硕士专业学位正式获批后，部分高校争先扩大护理硕士专业学位研究生的招生数量。然而，北京大学护理学院没有大幅扩招，而是精益求精，稳步前进，确保专业学位的办学质量。完善的评估体系是保证教育质量的前提。北京大学护理学院在护理硕士专业学位研究生的培养过程中，逐渐形成了一个系统的评估体系，结合多种方式考核研究生的综合能力。考核方式包括小组讨论、个案汇报、操作考

评、笔试等,通过制定详细的临床轮转评价表、出科考试等监控临床实践过程。在研究生培养过程中进行阶段考核,分为笔试和面试两种形式,由医学部学位评定委员会护理学专业分会组成考核委员会进行考核,考核科目包括专业课、专业外语、临床技能和临床思维能力。其中临床技能和临床思维能力主要考核研究生是否具有规范的临床护理技能和独立处理临床专科领域中常见护理问题的能力。[17]通过各种质量监控手段来确保护理专业学位的办学质量。

2015 年教育部学位与研究生教育发展中心对 2011 年获批的 28 所护理硕士专业学位的院校进行专项评估。评估范围是 2009—2011 年获得授权的护理专业学位授权点,2013 年新增的 56 所护理专业学位授权点院校三年后参评。评估组织受国务院学位委员会和教育部的委托,护理专业学位授权点的评估工作由全国医学专业学位研究生教育指导委员会组织实施,由教指委委员及有关专家组成评议专家组开展相关工作。评估内容主要是护理硕士专业学位授权点研究生培养体系的完备性,包括师资队伍(队伍结构、导师水平)、人才培养(招生选拔、培养方案、课程教学、学术训练或实践教学、学位授予)和质量保证(制度建设、过程管理、学风建设)等。在院校自主办学的同时,国家层面的质量监督也很重要,这也体现了专业学位制度化的深层含义。

六、几点思考与讨论

在护理硕士专业学位制度的生成与发展过程中,政府在制度生成阶段起了引导作用,高校起了主要作用,并且高等院校在制度化的过程中作用明显,市场则在不同时期都提供了制度变革的空间。

在我国护理硕士专业学位的制度生成过程中,存在有利于制度生成的环境。其中,政府的支持和市场的推动作用为制度的生成提供了空间。政府方面,2007 年 1 月,国务院学位委员会第 23 次会议明确提出,要适应经济、社会发展需要,宏观设计,总体规划,积极发展专业学位教育,但并没有具体规定高校的服务行为,即哪些专业需要设置专业学位教育,这同时也为高校提供了改革的空间和扩大其传统功能的政策合法性基础。如何使用这种空间和政策,要高校自主选择和决定。市场方面,当时护理硕士科学学位研究生在临床工作上的劣势也逐渐凸显,而且在如今复杂的临床环境下,迫切需要具有专业知识的高级护理人才。所以,高校自身的改革意愿与尝试在这个阶段的作用就非常突出。护理硕士专业学位试点工作正是高校自主改革的结果。

在护理硕士专业学位的深层制度化过程中,政府的作用增加了,因为政府的权威在法律规则的颁布与修改、管理机构的设置、宏观政策的调整方面不可替代。在我们所看到的护理硕士专业学位的制度变迁中,市场的需求也是很重要的一个环节。但并不是市场需求的变化带来政府对大学功能在理解和认识上的变化,进而引起大学组织自身合法性的危机,而是大学通过改革获得新的制度合法性。在合法性的前提下,院校的自主和自律以及政府监管的并存,也促进了我国护理硕士专业学位的良性发展。

参考文献

[1] 国务院学位委员会. 关于印发金融硕士等 19 种硕士专业学位设置方案的通知[EB/OL]. [2013-05-03]. http://www.chinadegrees.cn/xwyyjsjyxx/gjjl/zcwj/268310.shtml.

[2] 史静寰,郭歆. 院校与研究生教育的制度创新:工程硕士专业学位的生成及制度化过程研究[J]. 教育研究,2005(6):13-19.

[3] 郭建如. 社会学组织分析中的新老制度主义与教育研究[J]. 北京大学教育评论,2008(3):136-151.

[4] [美]理查德·斯格特,阎凤桥. 比较制度分析的若干要素[J]. 北京大学教育评论,2007(1):2-14.

[5] 周雪光. 西方社会学关于中国组织与制度变迁研究状况述评[J]. 社会学研究,1999(4):28-45.

[6] [美]理查德·斯格特. 组织理论:理性、自然和开放系统[M]. 黄洋,译. 北京:华夏出版社,2002.

[7] 周雪光. 组织社会学十讲[M]. 北京:社会科学文献出版社,2003.

[8] 郑修霞. 护理教育学概论[M]. 北京:北京医科大学出版社,2002.

[9] 郭燕红. 以贯彻落实《中国护理事业发展规划纲要》为契机全面推进护理事业的健康发展[J]. 中国护理管理,2007(8):6-7.

[10] 孟萌,姜安丽. 临床护理专家的发展现状与趋势[J]. 护理研究,2007(7):571-574.

[11] 高敏,李晓芳,张巧妮,等. 临床护理专家角色职能及资格认证的分析[J]. 护理研究,2009(36):3294-3296.

[12] 曹轶. 我国专科护士的培养与发展[J]. 护理研究,2007(5):385-387.

[13] 沈世琴,朱京慈,李涛. 临床护理专家的角色功能及发展趋势[J]. 解放军护理杂志,2001(6):17-18.

[14] 孙宏玉,路潜,王志稳,等. 护理学研究生教育设置专业学位的调查研究[J]. 中华护理教育,2010(2):51-53.

[15] 孙宏玉,王文焕. 增设护理学硕士专业学位的调查研究[J]. 中华护理教育,2011(3):99-102.

[16] 孙宏玉,魏征新. 护理硕士专业学位课程体系建设经验与探讨[J]. 护理管理杂志,2012(5):324-325.

地方性高职院校的发展策略选择*

——基于资源依赖理论视角

郑永进
(南京大学教育研究院)

[摘要] 地方性高职院校作为开放系统,其自身的生存与发展离不开外在环境的资源供给,从而形成了依赖关系。这种依赖关系是相互的。地方性高职院校可以通过在办学定位上体现服务性,构建以他方为中心的相互作用大学;在办学理念上体现特色性,打造高职教育品牌;在人才培养上体现适应性,培养适应未来的人。从而寻求依赖与自治的平衡,从自恋、自怜走向自强,与外部环境建立一种和谐、共赢的关系。

[关键词] 资源依赖理论;地方性高职院校;发展策略

Choice of Development Strategy of Local Higher Vocational Colleges —From Resource Dependence Theory Perspective

ZHENG Yongjin

Abstract: As an open system, the existence and development of local higher vocational colleges rely on resources supplied from the external environment, hence forms a dependency relationship. This kind of dependence is mutual. The local higher vocational college can embody its service in the orientation of college education, constructing the interaction with other universities; it can show its unique characteristics of the educational philosophy, creating the brand of higher vocational education; it can reflect the adaptability in personnel training to train the students to adapt to the future. Then it can seek the balance between dependence and autonomous from the narcissistic and self-pity, to achieve self-improvement. Finally it will establish a harmonious, win-win relationship with

* 安徽省人文社科项目“基于绩效考核视角的高职院校执行力提升研究”(SK2013B566)的阶段性成果。

the external environment.

Keywords: resource dependence theory; local higher vocational colleges; development strategy

韦恩·K. 霍伊(Wayne K. Hoy)认为,一个开放系统的发展不仅受外部环境的影响,而且需要从外部环境获得资源。地方性高职院校是指由市(地、州)级政府投资举办的高等职业院校,其办学经费来源主要包括地方政府的财政经费和学生的学费。一般而言,地方性高职院校没有悠久的办学历史,没有耀眼的办学品牌,没有雄厚的办学实力。在高等教育大众化和区域化的大背景下,随着区域经济社会的发展逐渐走向理性,已有地方政府开始对地方性高职院校的存在价值进行质疑,诸如市级地方政府是否有义务出资举办高等教育,地方性高职院校能否培养满足区域需要的高素质技能型人才,地方性高职院校能否做到多方位为地方经济社会发展服务等,从而引发了地方性高职院校身份认同危机。与此同时,面对生源逐渐萎缩,高职院校间的竞争日益激烈,地方性高职院校的生存与发展面临重大挑战。本文试图从资源依赖理论的视角,探寻地方性高职院校的发展策略。

一、资源依赖理论的阐释

20 世纪 60 年代以后,组织研究的重点从组织内部转向组织与环境的关系问题,从封闭系统模式转向开放系统模式,其中资源依赖理论、种群生态理论和新制度主义理论最为盛行。[1]"资源依赖理论将环境视为实现组织任务和组织运作而获取稀缺资源的场所。"[2]具体而言,资源依赖理论至少包含四重含义:一是组织体作为一个开放系统,必须与外部环境要素进行交换以获取生存必需的资源;二是组织体和外部环境处于相互依存的关系,既彼此依赖又彼此影响;三是组织体可以采取措施调整对外部环境的依赖程度;四是组织体的外部环境不应被看作客观现实,一个组织体如何确定环境取决于它怎么看待和解读环境。[3]斯科特强调,所有组织作为开放系统,自身都不完整,都需要依靠与环境中的其他组织进行交流才能生存下去。[2]组织所需要的资源一般包括财政、人力(师资、学生等)、信息和知识(研发成果和评估方案)以及产品和服务。[2]

基于资源依赖理论的视角,地方性高职院校作为一个开放系统,其自身的发展需要与外部环境中的其他组织进行交流。一方面,地方性高职院校依赖外部的组织为其提供生存和发展必需的资源,如政策、资金、人力资源等,主要表现为学校对环境的依赖;另一方面,地方性高职院校作为独立的组织体,作为高等教育的重要组成部分,需要一定程度的独立自治,主要表现为办学自主性。地方性高职院校如何认知、看待和解读环境,并在此基础上选择合理的发展策略和有效的应对措施,寻求依赖与自治的平衡,与外部环境建立一种和谐、共赢的关系,是我们需要进一步重点探讨的内容。

二、影响地方性高职院校的外部环境分析

目前,对高校的环境分析主要是从政府和市场这两个维度进行的,政府出资办学为高校提供必需的政策和资金资源等;市场根据经济社会发展需要选择毕业生和技术服务等,为高校解决"产品"的出路问题。以上两个维度主要从高校的进口和出口两个方面分析,相对还比较笼统。依据波特的"五力模型"理论,本文从出资者、消费者和竞争者三个维度,对地方性高职院校的环境进行认知和分析。

(一) 出资者

对于地方性高职院校而言,其经费来源主要包括两个部分:一是地方政府的财政拨款,二是学生所缴的学费。因此,地方性高职院校的出资者主要是地方政府和所招收的学生。政府出资办教育的主要出发点是提高国民素质,提高国际竞争力。而地方政府在 GDP 指标考核的前提下出资办高等教育,服务地方经济社会发展的动机更强烈。学生缴费入学,旨在投资人力资本,实现自身价值增值。有学者研究表明,对于地方性高校而言,自 2005 年以后,政府投入的财政经费占办学总经费的比例呈逐年下降趋势;至 2010 年左右,其比重已降至 35%左右。[4] 2004 年之后,地方高校的预算内拨款增速低于地方财政收入的增速,可以认为,地方政府对高校的投入并未跟上其自身财力增加的步伐。[5]与此同时,政府经费投入的区域差异比较明显,东部落后省份和中西部人口大省由于财政收入较低,对地方高校的财政支持力度也相对较低。[5]这种趋势下,地方性高职院校对学生的学费依赖程度逐渐增大,相当一部分学校需要通过不断扩大招生规模解决办学经费问题。因此,出现全体教职工招生,甚至安排学生回家乡宣传招生的"全员招生"现象也就不足为怪。

(二) 消费者

地方性高职院校的"产品"主要是提供教育服务、所培养的毕业生以及技术服务。消费高校教育服务的"顾客"主要是指学生,需要学校提供完善的学习环境和优质的教育服务。所培养的毕业生如愿顺利就业是地方性高职院校生存发展的关键。而毕业生就业需要市场和社会(即用人单位)接纳,技术服务需要相关的企业或组织"买单"。综上所述,对于地方性高职院校而言,其消费者主要包括学生、市场的用人单位和有技术服务需求的组织。近年来,高等教育特别是高等职业教育飞速发展,规模建设快于内涵建设,一定程度上出现了人才培养质量还不够高、所培养的毕业生被社会拒斥、技术服务很难满足企业需求等一系列问题。

(三) 竞争者

地方性高职院校作为高校的一部分,在办学过程中,需要与其他高职院校、本科院校,甚至是重点高校一起竞争办学资源,特别是政策资源、资金资源和生源。在当今的社会文化大背景下,"官本位文化"依然严重,从事生产一线的工作还是不

被多数人看好，多数家长希望自己的子女能够在办公室中工作，即所谓的“白领”。与此同时，从事基层一线工作的“蓝领”的待遇也不尽如人意，多数情况下明显低于“白领”。在社会地位和物质待遇均不尽如人意的情况下，报考高职院校成了学生的无奈之举，在没有机会选择更好学校的前提下就读了高职院校。在当今依然是高考分数论英雄的前提下，地方性高职院校的生源质量显得更加不理想。地方性高职院校在招生时，能够“吃饱”就显得不易，无从谈起选择理想的生源，更无从谈起选材施教。另一方面，从高职院校就业现状来看，与本科院校特别是应用型本科院校相比，由于是专科学历，往往处于弱势，总体就业层次不高。再加上当前的公务员考试、事业单位招考等社会选择人才的通道，往往在很大程度上进行学历限制，很多机会高职院校的毕业生没有资格参与，进一步导致高职院校毕业生的社会认可度降低。

综合以上分析，影响地方性高职院校的外在环境主要包括以下几个方面：一是地方政府，主要通过政策和资金等方面对地方性高职院校进行影响；二是生源，主要通过学校选择进行影响；三是市场，主要指用人单位和需要技术服务的组织，主要通过提供工作岗位和消费技术服务对学校进行影响；四是其他高校在政策、资金和生源等资源上的相互博弈。具体如图 1 所示。

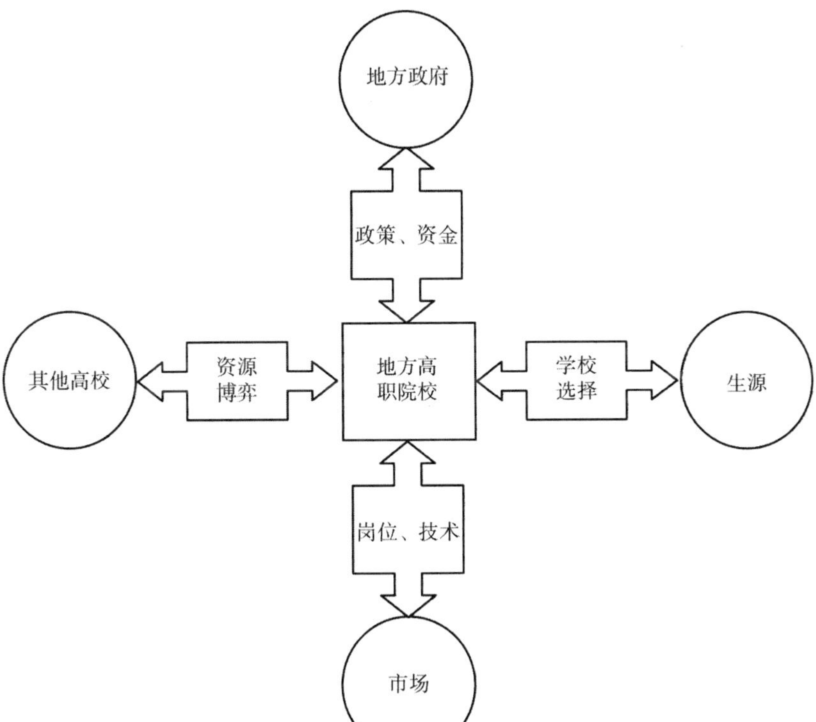

图 1　地方性高职院校环境分析图

三、地方性高职院校的战略选择

依据资源依赖理论,地方性高职院校作为开放系统中的组织体,为了生存与发展,必须采取有效的策略应对,以寻求自身和外在环境在依赖与自治中的平衡。

(一) 办学定位要体现服务性: 构建以他方为中心的相互作用大学

地方性高职院校到底如何定位、为谁服务,这似乎是显而易见的教育哲学命题。随着高校区域化的进一步发展,很多地方性高校已经逐渐认识到,办学的关键就是要使他们的学校与当地的"政、企、行"形成一种有意义的"相互作用关系",构建以他方为中心的相互作用大学。"相互作用大学"是一种新型大学,起源于美国20世纪90年代,其核心是以他方为中心,是美国迎接新经济时代的产物,主要表现在它能主动适应新经济社会发展的需要。"相互作用大学不仅是美国新时代、新经济的产物,同时也是大学改革的一种战略。"[6]

构建相互作用大学需要做好以下五个方面[6]:以他方为中心的积极态度,构建具有弹性的大学基本结构,大学与所在社区相结合,大学获得所在社区的尊重和所在社区的尊重对大学的挑战。所谓以他方为中心的积极态度,就是要求地方性高职院校不仅愿意而且能够吸收所在区域的公民成为学校发展的"利益相关者"或"共同产权人"。具体而言,地方性高职院校一方面要主动融入所在的区域,另一方面要能够吸收区域的公民成为学校的利益相关者,与所在的区域同生共荣。所谓构建具有弹性的大学基本结构,就是要求地方性高职院校要具有适度的规模、精干高效的组织结构和灵活的专业设置体制。具体而言,地方性高职院校的办学规模要适度,要依据区域经济社会发展的需要和具体的办学能力确定办学规模;精简机构和内部行政管理人员,设置扁平化的精干高效的内部组织机构;加强市场调研,跟踪毕业生就业信息,根据市场的人才需求和毕业生就业情况灵活设置办学专业。所谓大学与所在社区相结合,就是地方性高职院校要致力于社区的发展,切实解决社区面临的问题,也就是说,高校要切实关心所在社区的建设发展,发挥自己的智力优势,解决社区面临的问题,如结对共建、送科技下乡等技术服务。所谓大学获得所在社区的尊重,就是要看所在区域的各界人士,包括地方领导,是否愿意把自己的孩子或亲戚推荐过来上学,是否会以选择这所当地大学而感到自豪。所谓所在社区的尊重对大学的挑战,就是地方性高职院校要应对区域提出的新要求,展现自身价值,发挥地方性高职院校在繁荣社区经济、提高人民生活质量方面的作用。

构建以他方为中心的相互作用大学,要求地方性高职院校反思自身的价值存在,转变办学思维,办学眼光由内转向外,明确服务他方的办学定位,"以服务求支持,以贡献促发展",从自恋、自怜走向自强。

(二) 办学理念要体现特色性: 打造高职教育品牌

对于地方性高职院校而言,如何回应区域对学校的要求和挑战,如何在高等教育大众化不断深入的前提下立于不败之地,关键是要在办学理念上体现特色性。

所谓的特色性，应体现在以下三个方面：一是地方性高职院校办学应依托区域资源优势；二是学校专业设置应依托区域行业、产业；三是学生培养应依托区域用人单位。[7]具体而言，地方性高职院校应根据所在区域资源禀赋、产业优势办学，主动寻求与地方政府、行业、企业合作的对接点，进行全方位、多层次、深领域合作，提高人才培养质量，打造自身办学特色，打造高职教育品牌。例如，某区域“二产”具有比较优势，特别是汽车产业发达，则地方性高职院校可以围绕汽车产业设置相关专业群：一方面可以满足区域产业发展的人才需要和技术需要，达到学用一致，资源共享与互补；另一方面也可以通过校企合作，发挥区域产业、企业资源优势，进行全面深入的岗位培养，提高人才培养质量。

（三）人才培养要体现适应性：培养适应未来的人

对于生源和用人单位而言，人才培养的质量是关键。到底要培养什么样的人，值得办学者反思。教育部在《关于推进高等职业教育改革创新引领职业教育科学发展的若干意见》中将高等职业教育的人才培养目标界定为“高端技能型专门人才”。这一界定使用了3个关键词，分别是“高端”“技能型”和“专门”，反映了三个方面的特征：一是相对性，所谓的高端是指群体中处于较高层次的人员，数量相对较少；二是实践性，技能型人才的主要特征就是实践性，培养技能离不开实践，要具有丰富的实践经验；三是针对性，主要是针对某一行业、某一领域的专门人才。综上所述，“高端技能型人才”可以解释为“掌握专门知识和操作技能且具有丰富实践经验的高素质劳动者”。从理性分析而言，专门知识和操作技能是短期内可以培养的，但丰富的实践经验不是短期内（2～3年）能培养而成的，而是在多年的生产劳动过程中实践、钻研和磨炼出来的。因此，有学者认为，高技能人才既不能“大力培养”也不可能在比例上“有较大增加”，高职院校无论采取怎样的培养模式，所培养的一定是准职业人才，而非高端技能型人才。[8]这引发了高职院校人才培养目标定位的危机。

传统的假设认为，教育在某种程度上要为适应未来经济和工作场所的变化而变化，学校根据未来经济需要不断进行调整，以适应未来需求。这种假设的困境在于，目前还没有严格的方法可以预测50年后将会在技术和组织上出现什么样的改变。[9]因此，教育该如何适应未来？内生增长理论认为，教育之所以能提高劳动生产率，其核心是教育提高了劳动者适应变化的能力；并非教育增加了劳动者完成工作所需要的知识和技能，提高了精确性和个人产出，以及劳动者从事复杂工作、担任更高职位的可训练性。[9]因此，美国学者亨利·M.列文研究认为，21世纪的人才培养应以适应性作为主要目标。

地方性高职院校如果囿于现实的需求，甘愿做“工业的侍女”[10]，在人才培养上与行业、产业亦步亦趋，培养当前的高技能人才，由于教育的滞后性，所培养的人才只能满足短时期的社会需求，而无法保证学生个体的可持续发展。因此，笔者认为，地方性高职院校的人才培养目标定位应寻求现实与未来的平衡，培养具有适应性的高技能人才。具体在培养目标上应体现以下三个大的方面[9]，一是价值观和态度方面，主要包括：①主动性，即培养学生独立思考和行动的动力及创新能力；②团队，即与他人进行建设性的、目标导向性的互动，非正式和正式的同行辅导、咨询和培训等。二是综合技能方面，主要包括：①学习技能，促进新知识获取的认知和情感技能；②获取和使用信息的能力，判断哪种信息是相关的，知道如何去获得并使用信息；③解决问题的能力，识别问题，对原因进行假设检验，提出多种解决方案及其结果，选择一种解决方案，并实施该方案；④跨文化技能，懂得如何与来自不同文化（包括语言、交流方式、价值观）的人共事。三是专业岗位知识技能方面，主要包括专业岗位的理论知识和实践技能。

四、结语

地方性高职院校作为高等教育的一部分，肩负着使高等教育大众化和区域化的重要使命。地方性高职院校作为开放系统，其自身的生存与发展离不开外在环境的资源供给，从而形成了依赖关系。然而这种依赖关系是相互的。地方性高职院校可以通过在办学定位上体现服务性，构建以他方为中心的相互作用大学，与外界资源供给组织同生共荣、互惠互利，实现自身的价值存在；通过在办学理念上体现特色性，依据地方资源优势办学，打造高职教育品牌，体现自身的独特性并实现价值增值；通过在人才培养上体现适应性，寻求现实与未来的平衡，培养适应未来的人，体现人才培养的超前性，从而寻求依赖与自治的平衡，从自恋、自怜走向自强，与外部环境建立一种和谐、共赢的关系。

参考文献

[1] 马迎贤. 资源依赖理论的发展和贡献评析[J]. 甘肃社会科学，2005(1)：116－119.

[2] [美]韦恩·K. 霍伊，[美]塞西尔·G. 米斯克尔. 教育管理学：理论研究实践[M]. 范国睿，主译. 北京：教育科学出版社，2007.

[3] [加]查强，[加]丹尼尔·兰. 大学之比较：兼析多伦多大学选择同型大学的案例[J]. 教育研究，2004(3)：29－35.

[4] 郭秋平. 大学办学定位分析：资源依赖的视角[J]. 教育发展研究，2013(1)：18－21.

[5] 宗晓华. 地方高等教育财政投入及其影响因素[J]. 高等教育研究，2010(11)：41－48.

[6] 王保华，张婕. 大学与社会共生：地方高校发展的模式选择：从美国相互作用大学看我国地方高校的发展[J]. 高等教育研究，2003(5)：57－61.

[7] 胡世明. "三层对接"探索地方高职院校办学特色[J]. 中国高等教育，2010(13，14)：52－54.

[8] 柴福洪. 何谓高端技能型专门人才[J]. 当代职业教育，2011(12)：1.

[9] [美]亨利·M. 列文. 教育如何适应未来：以美国教育为背景的探讨[J]. 新华文摘，2013(14)：137－142.

[10] 操太圣. 高校问责制中自治与外控的冲突及其化解策略[J]. 徐州工程学院学报：社会科学版，2013(1)：104－108.

网络教育课程学习成绩影响因子分析*

——以工程数学为例

马羽安
(浙江大学教育学院)

[**摘要**] 学习成绩是体现课程教学质量和学生学习效果的重要指标之一。本文以参加网络教育工程数学课程期末考试的学生为研究对象,基于网上学生的各种学籍信息和学习数据,利用 SPSS 软件分析了学生的性别、所属学习中心、平时作业成绩等数据对工程数学课程期末笔试成绩的显著性影响水平,对性别影响成绩等假设进行了真伪验证,得到了态度、能力、环境和知识储备 4 个影响因子,并提出了相关的改进建议,为开展针对性的教学管理工作提供了参考依据。

[**关键词**] 网络教育;学习成绩;影响因子;工程数学

A Research on Impact Factors of Academic Record in Online Education -A Case Study of Engineering Mathematics Course

MA Yu'an

Abstract: Academic record is an important indicator to reflect the teaching quality for a course and studying result for students. Base on the data of online learning and archives of students taking part in the final exam of engineering mathematics course, this paper analyses the significant level for some data and verifies several hypotheses, and four impact factors are found out: attitude, ability, environment and knowledge reserve. Some suggestions are also recommended to improve teaching management.

Keywords: online education; academic record; impact factor; engineering mathematics

* 基金项目:本文系浙江大学2014年继续教育研究课题"网络教育质量保障体系的构建与实施"的阶段性研究成果。

一、导论

20世纪90年代以来，随着计算机网络、卫星网络和通信网络的发展，我国的远程教育从函授教育形态向多媒体教学形态发展，进入了一个主要以互联网为载体的网络教育阶段。从1999年教育部启动现代远程教育试点项目至今，已经经历了15个春秋。期间我国网络教育取得了巨大的进步，在实现了规模跨越式发展的同时，在课程资源建设与共享、人才培养模式、学生支持服务、教育信息和技术、公共服务体系建设等方面均取得了重大突破。

随着网络教育的社会影响力日益提高，对网络教育质量的关注也逐渐成为一个社会热点，通过对网络教育学生的课程考试成绩来评价学习效果，是目前教学质量评价中较普遍使用的一种手段。学生学习成绩受到哪些因素的影响，如何提高学生的学习成绩，采用何种方法来开展研究，这些问题都是学习效果评价中必须研究的方面 。

二、国内文献综述

(一) 关于成绩影响因素的分析

大学生的学习成绩及其影响因素历来为教育界所关注，很多学者都基于不同的研究角度提出了影响因素。其中，大学生的学习动机对学习成绩存在直接影响，二者之间存在着因果关系；[1]再进一步细分，内生学习动机与学习观、一般自我效能感、学习效能感存在显著正相关，外生动机与这些因素多为显著负相关。[2]学习兴趣在学习过程中具有元动力作用，对创新学习与创新人才成长极为重要。[3]学习压力对大学生来说是一把双刃剑，对大学生学习压力进行合理疏导，使其保持适当的张力，既可以激励大学生奋发学习，又可以避免其产生心理问题。[4]除学生自身的因素外，学生对学习环境的感知，对其学习成绩具有显著的影响。[5]也有学者认为，由学习考勤记录与课堂提问成绩组成的平时成绩，与学习总成绩呈现极其显著的相关，证明学习态度对学习成绩具有重要的影响。[6]

上述的研究者分别从学习动机、学习环境、学习兴趣、学习压力以及学习能力等方面，探讨其和大学生学习成绩之间的关系。但是这些研究仅从单一方面出发，对于影响因素的整体考虑和分析的研究比较少。

对影响大学生成绩的多因素的研究比较有代表性的是冯丽霞，她通过构建多元线性回归模型，实证研究了影响大学生学习成绩各个因素的关系。研究结果表明，学习动机、学习环境、学习兴趣、学习态度、学习压力和困难以及学习能力这几个维度都不同程度地影响着学生的学习成绩。[7]类似的还有郑学谦对山西某大学管理、信息和经济三个专业的大一学生进行问卷调查，分析了大一新生对数学的学习态度和方法、教师教法以及入学高考数学成绩与大学数学成绩的关系。[8]

也有一些学者专门针对网络教育学习者的学习成绩开展了多因素的分析。比较有代表性的是衷克定和梁玉娟分析了网络学习社区的结构特征与远程学习者的学习成绩之间的关系，认为学习社区结构的教育性、技术性和社会性这三个影响因素的交互作用对学习绩效有显著影响。[9]王昭君认为，影响网络学习成效的四大关键要素分别是学生特性、网络课程特性、学习平台特性和教学互动，并分析得出结论：网络课程的课程内容、呈现方式以及学习平台的特性对学习成效都有显著性影响，而其他影响因素对学习成效没有显著性影响。[10]

(二) 关于影响因素分析的研究思路和方法

研究方法是指在研究中揭示事物内在规律的工具和手段，受研究角度、研究内容等条件的作用，又反过来对研究结果有重要的影响。目前，国内学者对于影响因素进行分析，比较有代表性的研究方法和思路有以下两种。

一种较普遍的思路是基于事实和问题的归纳研究。例如，学者冯丽霞在研究大学生成绩影响因素时，首先对于相关的文献开展了检索，采用了问卷调查法，通过自编问卷来考察大学生学习成绩的影响因素；在问卷中采用了5等级李克特量表来表示被调查者对调查项目的情感程度。然后对问卷的数据进行信度和效度检验，对这些变量进行描述性统计，简要说明这些指标。最后构建多元线性回归模型来考察学生学习成绩和相关因素之间的关系，所使用的回归软件是SPSS 18.0。[7]类似的研究思路还有翟忠美等对护理专业学生学习成绩影响因素的分析[11]，王昭君对2006年秋学期某网络教育学院“经济学原理”课程的学生学习成绩研究[10]以及张玲等对大学生高等数学的考试成绩影响因素的研究[12]。

另一种思路是基于理论和假设的演绎研究。例如，李锋亮等在开展远程教育学习者学习成绩影响因素的研究时，首先提出了研究框架和理论假设，再对学生问卷调查结果进行数据分析来对假设进行验证。[13]

综上所述，对于影响因素分析的研究可以采用归纳、演绎等多种方式开展，将抽样方法、访谈法、问卷调查法、文献分析法、统计方法等综合，以便更有效地开展研究。单一地采用某一种研究方法的情况较少见。采用的统计分析软件多为SPSS。

三、案例介绍

浙江大学远程教育学院是教育部批准的首批网络教育试点之一，自2005年开始与浙江大学电气工程学院合作开设“电气工程与自动化”专业。工程数学课程是该专业的一门重要的专业必修课，是理论研究和实际应用的重要数学工具。该课程的学习能为该专业后续课程的学习和应用奠定必要的数学基础。

然而，该课程多年以来考试通过率不甚理想。学习中心和学生对此意见很大，直接影响了该专业的招生情况和毕业率，在学习过程中甚至发现了部分学生因课程难度过高而出现消极学习和考试的不良后果。为了能提高工程数学课程的学习效果，保持一个较为合适的合格率水平，必须认识和分析影响他们期末成绩的因素，从而有针对性地制定改进措施，完善这门课程的培养计划。

四、统计分析

(一) 数据收集和变量设定

本文的研究对象为电气工程与自动化专业学习工程数学课程的本科生。笔者根据最大样本原则(即总体),通过浙江大学远程教育学院管理平台,整理了报名参加2014年春夏学期工程数学课程期末考试的电气工程专业的411名学生基本信息。

本文针对不同学生的同一门工程数学课程进行研究,因此来自教师角度的因素可以视为一个常量,而来自学生角度的因素为变量。网络教育的一个重要优势在于网络服务器能收集和记录学生的网络学习数据,所以每个远程学生都有自己的电子学籍档案,详细记录了各类学籍信息和课程学习信息。通过对这些数据进行整理分析,可以提取出11个主要的变量,分别为性别a,学习中心b,前置专业c,前置学历d,入学考成绩e,是否在职f,年龄g,平时作业成绩h,在线课件点播次数i,在线课件学习时长j和考试成绩k。

本文的数据分析软件为SPSS 16.0,定义各变量并输入数值,建立SPSS数据文件。

变量的操作性定义如下:

①性别a:学生性别。

②学习中心b:学生所在学习中心的层次,按管理和服务水平高低分为重点建设学习中心、重点支持学习中心、普通学习中心。

③前置专业c:学生之前学习层次的所在专业,分为理工类(如计算机、土木、电气)和非理工类(如人文、社科)。

④前置学历d:学生之前的学历,分为大专、本科和研究生。

⑤入学考成绩e:学生的入学考试(英语、高等数学)的总成绩;若免试入学,默认为缺失值。

⑥是否在职f:学生是否有固定的工作。

⑦年龄g:学生的实岁。

⑧平时作业成绩h:学生在工程数学课程学习中提交的平时作业的百分制成绩。

⑨在线课件点播次数i:学生点播工程数学课程网络课件的次数。

⑩在线课件学习时长j:学生在线学习工程数学课程网络课件的时间总值,单位为分钟。

⑪考试成绩k:工程数学课程笔试的卷面分数。

本文初步设计的分析图如图2所示。

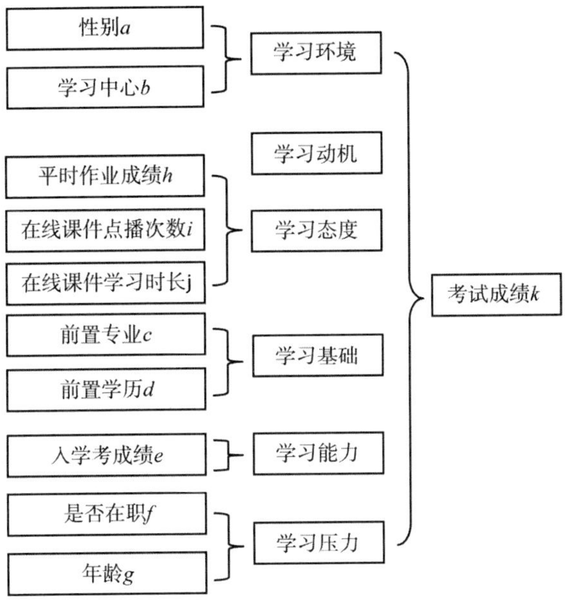

图 2 影响考试成绩的维度和数据

学习动机因缺乏相关的数据而无法体现,本文暂不研究。

(二) 研究假设

根据前期的调研基础和直观经验,笔者做出初始的研究假设,认为图 2 中左边 10 个变量与学生学习工程数学的考试成绩相关。具体而言,每个因素和考试成绩之间在暂不考虑其他条件的影响下,有如下几个初始的研究假设。

假设 1:男生比女生有更高的工程数学考试成绩。

假设 2:管理规范的学习中心,学生的考试成绩更好。

假设 3:前置专业为工科的学生,比前置专业为非工科的学生考试成绩更高。

假设 4:学生的前置学历越高,考试成绩也越高。

假设 5:学生的入学考成绩越高,考试成绩也越高。

假设 6:在职的学生,学习成绩更高。

假设 7:学生年龄越小,考试成绩越高。

假设 8:学生的平时作业成绩越高,考试成绩越好。

假设 9:学生的在线课件点播次数越多,考试成绩越好。

假设 10:学生的在线课件学习时长越长,考试成绩越好。

(三) 应用 SPSS 开展相关分析

1. 提出零假设

针对假设 1~假设 10,各提出零假设 H0=0(无显著关系)和备择假设 H1≠0(有显著关系)。

2. 运用相关分析验证假设

通过对变量 a 至 k 的含义进行分析，可以得知 a,c,d,f 属于称名变量，b 属于顺序变量，e,g,h,i,j,k 属于比率变量。开展相关分析时，称名变量 a,c,d,f 和顺序变量 b 对于比率变量 k 属于“质与量相关”，比率变量 e,g,h,i,j 与 k 属于“积距相关”。

对于质与量相关，应选用 Eta 值，并利用 Pearson 积距相关的检验方法进行显著性检验。执行“Analyze”—“Descriptive Statistics”—“Crosstabs”菜单项，得到如表 1、表 2 所示输出结果。

表 1　Directional Measures

			Value
Nominal by Interval	Eta	性别 Dependent	0.484
		考试成绩 Dependent	0.071

表 2　Symmetric Measures

		Value	Asymp. Std. Error[a]	Approx. T[b]	Approx. Sig.
Interval by Interval	Pearson's R	−0.071	0.051	−1.332	0.184[c]
Ordinal by Ordinal	Spearman Correlation	−0.068	0.052	−1.276	0.203[c]
N of Valid Cases		355			

注：[a] Not assuming the null hypothesis.

[b] Using the asymptotic standard error assuming the null hypothesis.

[c] Based on normal approximation.

（其他结果略）

统计决断：因为 Eta＝0.484，$P=0.184>0.01$，所以在 0.01 的显著性水平上接受 H0，拒绝 H1。因此，从总体上，考试成绩和性别不存在显著的相关。

同理，对其他变量也用同样方法进行相关性检验，得到的结果如下：学生的考试成绩和前置学历以及是否在职存在显著的相关，而和学习中心层次、前置专业类别无显著相关。

对于积距相关，应选用 Pearson 积距相关的检验方法进行显著性检验。执行“Analyze”—“Correlate”—“Bivarite”菜单项，选择“Pearson”复选框，得到如表 3 所示输出结果。

表 3 Correlations

		入学考成绩	年龄	平时作业成绩	在线课件点播次数	在线课件学习时长	考试成绩
考试成绩	Pearson Correlation	0.139*	0.144**	0.133*	0.288**	0.238**	1
	Sig. (2 - tailed)	0.019	0.007	0.012	0.000	0.000	
	N	287	355	355	355	355	355

注：*. Correlation is significant at the 0.05 level (2 - tailed).

**. Correlation is significant at the 0.01 level (2 -tailed).

对于 5 个变量来说，因为 $P<0.05$，所以在 0.05 的显著性水平上都拒绝 H0，接受 H1。因此，从总体上来看，考试成绩和入学考成绩、年龄、平时作业成绩、在线课件点播次数和学习时长均存在显著相关。但在 0.01 的显著性水平上，对于入学考成绩和平时作业成绩，$P>0.01$，所以相关性不显著。

综合上述的统计决断，对上述假设 1～假设 10 的判断结果如下：假设 1、假设 2、假设 3 不成立，其他假设均可视为成立。具体解释为：学生的性别、所在学习中心和前置专业，对工程数学课程的考试成绩影响不大。

3. 因子分析

相关分析只能描述变量之间的共变关系，并不能揭示其内在的因果关系。由于变量的个数较多，相互之间还存在着相关性，增加了分析问题的复杂性。因此，在验证了多个变量之间的假设之后，还需要进行进一步的因子分析，将原来的变量重新组合成几个较少的彼此相互独立的因子，并了解因子的实际含义。

用 SPSS 进行因子分析，执行“Analyze”—“Data Reduction”—“Factor”菜单项，并进行相关对话框的设置，得到相关统计分析数据。

输出结果的主要数据分析如下。

(1) 表 4 为 KMO 检验和 Bartlett 球形检验的结果。结果表明，KMO 值为 0.534，稍偏小。Bartlett 球形检验表明，近似卡方值为 157.058，P 为 0.000，小于显著性水平 0.01，因此拒绝 Bartlett 球形检验的零假设，认为适合因子分析。

表 4 KMO and Bartlett's Test

Kaiser-Meyer-Olkin Measure of Sampling Adequacy		0.534
Bartlett's Test of Sphericity	Approx. Chi-Square	157.058
	df	45
	Sig.	0.000

(2) 进行因子分析,按一定标准确定提取的因子数目,并解释含义。

从载荷表(见表5)可以看出,所有变量都有较高的载荷,其含义比较模糊,需要再进行因子旋转。

表5 Component Matrix[a]

	Component			
	1	2	3	4
在线课件学习时长	0.755	0.212	0.055	0.138
在线课件点播次数	0.684	0.337	0.150	0.107
平时作业成绩	0.542	−0.090	0.223	−0.212
前置学历	−0.038	0.568	0.186	0.111
是否在职	−0.185	0.561	0.304	−0.153
入学考成绩	0.356	−0.559	0.051	−0.270
年龄	0.321	−0.015	−0.717	0.023
前置专业	0.128	−0.396	0.500	0.498
学习中心	−0.050	−0.146	0.457	−0.599
性别	−0.167	−0.186	0.188	0.552

Extraction Method: Principal Component Analysis.

注：[a]. 4 components extracted.

表6是按照方差极大法对因子载荷矩阵旋转后的结果。经过旋转之后,每个因子的含义更加清楚。第一个因子反映了"平时作业成绩""在线课件学习时长""在线课件点播次数"变量,可以命名为"态度因素"。第二个因子反映了"入学考成绩""是否在职""前置学历"变量,可以命名为"能力因素"。第三个因子反映了"学习中心""年龄"变量,可以命名为"环境因素"。第四个因子反映了"前置专业""性别"变量,可以命名为"知识储备因素"。

表6 Rotated Component Matrix[a]

	Component			
	1	2	3	4
在线课件学习时长	0.783	−0.010	−0.155	0.005
在线课件点播次数	0.763	−0.164	−0.075	−0.003
平时作业成绩	0.531	0.212	0.259	−0.051
入学考成绩	0.207	0.637	0.257	−0.016

续 表

	Component			
	1	2	3	4
是否在职	0.012	−0.618	0.259	−0.126
前置学历	0.141	−0.592	−0.012	−0.003
学习中心	−0.012	0.089	0.748	−0.153
年龄	0.149	0.304	−0.589	−0.394
前置专业	0.160	0.169	0.118	0.777
性别	−0.136	−0.027	−0.155	0.599

Extraction Method: Principal Component Analysis.
Rotation Method: Varimax with Kaiser Normalization.

注：[a]. Rotation converged in 6 iterations.

(3) 计算并保存因子得分。

根据表 7 所示的因子得分系数矩阵表,可以得到以下的因子得分函数:

$F_1 = -0.072X_a + 0.001X_b + 0.327X_c + 0.114X_d + 0.115X_e + 0.106X_f + 0.038X_g + 0.057X_h + 0.484X_i + 0.488X_j$

$F_2 = -0.032X_a + 0.076X_b + 0.138X_c + 0.098X_d - 0.451X_e + 0.471X_f - 0.459X_g + 0.229X_h - 0.158X_i - 0.044X_j$

$F_3 = -0.164X_a + 0.647X_b + 0.236X_c + 0.068X_d - 0.010X_e + 0.228X_f + 0.224X_g - 0.480X_h - 0.049X_i - 0.116X_j$

$F_4 = 0.524X_a - 0.171X_b - 0.050X_c + 0.667X_d + 0.018X_e - 0.039X_f - 0.103X_g - 0.319X_h + 0.024X_i + 0.031X_j$

表 7 Component Score Coefficient Matrix

	Component			
	1	2	3	4
性别	−0.072	−0.032	−0.164	0.524
学习中心	0.001	0.076	0.647	−0.171
平时作业成绩	0.327	0.138	0.236	−0.050
前置专业	0.114	0.098	0.068	0.667

续 表

	Component			
	1	2	3	4
培养层次	0.115	−0.451	−0.010	0.018
入学考成绩	0.106	0.471	0.228	−0.039
是否在职	0.038	−0.459	0.224	−0.103
年龄	0.057	0.229	−0.480	−0.319
在线课件点播次数	0.484	−0.158	−0.049	0.024
在线课件学习时长	0.488	−0.044	−0.116	0.031

Extraction Method：Principal Component Analysis.
Rotation Method：Varimax with Kaiser Normalization.
Component Scores.

表 8 为因子得分的协方差矩阵。所得到的因子应该是正交的，不相关的。由表 8 可知，不同因子之间的协方差均为 0，也证实了 4 个因子是不相关的。

表 8　Component Score Covariance Matrix

Component	1	2	3	4
1	1.000	0.000	0.000	0.000
2	0.000	1.000	0.000	0.000
3	0.000	0.000	1.000	0.000
4	0.000	0.000	0.000	1.000

Extraction Method：Principal Component Analysis.
Rotation Method：Varimax with Kaiser Normalization.
Component Scores.

五、结论与建议

经过上述分析，本文认为，态度、能力、环境和知识储备是影响网络教育学生的工程数学课程成绩的 4 个因子。具体来说，学生的学习态度端正，学生投入越多的时间和精力完成作业和课件学习，该课程的成绩就越高。学生的学习能力也是一个重要的因素，入学考对学生的学习能力的确起到了鉴别作用，在职的学生也体现出了比非在职的学生更高的通过率，而之前已经获得的学历层次越高，课程的学习效果也越好。学习中心的学习环境和学生不同年龄段所处的生活环境，组成了影响学生成绩的环境因素。另外，学生原有的知识储备，也起到了一定的影响作用。

基于上述研究结论，提高网络教育的课程教学质量，不仅是课程主讲教师的责任，还需要办学高校、学习中心和学生的共同努力。本文提出如下建议。

（1）办学单位的教学管理工作需要根据课程教学情况，加强对学籍入口的管理，强化入学考试的人才选拔功能，保证学生具有必要的学习能力，不能因为经济利益而对报名者全盘招收。针对在职成人学生的特点，也可以采用除了笔试之外的多种方式，注重结合学生的工作经历来综合考核学生的学习能力。采取有效的督学和促学措施引导学生学习，可以适当采用一些外部的激励，如设立优秀学生奖，提供一定的奖学金，或将学习时长纳入考核的范围中，鼓励学生多投入学习时间；也可以通过网络校园文化建设和优秀学生的典型示范等方式激发学生的内在学习动力，积极开展网上交流和学习，认真对待学习过程，而非仓促迎考，临时准备。

（2）学习中心要加强自身建设，加大对远程教育的软硬件投入，为学生提供良好的学习支持服务，从而吸引更多优秀的学生就读。在学期中，利用网络平台对学生的学习情况进行跟踪和监督，提醒学生保持课程学习的连贯性，及时反馈和解决学生的各类学习障碍和困难。在学习过程中，可以组织小组学习和同伴互助等方式，加强学生之间的联系和交流，形成一个有效的学习团队。开展一些摄影、登山等课余活动也已被证明能有效地促进学生之间的交流。

（3）学生的个人因素对考试成绩影响较大，综合能力的培养是达到课程考核要求的重要前提和基础。因此，学生除了端正学习态度之外，还应开展广泛的阅读或增加生活和工作的知识积累，掌握网络学习的技巧，培养良好的网络学习习惯，善于思考分析，将所学理论结合自身工作实际，做到举一反三，也会提高课程的学习效果。

利用因子分析法对网络教育的学生数据和课程成绩进行分析和综合评价，可以了解影响教学效果的各因子的具体情况，为解决教学存在的问题提供工作思路，便于办学单位开展有针对性的管理工作，提高教学质量。这种评价方法是完全利用数据通过统计分析方法得到的，评价过程减少了个人主观因素的干扰，评价结果更加客观，更符合实际情况。

我们也必须注意到，本研究中的工程数学课程是新生第一个学期学习的课程。在学生尚未完全适应网络教育的学习模式和方式时，学生受原先的学习因素影响较大，分析其初始的学籍信息具有一定的作用和价值。但学生一旦进入了高年级，适应新的学习模式和学习环境之后，形成了自己新的学习习惯，可能会脱离原先的学习因素的影响。此时，原有分析结果的信度和效度都会受到较大的影响，研究的重点更应该侧重于学生实时的学习过程、学习心理和学习环境等方面。如何全面地考察影响学生学习效果的各方面因素，仍然是下一步需要深入研究的目标与方向。

参考文献

[1] 李凤杰，刘文. 大学生学习动机结构、发展特点及其对学业成绩的影响[J]. 高等教育研究，2007(3)：26 - 28.

[2] 周琰. 大学生的学习观及其与学习动机、自我效能感的关系[J]. 心理科学，2008(3)：732 - 735.

[3] 娄延常. 学生学习兴趣与创新人才的培养[J]. 复旦教育论坛，2004(2)：68 - 71.

[4] 徐曼. 大学生学习压力状况调查与分析[J]. 思想教育研究，2011(2)：91 - 94.

[5] 陆根书，杨兆芳. 学习环境与学生发展研究述评[J]. 比较教育研究，2008(7)：1 - 6.

[6] 殷雷. 学习态度与学习成绩的相关研究[J]. 心理科学，2008(6)：1471 - 1473.

[7] 冯丽霞. 大学生学习成绩影响因素研究[J]. 中国电力教育，2013(272)：213 - 214.

[8] 郑学谦. 独立学院学生数学成绩影响因素分析[J]. 经济师，2012(11)：96.

[9] 衷克定，梁玉娟. 网络学习社区结构特征及其与学习绩效关系研究[J]. 开放教育研究，2006(6)：69 - 73.

[10] 王昭君. 影响网络学习成效关键因素探究[D]. 上海：华东师范大学，2007.

[11] 翟忠美，张金沙，韩昌洪. 护理专业学生学习成绩影响因素分析[J]. 齐鲁护理杂志，2013(6)：32 - 33.

[12] 张玲，董玉才，宋爱斌. 大学生高等数学的考试成绩影响因素的分析和思考[J]. 时代教育，2010(2)：51 - 53.

[13] 李锋亮，郭蔚，汪启富. 对远程教育学习者学习成绩影响因素的实证分析：以奥鹏远程教育中心的学习者为例[J]. 现代教育技术，2010(9)：99 - 104.

变革时代的学校课程领导与改革

学校课堂教学变革的多重逻辑分析与有效路径建构

张文超　范　蔚
(西南大学教育学部)

［摘要］学校课堂教学变革存在政府、学校、教师等多重主体。由于利益追求的不同,政府、学校与教师在课堂教学变革中遵循不同的行为逻辑,这些行为逻辑的博弈导致学校课堂教学变革实践中理念混乱、行为失调、动力不足等问题。针对这些问题,学校从理念、行动与机制三方面构建了协调多重逻辑、整合多重力量、创新行动机制为一体的实施路径。

［关键词］学校课堂教学变革;多重逻辑;有效路径

The Multiple Logical Analysis and Effective Path Construction of Classroom Teaching Reform

ZHANG Wenchao, FAN Wei

Abstract: There are multiple subjects in classroom teaching reform, such as government, school, and teachers. Because of the different interests, they follow different behavior logic. These behavior logic games result in concept confusion, behavior disorders, being underpowered, and other issues in classroom teaching reform practice. Against this background, based on the relevant idea, action and mechanism, the implement approach is constructed by coordinating multiple logic, integrating multiple power, and innovating the mechanism of action.

Keywords: classroom teaching reform; multiple logic; effective path

党的十八届三中全会做出深化教育领域综合改革的决定。教育领域改革最终要落实在学校层面,即实现学校课堂教学方式方法的变革。在学校课堂教学变革的相关研究中,较多关注新型教学模式的设计与实施、变革的问题与趋势、变革的外部体制与机制等。实际上，学校课堂教学变革最为重要的因素是“人”，学校课堂教学变革中“人”的主动性与能动性的发挥，决定着变革的成效。因此，关注学校变革中各种主体的逻辑，分析其逻辑冲突问题，进而寻求有效的实施路径，对于深化课堂变革具有重要意义。

一、学校课堂教学变革的多重逻辑分析

学校课堂教学变革是一个复杂的动态过程[1]，这个过程涉及多重主体参与，不同主体会产生不同的制度逻辑。所谓制度逻辑，指的是某一领域中稳定存在的制度安排和相应的行动机制，这些制度逻辑诱发和塑造了该领域中相应的行为方式。[2]就学校课堂教学变革而言，存在三种影响最为直接的主体：课堂变革的推动力量(政府)、课堂变革的实施主体(学校)、课堂变革的执行主体(教师)。三种主体由于各自权利不同，必然形成不同的思维方式与行为方式，即各自的逻辑，这种逻辑的博弈推动课堂教学变革的进程。

1. 政府逻辑——理想的浪漫主义

政府是教育改革的领导者，包括国家层面的教育部和地方层面的教育行政部门。政府实施教育改革的初衷是教育为国家战略服务。我国的教育方针是教育必须为社会主义现代化建设服务，必须与生产劳动相结合，培养德、智、体等方面全面发展的社会主义事业的建设者和接班人。改革开放30多年来，我国社会政治、经济、文化等各领域发生了深刻变化，传统教育已经满足不了社会发展对人才素质的要求，为了与这种变化需求相适应，国家推动了以素质教育为方向的教育改革。

显然，政府进行教育改革遵循的是一种理想的浪漫主义逻辑，这种逻辑遵循“研究、开发与传播”的课程变革模式。这种模式的基本特点是：假设存在一个以理性为基础、清晰可分的工作阶段，并把课程变革作为一种技术化、线性发展的过程，研发团体处于变革的中心，课程变革从中心走向外围。[3]在具体实践中，中央政府于2001年实施了新一轮课程改革，课程改革以西方建构主义等理论为依据，在课程理念、目标、内容、实施和评价等方面进行了全新的设计，并通过政府性文件《基础教育课程改革纲要(试行)》颁布实施；地方政府通过组织教师培训和学校的绩效考核，推动课程改革实施。课改十多年，教育改革并没有收到理想的效果。有调查表明，新课改教师满意度仅为24.6%[4]。一项10个省市课堂教学方式方法的调查研究也认为，新课改提倡的“自主、合作、探究”的学习方式并没有真正意义上的实现。[5]显然，以顶层设计和行政力保障实施的新课改并没有收到理想效果，这种理想与现实的差距源于政府过分迷信自己的权利，是一种“大政府、小社会”的政府职能观的体现。所谓“大政府、小社会”，通俗地讲，是指社会管理活动中政府的权限过大，社会的权限过小。在教育改革领域中，政府应该对教育改革总体方向进行规划，对教育改革体制机制进行设计，但是至于怎么改革、构建什么模式，则应结合区域学校实际，尊重教育教学发展规律。改革的效果既取决于政府“有形的手”，

也取决于教育规律“无形的手”。

2. 学校逻辑——现实的实用主义

学校是教育改革的基层实施单位，也是课堂教学变革的主导者。学校实施课堂教学变革通常有三种类型：一是行政命令性的“被动变革”，这种变革是以地方政府的行政命令为缘由引发的学校被动变革。中央政府出台教学变革的政策法规，为了有效落实变革精神，地方政府通常会出台变革性的具体文件以指导地方学校落实变革任务，凸显地方变革政绩；这种情况下，学校往往以地方政府变革宏观纲要为顶层设计，被动地执行变革。二是特色发展的“主动变革”，这类学校通常是地方上的优质学校，学校师资状况较好、教学质量较高，处于发展中的黄金阶段。这种学校往往能抓住教学变革契机，以新理念为引领，结合自己学校实际，进行主动的变革。三是生存形势下的“倒逼”变革，这类学校刚刚起步或处于发展的没落期，学校教学质量没有得到当地老百姓认可，不变革则面临停办的危险。三种类型的变革既具有独立性，不同学校分属不同的变革类型，又具有一定的共时性；学校的变革在同一时间既接受政府指令，面临外部生存压力，同时又具有学校本身的主动变革愿望。

不管是何种类型的变革，学校遵循的都是现实的实用主义逻辑。这种实用主义概括为“有用即真理”。在学校课堂教学变革过程中，校长作为领导者，更多考虑的是学校自身的利益，这种利益主要表现在如下两个方面：一是学校领导者（校长）的利益。目前校长的任命方式为上级政府指派，基于这种经典科层制逻辑，学校校长在教学变革执行上会选择一种服从权威的“对上负责”行为，即对上级政府的教学变革无条件执行。二是学校生存发展的利益，即教学变革是否有利于教学质量的提升。这种“教学质量”在目前评价制度下更多地被限定为“考试分数”，因此，当政府推动的教学变革落实到学校，学校往往会结合自身的实际进行变通执行，从而使变革偏离最初的方向。

3. 教师逻辑——学科的经验主义

教师是学校课堂教学变革的直接实施者。教师教学都是在一定理念指导下进行的，因此，教学变革要成功，就必须把变革的新理念转换为教师自身的观念，进而影响改变课堂实践行为。在新理念与固有理念的转换过程中，教师往往会产生三种态度：一是全盘接受变革，认同变革理念，并在行为上进行大胆尝试；二是不认同变革理念，行为上表现为固守传统教学，或将新理念表面化、形式化；三是批判性地接受新理念，用新理念来更新传统理念，变革传统教学。

教师对待教学变革的三种态度反映出教师变革新理念与教师固有理念的博弈，这种博弈的根源在于教师教学变革中遵循的学科经验主义逻辑。长期以来，我国实行分科教学，这使教师的专业知识能力得到增强，但也形成了基于学科的经验主义逻辑。所谓学科经验主义，是指教师教学依赖于学科知识结构与学科教学所形成的经验，是教师长期从事教学所形成的认识论。这种认识论作用于学校教学变革，主要表现在如下两个方面：一方面在教学变革理念上，教师会依托学科教学经验对新的理念进行修正，使新理念与固有经验相适应；另一方面在教学实践上，教师会基于学科知识结构，对新的教学方式方法进行修正，使新的教学方式适合学科教学。

二、多重逻辑下学校课堂教学变革的矛盾与冲突

从以上分析可以看出，政府、学校、教师基于各自利益与权利所采取的不同措施与行为，对学校课堂教学变革产生了不同程度的影响，这种影响作用于课堂教学，决定着教学变革的成效。从中还可以看出，各种逻辑主体间存在利益的一致性，也存在矛盾与冲突，这种冲突突出表现在如下三个方面。

1. 多重逻辑下的“理念混乱”

从课堂教学变革的发生范式来看，当前学校课堂教学变革中，存在着“建构”与“渐进”两种变革范式。所谓“建构”，通常是政府与学校主导的变革行为，主要是依据一定的理论基础和价值取向，详细规划做好顶层设计，遵循社会发展需要，以行政力实施保证达到变革目标。例如，政府层面实施的新课程变革就是以“先破后立”“建构”的范式进行的课程变革。“渐进”式变革主要依据教育教学现状，在尊重教育与学科教学规律的情况下，根据社会发展需要，对教学层面中的一部分进行变革，意图以部分的改变带动整体的变革。这种变革通常由教师主体实施，更多地表现在课堂教学模式的变革，例如，李吉林的情景教育便是通过语文的情景教学进而上升到整个教育。课堂教学变革的过程是两种范式交互融合的过程。在这个过程中，如果一种范式的实施力度超越另一种范式的承载能力，便容易造成变革实施者的“理念混乱”，例如，新课改开始提出的“注重过程、淡化结果”理念与教师注重学生学习效果的理念冲突，教师在教学变革中便显得茫然而不知如何处理。

2. 多重目标下的“行为失调”

从学校课堂教学变革的目标来说，各逻辑主体的目标重点是不一致的，这种不一致集中在“生本”与“学本”的目标追求上。就政府层面而言，教学变革是基于“生本”目标追求的，即教学变革的最终目的是促进学生的发展。由此，政府在课堂教学变革中，要求教师树立“学生是学习主体”的教学观，课堂上充分尊重学生，营造良好的“习得环境”，淡化对学生的学业成绩评价等。就学校与教师层面而言，其变革虽然有“生本”追求的成分，但迫于“升学”和“家长要求”等现实，其变革目标重点集中在“学本”上，即变革是为了提高教学质量，促进学生学业成绩的提高。这种目标使其行动上主要以“有效”教学为价值追求，以学生学业成绩为评价标准。在这种双重目标下，学校与教师的变革行为显得束手束脚：一方面，迎接政府的抽检，宣传变革的“生本”追求；另一方面，在变革的具体操作上，又与“生本”追求相去甚远，这种冲突的目标取向导致变革的总体行为处于失调的状况，发挥不出各主体变

革的合力。

3. 多重主体下的“动力不足”

从学校课堂教学变革的动力来看，当前课堂教学变革表现出动力不足。变革的动力源于利益与权利的合理分配，课堂教学变革各主体利益追求的不一致，使其行为遵循不同的逻辑，这种不同逻辑实施的效果则受制于课程权力的大小。所谓课程权力，是指根据一定的目的来影响课程行为的能力，是一种权威性力量，依靠这种力量可以在课程方面造成某种特定的结果。它主要包括课程政策制定中的参与权、课程编制开发权、课程决策权、课程设置自主权以及课程实施权等，具体体现在课程计划、课程标准以及教科书的制定、决定和使用之中，也体现在课程内容的选择优化过程中。[6]尽管国家新课程改革已经实现了课程权利的下移，但就实施层面而言，政府主体依然存在权利过大的问题，主要表现在统一学校的课程安排、抽检学校的教学行为、评价学校改革效果等，甚至有些地方政府更进一步地规定了本地区课堂的改革模式、改革措施等。学校主体作为改革的主导者，尽管拥有自主设计校本课程的权利，但由于自身能力和现实主义取向，这种校本课程的设置依然受制于当地政府，从而使学校改革存在着“千校一面”的状况。教师主体受制于政府和学校，在课堂教学变革中基本处于“失语”的地位。作为政府和学校理念的执行者，教师课堂教学变革的权利相对较小；作为教学质量的直接承担者，其课堂教学变革的责任则比较重大。并且，教师变革很少有相关利益政策作为保障，权、责、利不匹配，从而使教师面对变革时往往做出三种不良反应：一是不敢变革，害怕承担失败的风险；二是不会变革，缺乏实施、推进变革的措施与方法，不知如何变革；三是不愿变革，存在着变革的惰性。[7]这就使“自上而下”的变革缺乏持续力，“自下而上”的变革缺少推动力。

三、学校课堂教学变革有效路径建构

学校课堂教学变革是一项教育微观层面的综合改革，事关目标、理念、内容、实施、评价及保障制度等各个方面，是一项意义重大而过程复杂的工程。解决复杂的问题需要从多个视角来思考。基于学校课堂教学变革过程中存在的多种主体逻辑，可以从理念、行动与机制三方面多管齐下，构建立体的实施路径。

1. 协调多重逻辑，厘清理念

政府、学校与教师的不同逻辑必然制约着学校教学变革的进度与力度。学校之间千差万别，任何一项学校课堂教学变革的设计与实施，都必须针对学校的特殊性，扎根本土，形成变革的战略规划。本土性思维是学校课堂教学变革的基础，立足本土，变革中许多理念可以得到厘清，问题也可以得到合理解决。就教学变革而言，立足本土就是要立足学校本土。尽管学校课堂教学变革存在政府、学校和教师等多重主体，但就课堂教学变革实施而言，学校是最为重要的主体，承担着上传下达的变革任务，其自身的能动性和创造性是政府和教师所不能比拟的。因此，学校要协调政府和教师的逻辑冲突，立足本土实际，采取可行的变革路径。具体而言，需要重点关注如下三个方面的问题。

首先，扎根学校自身实际，发现学校的改革问题。问题是学校改革的出发点，发现学校问题才能“对症下药”，找到教学变革的着力点。发现学校存在的问题，通常需要学校领导层面具有三种意识：一是比较意识，将学校放到区域内进行比较，发现自己的优点与不足，扬长补短；二是历史意识，审视学校发展的历史，在历史比较中，寻求发展的生长点；三是理论意识，用当下最新理论来武装头脑，使变革处于一定的理论场域指导之下，从而增强变革的合理性与时代性。以此三种意识才能准确发现问题，为变革需求的真实发展空间。

其次，扎根学校教师实际，寻求可行的变革路径。教学变革采用何种范式，源于教师的实际。这种实际取决于教师的两种状况：一是教师整体上理念陈旧，方法落后，需要以“建构”的范式来推陈出新。二是教师整体上表现出一定的积极进取状态，部分教师具有一定的变革意识和变革实践，并且已经形成一定的成果；这种情况下，学校要帮助部分教师形成系统的变革经验，从而以教师的“渐进”变革带动学校的整体变革。

最后，扎根学校顶层设计，形成变革制度。依据学校存在的问题和所选择的变革路径，学校要规划好变革的路线图、时间表，形成变革顶层设计，并把顶层设计以制度的形式固定下来。这样，便于教师在理念上对变革认同，从而形成统一的目标和行动。同时，作为制度性的变革，可以避免因为学校领导变化而产生变革中断的风险，使变革能够持续进行下去。

2. 整合多重力量，协同行动

共生理论起源于生物学的“共生”，表达的是生命体某种程度的永久性的物质联系。该理论的核心价值是在系统论的基础上，给人们呈现出一种多样态、非均衡的资源依赖、结构依存、生存依靠的复杂融通关系。[8]依据共生理论，学校课堂教学各逻辑主体也处于一种共生状态；政府的改革依赖学校和教师来实施，学校和教师的存在与发展又需要政府创造良好的政策环境。学校作为课堂教学变革的主体，在扎根本土实际的同时，也要善于整合各种力量，从而协同各方行动，形成变革合力。

一是整合政府和教师相关力量。学校要善于借力，借助国家以及地方政府的政策力量，创造性、综合性的运用教育政策，抓住各种教育改革契机，为学校教学变革创造良好的政策环境和争取各种财政支持；同时，学校要善于使力，使用学校部分优秀教师的力量，使优秀教师的个体经验上升为集体经验，发挥优秀教师在变革中的带动作用，减轻变革在教师层面的阻力。

二是整合学生、家长和学科专家力量。学校课堂教学变革，要让学生和家长深度地参与进来，使学生、家长对变革的内容、形式有所了解，这样可以增强学生和家长对变革的情感认同；同时，学校课堂教学变革要善于借助学科专家的力量，发挥地方学科教研员、高校学科教育专家的专业特长，获取智力支持，以此获取学校课堂教学变革的外围支持。

3. 创新行动机制，激发动力

厘清理念，整合多重力量，为教学变革提供智力与人力支持，既要保证变革的持续性，还要创新变革行动机制，激发参与学校与教师的变革动力。经济社会学的根植性理论给予我们一定的启示，所谓根植性是指经济行为是深深根植于网络与制度等社会关系之中的，即只有嵌入社会网络结构的信息和经济关系，才能够为参与者所接受。[9]当维持根植性联系时，就能把行为主体的动机从追求短期利益转到通过建立信任和互惠而确立长期关系上来，从而产生信任、信息交换和合作安排。[10]学校课堂教学变革各逻辑主体是基于不同的利益参与变革的，本质上也是一种“经济行为”，只有创新变革的行动机制并使之契合各主体的利益，才能形成较大的变革动力，推动变革的持久开展。创新行动机制，主要着力在如下两个方面。

一方面要创新学校课堂教学变革的实施机制。学校课堂教学变革是政府、学校与教师三方面的共同任务，合理的实施机制就是把三者形成一个变革的共同体，以维持根植性联系。合理的实施机制需要关注三个问题：一是界定好各主体权利，在教学变革权利上，政府、学校和教师应该合理分配。政府要发挥“有限政府”的职能，在变革中充当引导者，主要通过政策引导学校和教师参与变革；学校作为领导者，主要通过规划学校变革战略来领导教师参与教学变革；教师作为主导者，要发挥个体主动性，形成变革经验。在这样的权利分配框架中，各种主体变革权利是适度而均衡的。均衡的权利和基于权利合理的定位，才能使各主体行为形成一个“契合”的整体，从而增强各主体变革的主动性和长期性。二是要明晰变革的主体。不同的区域、学校和教师，变革应有不同的主体。教育质量薄弱的地方需要以政府、学校为主体，师资较强的学校则应以教师为主体。三是形成上下互动的机制。变革是“自上而下”与“自下而上”的交互融合，变革中既要发挥政府的教育权利优势，也要重视学校和教师的“草根经验”。

另一方面要创新激励机制，形成更多配套制度，提高各实施主体的变革积极性。政策层面，国家要增加地方政府教育行政作为考评比重，以此逐渐淡化“高考”的风向标参照功能；地方政府对学校和教师的评优评职增加教育改革效果的评价，以此引领更多学校和教师参与变革；学校绩效分配要向敢于变革并做出成效的教师倾斜，以引导教师的变革意识和成果意识。行动层面，政府和学校要奖励变革的典型，对做出变革成绩的学校和教师给予一定的奖励，并帮助其推广变革成果。通过这种机制性的奖励制度和行动，将变革纳入整个教育教学网络并成为一个衡量指标，就可以使权、责、利相统一，最大限度地激发变革动力，推动学校教学变革的健康发展。

参考文献

[1] 孙翠香. 变革成本视域下的学校变革[J]. 河北师范大学学报(教育科学版),2009(9): 133-138.

[2] 周雪光,艾云. 多重逻辑下的制度变迁:一个分析框架[J]. 中国社会科学,2010(4): 132-150.

[3] 杨明全. 行动研究与课程创新[J]. 教师教育研究,2004(7): 31-35.

[4] 董洪亮. 十年课改:超越成败与否的简单评价:“教师对新课改的评价”网络调查[EB/OL]. [2011-10-16]. http://edu.people.com.cn/GB/15911286.html.

[5] 孙智昌,郑葳,卿素兰,等. 中小学生学习方式的现状分析与对策建议[J]. 课程·教材·教法,2011(8): 35-42.

[6] 胡东芳. 谁来决定我们的课程?:主要国家课程权力分配比较研究[J]. 外国教育研究,2005(3): 29.

[7] 谷力. 冲突与和谐:课堂教学改革实践观[J]. 南京社会学刊,2005(8): 90-94.

[8] 袁纯清. 共生理论[M]. 北京:经济科学出版社,1998: 1-2.

[9] Granovetter M. Economic action and social structure: The problem of embeddedness[J]. American Journal of Sociology,1985(91): 481-510.

[10] Uzzi B. The sources and consequences of embeddedness for the economic pefrormance of organizations: The network effect[J]. American Sociological Review, 1996, 61(4): 674-698.

整体任务教学设计模式探讨

——兼谈其在基础教育中的实施建议

向佐军
(浙江大学教育学院)

[**摘要**] 整体任务模式兴起于20世纪80年代,旨在强调知识、技能和态度的整合。20世纪90年代初,加涅和梅里尔就十分明确地提出倡导使用综合学习目标。进入21世纪,整体任务教学设计模式异彩纷呈,精细加工教学模式、基于目标场景模式、综合学习设计模式和波纹环状教学设计模式等就是典型的代表。整体任务教学设计模式的主要特征体现在聚焦整体意义、促进学习迁移和强化创新思维。在整体任务模式的实际应用中,应注意克服分类教学存在的困惑,从硬件设施、教师、学生和管理等几个方面确保其能顺利实施。

[**关键词**] 整体任务模式;教学设计模式;基础教育

A Discussion on Whole-Task Models in Education with Suggestion of Its Application in Basic Education

XIANG Zuojun

Abstract: Whole-task models, which emerged in 1980s, aimed at emphasizing the integration of knowledge, skills, and attitudes. In the early 1990s, Robert M. Gagne and M. David Merrill affirmed the need to identify learning goals that require an integration of multiple objectives. In the 21st century, there has been a growing interest in whole-task models of learning and instructional design and a flurry of whole-task instructional design models as well. Among them, elaboration theory, goal-based scenarios, integrated learning design, a pebble-in-the-pond approach, etc. are typical examples. There are three main features of whole-task models: focusing on the whole meaning, facilitating transfer of learning, and emphasizing creative thinking. When they are implemented, more attention should be paid to the way of eliminating the confusion from the classification in teaching, making sure that the implementation with respects to equipment, teachers, students and management can be done.

Keywords: whole-task models; instructional design model; basic education

整体任务模式是基于整体论哲学基础,从格式塔学派心理学基础上发展而来的。古希腊的哲学家很重视事物的整体性。赫拉克利特(Heraclitus)把世界看作"包括一切的整体"。亚里士多德(Aristotle)得出了"整体大于部分之和"的著名命题,认为当各部分以合理、有序的结构形成整体时,整体大于部分之和。康德(Immanuel Kant)指出,经验是一种整体的现象,不能分析为各种元素。格式塔学派强调经验和行为的整体性,认为整体不等于且大于部分之和,主张从整体的动力结构观来研究心理现象。格式塔学派的主要代表人物之一苛勒(Wolfgang Kohler)认为,智慧行为是一个连续的顺利的过程,这一过程作为一个整体,是和情境的结构及其各组成部分的关系相适应的。整体论认为,将系统打碎成为它的组成部分的做法是有局限性的;对于高度复杂的系统,这种做法行不通。整体任务教学设计模式就是要打破原来原子论教学设计模式一统天下的局面,从整体论的视角重新审视教学设计领域,并开发出基于整体任务的教学设计模式,这是当代教学设计领域的新方向。

一、整体任务教学设计模式的主要特征

(一) 聚焦整体意义

在 20 世纪 80 年代末以前,部分任务模式主导着教育传播与技术领域。[1]20 世纪 80 年代以后,整体任务模式开始受到教学设计研究者的关注,并出现了一批有影响的整体任务教学设计模式,其主要思想就是聚焦整体任务。在整体任务模式中,整体的、有意义的教学任务被视为教学的驱动力。在教学设计过程中,最开始是设计最为容易的整体任务,然后以整体任务为支柱,不断地丰富内容,不断地增加任务的难度。在任务难度不断增加的过程中,教师要给予一定的支持信息。在整体任务教学模式中,不仅关注整体任务,而且把整体任务与完整的人结合起来。格式塔学派强调整体、模式、组织作用、结构等在研究直觉的认识过程及高级心理过程中的作用。人本主义心理学的创建人马斯洛(Abraham H. Maslow)也在魏特海默(M. Wertheimer)的指导下研究整体论,形成了自己的整体分析方法。人本主义的另一杰出代表罗杰斯(Carl R. Rogers)也主张对人的心理事件或直接经验进行现象描述和整体研究。整体任务教学模式深受格式塔学派的影响,从整体任务入手,对原来原子论的方法进行了有力的修正。

在 20 世纪 90 年代初,加涅(Robert M. Gagne)和梅里尔(David M. Merrill)确定了使用整合多种目的的学习目标,并用新的术语来表示学习活动,如表示、证明

和发现。[2]这些新的术语,与原子论方法有根本的区别。这些新的学习活动,不再局限于一个个局部的、孤立的教学目标的达成,而是基于整合了多种学习目标,并形成一定的目标结构,从而组建了整体的学习任务。当学习者完成这些整体任务时,心中应该形成一个完整的图式。

(二) 促进学习迁移

格式塔学派的"动物习得结构"相关实验证明了迁移是结构、关系、整体格式的迁移,而非特殊因素的迁移。该实验从本质上论证了迁移是整体结构的迁移,如果不是整体任务的学习,会对迁移产生阻碍作用。范梅里恩伯尔(Van Merriënboer)对学习迁移也有精彩的论述,提出了著名的"迁移悖论"。他指出,对于现实孤立的、特定的目标来说,最管用的教学方法通常不是实现整合的目标和学习迁移的最好方法。随着社会的发展和技术的进步,那些简单的机械化的任务完全可以由计算机控制系统来完成,现实中更多的是需要迁移的、复杂的整体任务。因此,通过整体任务的学习,能够促使学习者形成完整的结构、关系以及整体图式,而这些图式能够在不同的环境中发生迁移,从而促进学习。

传统的原子论教学设计中,通常都是对学习任务进行分解,分解到能够通过讲解展示给学习者,学习者从而习得一个简单的局部任务。直到对全部的局部任务学习完成后,再进行整体的练习,以此来实现学习的整体认知,从而促进迁移。不可否认,这种"由部分到整体"的学习方式有一定的补救效果,但如果从一开始就能够给予学习者整体的任务图式,并且在学习的过程中不断强化学习者的整体任务图式,将更能促进学习迁移。大多数整体任务模式都在一定程度上引入了"建模"来解决这一问题。

(三) 强化创新思维

格式塔学派代表人物魏特海默曾对思维问题进行过系统的研究,并建议通过把握问题的整体来进行这种思维。他认为,要想创造性地解决问题,必须让整体支配部分,即使在有必要关注问题细节时,也决不能忽视问题的整体。魏特海默还指出,教师在教学中,首要的任务是帮助学生通览问题情境,使他们明白怎样去解决问题,为什么这样解决问题,争取在理解、领会问题的前提下产生顿悟和创造性思维。[3]魏特海默认为,学习要争取在对问题领域理解、领会的基础上产生顿悟,掌握解决问题的原则,做到触类旁通、举一反三,促进智力水平的提高。

二、整体任务教学设计的主要模式

(一) 精细加工教学模式

美国当代著名教学设计理论家赖格卢特(Charles Reigeluth)的精细加工教学模式,可以被看作是教学设计领域整体任务方法的先驱。该理论的基本原理是教学应该被组织成从学习领域或任务的最简单表征到逐渐复杂的、细化的表征。赖格卢特指出，虽然教学策略在宏观水平方面已有众多的贡献，但缺乏内在的一致性和完整性，因而“精细加工论”的任务就是要整合各种相关知识，以此提升设计最优教学的能力。赖格卢特指出，按照精细加工论设计教学的程序一共有六步：①根据教学目标选定一种内容组织方式；②开发一种承载性内容组织结构；③用系统的方式分析组织结构，以确定组织内容的四个方面将在摘要中呈现，以及哪些方面将在精细加工的各种水平上呈现，此时，教学的“骨架”便形成了；④要使得“骨架”有血有肉地丰满起来，必须将其他两种组织内容添加进来，同时还要考虑学习的先决条件；⑤要事先规划每一种水平精细加工的每一堂课的内部结构，包括学习的先决条件、动机成分、类比、综合、总结以及扩展的摘要等；⑥要事先规划每一种水平精细加工的每一堂课的内部结构。[4]精细加工理论清晰地反映了整体任务模式的一些基本原理。排序的主题性方法和螺旋上升方法，从简单的任务到复杂的整体都发挥作用。精细加工理论认为，任务序列应该开始于任务的最简单版本，然后逐渐增加难度，到最复杂的版本结束。

(二) 基于目标场景模式

基于目标场景是尚克(Schank)所提出的“做中学”范式的学习主干。它以获取现实的问题解决技能为目的，为学习者提供一个获取各种技能或程序性知识的有效途径和方法。一个完整的基于目标场景主要包括七个要素。第一是教学目标。在目标描述中，数学目标分为程序性知识和内容性知识。第二是学习任务。学习任务与教学目标紧密相连。学习任务应该尽可能激发学习者的学习积极性，并尽可能与真实生活一致。第三是主题故事。主题故事创设情境，让学生投入到学习中去，让学生在学习过程中练习技能，建构知识。第四是角色。角色定义了学生在主题故事中的视角。角色应该尽可能真实并能够对学习者充满吸引力。第五是情境操作。根据扮演的故事中的角色执行具体的教学活动。通常包括以下具体活动：在模拟的社会情境中发出指令，回答问题，利用工具制作物品，搜索信息，在模拟的情境变化中做出决策等。第六是资源。组织良好的和容易访问的资源，使其包含学生为达到学习目标所需要的所有信息。第七是反馈。基于情境的及时的反馈在模式中是非常必要的。

基于目标场景模式是将各种层级技能嵌入具有现实性的行动计划之中，以目标任务作导向，由学习者建立行动计划并展开学习的过程。规划这种学习过程的基本目的是支援学习者根据自我建构的综合性知识，用于解决现实问题和学习迁移这种复杂的行为。这种解决问题的方法和技能是现实世界所需要的，更重要的是各种工作的实质就在于解决问题。在很多的学习情况中，人们并非只是单纯地在积累信息和技能，而是在利用信息和技能解决问题。因此，这样一种学习过程和方式是传授知识的有效途径之一。

(三) 波纹环状教学设计模式

梅里尔提出了五条首要教学原理[5]，这五条原理组成了基于真实世界问题或任务的一个循环圈。循环圈主要包括以下组成部分：激活旧知、示证新知、尝试应用、融会贯通。基于首要教学原理，梅里尔开发了波纹环状（pebble-in-the-pond）教学设计模式。[6]首要教学原理的中心就是“任务中心”。波纹环状模式的第一圈就是要确定一个完整的真实世界的任务和一个该任务的工作样例。一个完整的任务至少包括三个部分：①给定的任务；②目标；③解决方案。波纹环状模式的第二圈是明确任务排序。在序列中的每一个任务都应该是完整的，而不只是一个大一点任务的其中一个步骤。第一个任务是整体任务中最简单的版本，而最后的任务代表在真实世界中要完成的最复杂的任务。同一类型的任务，在任务序列中应该尽可能大的变式，以便于相关知识与技能的迁移。任务排序主要有以下几个步骤：首先是整理一系列的整体任务，再确定每个任务需要的组成技能，按照由简到繁的顺序对任务进行排序，最后再对任务序列进行调整，以便能够更好地对组成技能进行示证和应用。波纹环状模式的第三圈是明确组成知识与技能。梅里尔认为，知识与技能可以分为两类：一类是信息类知识，另一类是描述类技能。波纹环状模式的第四圈是确定教学策略。与传统教学策略相比，任务中心教学策略首先要向学习者展示一个整体的任务，并在不同的基本任务中，加强任务之间的相关性。通过指导，该策略希望到最后，学习者能够独立完成一个新的任务。

波纹环状教学设计模式还有两个主要步骤：设计用户界面以及教学设计产品制作。波纹环状模式以任务为中心设计教学，并在设计过程中解决了任务分类问题，对于整体任务模式的实施具有重要的指导意义。

（四）综合学习设计模式

当前教学设计领域面临的基本问题是，在教育和培训中难以实现学习的迁移。学习者需要通过课程方案掌握职业胜任力或者综合认知能力，并将它们迁移到愈发丰富多彩的真实世界的各种情境中去。荷兰教育技术专家杰伦·范梅里恩伯尔的综合学习设计模式（4C/ID 模式）认为，教学设计要实现这一目标必须采用整体化方法。[7]

4C/ID 模式的中心问题是设计整体任务练习。在设计过程中，学习者所面临的具体情境按案例的微观层面排序。基本的一点就是学习者在完成整体任务时，最初需要帮助，而后随着他们专业知识的增加，这种帮助逐渐减少。这一过程也是由扶到放的过程。它主要是问题解决的帮助，即有助于完成任务的系统化解决问题的方法和启发法的帮助。设计整体任务练习为培训计划提供了基本的蓝图。如果这些组成技能有助于改进最终的业绩表现，那么选择重复性组成技能的部分任务练习可能与这一蓝图有关。部分任务练习过程中的由扶到放，主要指程序支持，即描述正确完成任务的程序或规则的帮助。整体任务练习旨在获得和建构有助于完成非重复性组成技能的认知图式。这一图式可能有利于在新的、不相似的问题情境中产生相应的行为。

基于真实生活任务的、旨在发展专业技术能力的整体任务，应以综合的方式呈现。整体设计方法不把学习任务分为传统的陈述性学习、程序性学习和情感的学习，而是用专门知识、复杂技能、能力等词汇来涵盖知识、技能和态度。从重视知识、技能和态度向重视专业技能和复杂技能的转变，对设计教学有重要的意义。首先，整体教学设计模式需要对最终的达到水平进行描述，同时要避免对不同学习领域的划分。其次，学习者必须面对的学习活动要能促使他们形成综合的知识基础，而不是彼此分离的知识、技能和态度。

三、整体任务模式应用分析

(一) 分类教学的实际困惑

对教育目标分类学的研究始于20世纪50年代，并以其强大的学术影响力，对教育界有长达半个多世纪的影响。布卢姆(Benjamin Samuel Bloom)等人对教育目标做了三个领域的划分，即认知领域、情感领域和心理动作领域。经过半个多世纪的发展，20世纪70年代至90年代，国外对教育目标分类的深化研究主要有加涅提出的"五种学习结果"(分为言语信息、智力技能、认知策略、态度和心理动作技能)，其并没有完全跳出布卢姆教育目标分类学的范畴，只是在分类方法和依据上有局部的调整。实际上，到了90年代，加涅已经认识到，传统的教育目标分类学无论是在理论本身的逻辑框架，还是在实践中，都遇到了难以突破的困境。因此，加涅与梅里尔合作提出了"教学设计的综合目标"这一概念。比他们走得更远的是豪恩斯坦(A. Dean Hauenstein)。豪恩斯坦认为，按照基本术语的一致性、层级排序的周密性等标准来看，布卢姆的目标分类尚有不少缺陷。豪恩斯坦的创新点就是将认知领域的目标放在完整的教学系统中进行设计，强调了输入、学习过程、输出和评价性反馈这四个要素相互作用的意义。[8]该创新点克服了布卢姆等人的目标分类的一个缺陷，即主要从科学合理地编制试题出发来推动教育目标的达成，但没有对教育目标在整个教学系统中的地位和关系进行认真探讨。

我国基础教育界课程标准中所称的"三维目标"，就是对布卢姆教育目标分类学的应用，实践过程中也存在一些困境。首先，对教学目标不断分类并进行分类教学，当到达较为微观的领域时，往往使学生难以了解教学的整体意义，从而影响学习的意义，并造成学习迁移的困难。我们习惯于将一个个知识点细化，并根据知识点的特点组织教学策略，而在教学评价的时候，也是较多地关注于具体知识点的考察，从而丧失了部分学习的整体意义。其次，直接的分类教学弱化了学习的过程。将教学目标不断细分，然后组织教学策略尽快达成教学目标，这种看似有效的方式，往往失去了部分"过程意义"。在教学中，学生往往需要在过程中进行思考、体悟，然后深化对知识的理解，从而提升能力，升华情感态度。最后，虽然从教学目标分类的角度来看，将教育目标分为认知领域、情感领域和心理动作领域有其合理的逻辑依据，但是学习的本质显然不是让学生分别习得这三种目标。在具体学习过程中，三种目标应该是整合在一起的。基于教育目标分类学的教学设计容易导致学习的碎片化和学习迁移的困难，会使得原本多维度、多层次、动态发展的教学设计活动变成机械、教条和模式化的过程，变成一种完全预设的工作。因而，教学设计的有效性受到质疑，原有的教学设计理论和模式出现了信任危机。

（二）整体任务实施的建议

越来越多的证据表明整体任务教学模式在教育中的效果、效率以及对学生的吸引力。但是学校在实施整体任务课程的时候，通常都会遇到较大的困难。失败在这项教育创新方法的实践过程中并非不常见。整体任务课程提供给学生一个基于整体学习任务的连续的学习轨迹，把其他学习要素与之连接起来，并系统地评估学生的发展。在实施整体任务的时候，从以下四个方面着手准备，将会促进整体任务模式的实施效果：①可利用的硬件设施；②教师；③学生；④教育组织的管理。

从硬件设施来说，首先在整体任务课程中，课程的单元结构是整体任务而不是原来讲座式的课堂。学生通常在学习小组中完成这些学习任务，如 6～10 名学生完成基于问题的学习，或者 5～7 名学生完成基于小组的学习。因此，需要一些小教室而不是原来讲授式课堂用的大教室来安排教学活动。所有的这些教室应该装备白板、投影设备和无线网络接口。其次，整体任务课程中的主要教学材料是问题、项目、案例或者其他类型的整体任务，这些教学材料描述的整体任务并非是直接可用的，而是需要由老师来进行设计或者构建的。此外，整体任务不仅以参考书或者案例本的形式呈现，也能以模拟或者电脑模拟的学生工作的任务环境形式呈现。开发有趣的整体任务是一项充满困难并且费时的活动。另外，在整体任务课程中，一个重要的评估手段应该是允许对学生个体进步进行监控，而不仅是做出单独的课程是否通过的决定。开发、使用和评价这样一套监控系统的责任是在整个课程层面，而不是一两个老师可以承担的。

从教师层面来看，整体任务课程强调学习者相关专业任务的重要性。所以，在专业领域工作的专业人员最能胜任设计相关的教学任务。此外，具有课程开发与教学设计专业知识的教育专家以及学生，也应该参与到整体任务课程设计中。还要培训教师，以适应不同的角色。教师在整体任务课程中扮演着不同的角色，如扮演任务设计、促进小组学习、促进技能训练等角色。大多数教师和专业人员都熟悉这些教学角色。为了清晰定义责任，不同的教学角色应该做哪些教学活动，正式的要求有哪些，都应该明确。在整体任务课程中，学习任务是由不同学科的教师小组设计的。为了减少学科思维，鼓励多学科思维，老师们愿意在设计课程的时候，多学科的老师在一个小组一起工作。在设计每门课程时，哪些学科应该包含进来，在课程蓝本中有详细的说明；有一项全局性特定课程的文件会明确哪些学习任务、哪些学科课程会包含其中。

学生也应该并且能够在整体任务课程的计划、设计与评价中扮演重要的角色。让学生参与课程准备委员会，因为学生能够解释为什么课程需要改变，学生会成为新方法的支持者。学生也应该成为多学科教师小组的成员，为设计课程做出贡献。整体任务课程只有在学生认识到它是一项有意义的、有兴趣的任务时，才能够有效并促进学习。学生了解并被明确告知，整体任务课程创新理念的相关背景知识是重要的。相关创新方法理念的背景知识能帮助学生洞察：为什么他们需要在整体任务，整合知识、技能和态度之下进行学习；为什么要鼓励他们在不同的问题情境中应用其所学，并进一步了解新方法的优点。这些知识有助于帮助学生形成关于新方法的共有信念。另外，我们也应该训练学生，使他们在整体任务教学模式中适应不同的角色。

要加强整体任务课程管理的机构建设。整体任务课程对设计、保持和评价都有较高要求。专业工作者在课程中扮演着重要的角色，在教师职业发展、信息与交流技术、评估及质量保证等方面对课程提供支持。教师发展课程需要进行开发，课程材料需要开发并增强其真实性水平，评价必须进行变革，课程与教师的质量必须进行评价与监控。因此，有效的课程管理体系对课程实施的成败具有举足轻重的作用。

四、结语

整体任务模式以“学习任务”为中心，旨在帮助学习者学会解决复杂问题，发展推理技能，最终展开自我导向的学习。它将学习任务作为一个连贯的、相互关联的整体，然后从最简单但有意义的、代表整个学习任务的整体开始，逐步到最复杂的整体。整体任务教学设计具有三个基本特征：第一，以“学习任务”为核心，将整个有意义的任务作为学习的驱动力；第二，重点关注的是学习者能力的发展，而不是获得独立的、零碎的知识；第三，重视学习任务迁移。整体任务教学设计模式为学习任务设计领域长期存在的三个问题（即分类化、片断化、迁移悖论）提供了解决办法。

整体任务模式理论提出至今，在教育研究领域逐步得到重视，开发出的相关教学设计模式也在逐步得到应用。但由于长期学科中心模式和目标分类教学根深蒂固的影响，以及整体任务模式实践过程中出现的问题，导致整体任务模式在基础教育中的应用还没有得到重视。整体任务模式的研究要从零散的项目研究，逐步渗透到学科教学的基础教育框架中，且从理论上进一步厘清教育目标分类与教学任务分层的关系，并探索出适合基础教育运用的整体任务框架。

参考文献

[1] Van Merriënboer J J G, Kester L. Whole-task Models in Education[M]. In: Spector J M, Merrill M D, Van Merriënboer J J G, et al. Handbook of Research on Educational Communications and Technology. New York: Routledge, Taylor & Francis Group, 2008: 441-456.

[2] Gagne R M, Merrill M D. Integrative goals for instructional design[J]. Educational

Technology, Research and Development, 1990,38(1): 23 - 30.
[3] 叶浩生. 西方心理学的历史与体系[M]. 北京：人民教育出版社,1998.
[4] 盛群力. 现代教学设计论[M]. 杭州：浙江教育出版社,2010：124.
[5] Merrill M D. First principles of instruction[J]. Educational Technology Research and Development, 2002,50(3): 43 - 59.
[6] Merrill M D. A task-centered instructional strategy[J]. Journal of Research on Technology in Education, 2007,40(1): 33 - 50.
[7] Van Merriënboer J J G, Clark R E, De Croock M B M. Blueprints for complex learning: The 4C/ID model[J]. Educational Technology Research and Development, 2002,50(2): 39 - 64.
[8] 冯锐. 论整体性教学设计的设计观[J]. 远程教育杂志,2009(5)：19 - 22.

教材的多维度解读

——以教科版《思想品德》教材为例

郑国强
(浙江大学教育学院)

［摘要］教材给教师提供了探索空间和深入理解教育教学思想意义的机会。教师作为课程的实施者、开发者，必须充分和教材进行对话，深入解读教材，才能更好地挖掘教材中蕴藏的思想、理念、意义和价值。对使用的教材进行正确的解读，扩展教材解读的视野，提升教材解读的高度，从课程论、德育论、学科论等维度来解读教材，将有利于教师的专业化发展。

［关键词］教材解读；多维度；课程观；德育论；内涵

A Multidimensional Interpretation of Teaching Materials
-A Case Study of the Textbook of *Ideology* and *Morality*

ZHENG Guoqiang

Abstract: Textbooks provide teachers with the opportunities to deeply understand the educationl theories. As the implementers and developers of the curriculum, teachers must give full consideration to the textbook's ideas and values, interpret them correctly and promote it from the dimensions of curriculum theory, moral education, discipline theory and so on, which will foster the professional development of teachers.

Keywords: textbook interpretation; multi-dimensional; curriculum outlook; theory of moral education; connotation

教材是教师为实现一定教学目标，在教学活动中使用的、供学生选择和处理的负载着知识信息的一切材料。教材作为课程的核心教学资料，是学科知识的主要载体、学生学习的依据、教师教学的主要蓝本以及教师和学生沟通的中介。教材解读就是教师在正确的教育教学理念指导下，对指导学生学习的素材进行深层次的分析和研究，探寻理论支持，进行价值追寻。解读教材是深化课程改革的需要，是正确理解“用教材教，而不是教教材”的需要，是实现学科育人价值的需要，是实现高效课堂的需要，是提升教师能力的需要。课程改革后，教材设计的理念、形式和内容都发生了很大的变化，在“一纲多本”理念影响下，许多学科的教材出现了多个各具特点的版本。例如，初中《思想品德》教材 2004 年审查通过的就有人教版、教科版、人民版等 10 个版本，每个版本的教材都有自己的整体构思，这些版本的教材在近两年又进行了新的修订。这些变化需要教师顺应课程改革的需要，对使用的教材进行正确的解读。当今教材解读中行为失当现象较为普遍，很多教师注重微观忽视宏观，注重表面忽视内涵，注重实践忽视理论，因此迫切需要教师扩展教材解读的视野，提升教材解读的高度，从课程论、德育论和学科论等维度来解读教材。

一、教材的课程论维度解读

(一) 课程论主要观点

纵观课程演变的历史，出现过代表着不同课程价值取向的不同的阵营，如知识中心课程、学习者中心课程和社会中心课程，每个阵营在课程理论与实践的演进中都产生了重大的影响。

1. 知识中心课程观

知识中心课程观是一种传统的但目前还有普遍适用性的课程观，它强调课程应由一系列学科来组成，强调以知识的学科逻辑体系来组织编排课程，注重学科体系的完整性，强调知识的系统传授，强调课程目标是理智训练和智力发展，把知识划分成不同的价值等级，要把最有价值的知识教给学生。在教育价值观上，主张课程设置应以满足社会(或者说是成年人)的需要为目的，主张通过学生系统学习各门学科，最终把人类所积累的文化遗产传递下来。

2. 学习者中心课程观

学习者中心课程观是指在教育教学中，教育资源、教育目的、教育技术、教育过程等的设计实施，应以教育中的被教育者的个体感受、理智发展、人格形成等为核心。教育目标着眼于学生个体的自由发展，教育目的的重点不是纯粹的传授知识，而是给予学生一种生活的体验和对知识经验的自我建构。在教育手段上严禁强制规范，鼓励教师与学生之间的沟通和对话，强调学生与教师地位完全平等。批判以知识逻辑为核心构成的课程体系，要求课程设置弹性化，充分尊重学生的个体兴趣，以多样化和弹性化的课程设计满足学生不同的需求和兴趣。

3. 社会中心课程观

社会中心课程观强调课程建设要关注社会焦点问题，反映社会政治经济变革的客观需求；课程学习应深入社会生活中，强调课程结构有意义的统一性，深刻认识到社会因素对教育的制约作用。社会中心课程观是为了克服学习者中心课程观的片面性而提出来的，它主张涉及课程的依据是通过对社会问题的分析而确定的，不主张以学生的兴趣和动机作为编制课程的出发点，但赞成打破传统学科课程的界限；打破的方法是不以学生活动来组织课程，而是以社会现实问题为课程设计的核心，所以社会中心课程又称核心课程。[1]

（二）教材文本例举[2]

1. 教材文本一

教科版《思想品德》教材共设六册二十八个单元，其中七上、七下、八上、八下各设五个单元，七上侧重于初中生活和个人成长，七下侧重于人际关系和集体生活；八上侧重于法律，八下侧重于公共生活；九上、九下各设四个单元，九年级侧重于基本国情教育。每个单元都有完整的知识体系，每节课都有学习的知识点，如七上第二单元第五课“聪明以外的智慧”第 37 页，有段内容为“厌学情绪的产生跟许多因素有关，如学习动机不强、目标不明确、态度不端正、基础较差、习惯不好、学习方法不对等。只要我们树立信心，进一步明确学习的目的，培养兴趣，掌握科学的学习方法，厌学情绪是完全可以克服的”。七上第三单元第七课“美好的青春”第 44 页，有段内容为“青春期是由儿童逐渐成长为成年人的过渡时期。青春期到来的标志是身体的快速发育。由于遗传、环境等因素的影响，个体的发育时间存在差异，有人可能早一点，有人可能晚一点。目前，科学界把青春期的年龄区间确定为 10～19 岁”。

2. 教材文本二

教科版《思想品德》教材以学生为第一人称，无论是主题文还是活动设计都用“我”或“我们”，整个体系结构以成长中的我、我与他人和集体的关系、我与国家和社会的关系为经，以心理健康、道德、法律和国情教育为纬，由近及远、由浅入深地设计，具体可概括为表 1。

表 1　教科版《思想品德》教材体系结构

	心理健康	道德	法律	国情教育
成长中的我	认识自我	自尊自强	学法用法	文化认同
我与他人的关系	交往与沟通	交往的品德	权利与义务	共同理想
我与集体、国家和社会的关系	适应社会的发展与进步	承担对祖国、社会和自然环境的责任	法律与社会秩序	知国情、爱中华

3. 教材文本三

八年级下册第五单元一级标题为“走进社区”，下设两个二级标题“我们生活的地方”和“在社区中生活”。“我们生活的地方”包括“社区素描”“感受社区”和“社区考察”，主要引导学生关心和了解社区。首先从面上了解自己所生活的社区的概貌特征，然后有意识地感受、体验社区里的人、事、物，从而唤醒学生的社区公民意识，激发学生对社区的关心;在此基础上,指导学生走进社区,进行实地考察,深入了解自己生活的社区,对社区的建设和发展提出建议。“在社区中生活”包括“权利与责任”和“参与和服务”,主要通过对具体问题和事例的分析,使学生学会正确认识和行使权利,承担责任,履行义务,培养和发展热爱社区、奉献社区的公民素质,并进一步走进社区,开展实践活动,服务社区、建设社区。

(三) 教材文本解读

《课程理论及其实践范例》作者埃利斯教授曾提到:“知识中心课程、社会中心课程、学习者中心课程这三种模式中的每一种都有其重大的价值。……例如,知识中心课程培养学者,我们需要学者,学者能创造新知识。社会中心课程培养公民,在民主社会,如果我们不积极地参与市民社会生活,我们就不会有民主。学习者中心课程允许我们、鼓励我们表达我们的激情、渴望和爱,表达我们自己想学的东西,使我们知道我们每一个人都是不同的。”[3] 历史上每次课程改革,其实都是在这三种模式间“摆动”,有时偏向知识中心课程,有时偏向学习者中心课程,有时偏向社会中心课程;教科版《思想品德》教材都有这三种模式的“影子”。

1. 教材文本一解读

思想品德具有知识的形态,教育需要品德知识的传递。知识是人类经验的结晶,是情感、态度、价值观的重要支柱。初中生的思维正处于由具体运算阶段到形式运算阶段过渡的关键期,需要急速扩展知识领域,学习、掌握与思想品德发展相关的知识,是青少年树立正确的思想观念、养成良好道德品质的重要基础条件。教科版《思想品德》整套教材呈现了完整严密的知识体系,如青少年身心发展的基本常识、我与他人和集体关系的基本知识、环境保护的基础知识、基本的法律知识等,每个单元都整合了道德、法律、政治、国情、心理等方面的知识。我国的新课程改革一直都摆脱不了学科中心的“影子”,学科中心课程思潮对课程实践的影响是深远的。它的影响途径主要有两条:一条是课程理论的广泛传播,被人们尤其是课程专家们从思想上认可和接受;另一条是符合社会发展的时代背景,被政府和教育行政部门认可和接受,政府和教育行政部门通过立法,在课程实践的变革和决策中注入课程理论的精髓,指导人们的课程实践,在课程变革的设计和实施过程中体现课程理论的要求。

2. 教材文本二解读

学生中心课程把儿童的自我实现看成是教育的价值追求,超越了按照知识、逻辑组织课程的传统方法,从而使儿童成为学习的主体,课程的作用不在于预定的经验,而在于转变已有的经验。课程是以局部情境中特定的相互作用为基础的对话和转变的过程,是通过对话性交互作用创造的。教科版《思想品德》以成长中的我、我与他人和集体的关系、我与国家和社会的关系为经,讨论的都是“我”即学生自己的事,充分体现了学生是主体,满足学生的发展需要是第一位的,制约课程的基本要素的核心是人。学生是课程的主体,获得知识和发展智力是为学生的发展服务的，只有学生的本能、需要、个性得到尊重，他们才能获得认知的、情感的、社会的、身体的及美学的等各方面的全面发展；也只有学生的主体性得到弘扬，创造性得到发展，他们才能具备改造和重建理想社会的能力。

3. 教材文本三解读

随着初中生生活范围逐渐扩大，视野日益开阔，他们的生活不再局限于家庭和学校、社区这样相对狭小的空间，而是逐渐扩展到更为丰富多彩的社会乃至世界。他们渴望在社会生活中有一个和谐的环境，希望能够在社会交往中更好地实现自己的个人利益，希望在个人发展的同时也能致力于社会的改造。教科版《思想品德》强调了课程的"社会价值"，在"课程"与"社会"的辩证关系中，课程的使命不仅是通过文化遗产的传承使儿童达到"社会适应"，而且还表现在唤醒儿童的批判意识，培养儿童的社会技能，让他们将来能够促进社会的改造与重建。教材的许多内容都尽可能联系学生的社会生活，培养他们适应社会和改造社会的能力。教材注重培养学生的动手能力和实践能力，培养应有的社会责任感。

二、教材的德育论维度解读

（一）德育论主要观点

教育实践背后都有着理论逻辑，教育实践是教育理论的外显，教育实践的抽象就是教育理论。思想品德作为一门以引导和促进初中生思想品德发展为根本目的的学科，必然有着自身的理论逻辑。

1. 情感德育论

情感德育论认为，道德情感是人的道德需要是否得到满足时所引起的反应，它是主体内在蕴含着的归属需要和向善要求得到满足时的感受和体验。当归属欲望和向善要求得到满足时，会产生愉悦感、安全感和自豪感；反之，会产生不安感、羞愧感和内疚感，从而激励自己去进行新的道德追求。因此，道德情感是人的内心道德世界在情感层面上的反应和表现。道德情感是一个人道德发展的基石，直接参与道德认识、行为、品质、评价、信念的活动，它本身就是个体道德的主要存在方式，是全部道德现实化的根本环节。正是基于此，情感德育论主张，学校德育应以培养学生的道德情感为出发点，通过情感陶冶、情感关怀、情感体验等方式来进行道德教育，促进学生道德品质的生成和发展。[4]

2. 生活德育论

生活德育论认为，首先，德育应从生活出发，不能从抽象的道德概念出发，不能从无内容的道德理性能力出发。从生活出发，就是以这些"先决条件"为起点，从生活走向德育。其次，德育应在生活中进行。从生活中开始的德育不能从生活中走开，从生活中走开的德育是与个人真实生活无关的活动，无法参与个人生活的充实与丰富，与个人生活异质，理所当然地受到个体当下生活的拒斥。最后，德育应最终回归生活。德育回归生活是指"高于"生活的德育"回归"生活，使人过更美好的生活、善的生活。德育的目的不在德育,回归生活实际上是德育的目的。总之,生活德育论突出强调,“道德行为的训练不能脱离生活,只有在生活中才能有效地进行道德行为的训练”,“过集体生活,培养集体精神是德育的有效途径”,“道德与生活是不可分的,是个统一的整体”。[5]

3. 体验式德育理论

体验式德育是通过激发受教育者内心的道德与生命体验,关心每一位学生的生活际遇与内心世界,尊重每位学生的主体性,使学生在一种理解、对话、平等、共享的氛围里形成健康的道德人格,提高学生的道德素养的一种德育理念。体验式德育理论认为,知识德育模式遗忘了生活世界,遗忘了鲜活的道德体验,从而丧失了自身的活力和实效性。因此,当前的道德教育有必要在批判知识德育的基础上,倡导一种道德体验论:“道德体验论将教育者改称为‘导引者’,受教育者改称为‘体验者’,凸显道德教育的主体性、情境性和生成性,从体验活动和体验课程的融合上展开实践探索。”这正是体验式德育理论的主要理论旨趣。[6]

4. 价值澄清理论

价值澄清理论认为,现代社会已完全改变了单一一统的社会文化体系,社会价值观念变化很快,各种社会传播媒体以及民族间的广泛交流,给学生提供了丰富多变的信息情境,学生面临着比以往任何时候都多得多的选择,并经常面临价值冲突。对此,传统的德育方法已显得捉襟见肘、无能为力。学生只有通过价值澄清理论所提供的方式,对道德价值进行理解、评价,从而自主选择自己的价值观并付诸行动,才能解决价值冲突,形成稳定的道德发展心态和道德品质。价值澄清理论重视德育过程中学生的主体地位和个性,对促进德育效果的提高具有积极的意义。

(二) 教材文本例举[2]

1. 教材文本一

七上第三单元“成长中的我”涉及了生命形态的多样性和独特性,七下第二单元“跨越代沟”涉及了亲子、师生的情感,七下第三单元“友谊的天空”涉及了同学之情,八下第一单元“自然的声音”涉及了人与自然的关系,八下第三单元“同在阳光下”涉及了“虽有不同的人生境遇,但人与人是平等的”的思想,九下第一单元“历史启示录”涉及了对国家和社会命运的关心以及对祖国的特殊情感,九下第二单元“在同一片土地上”涉及了不同民族同一大家庭的情感,九下第三单元“漫步地球村”涉及了地球村和热爱和平的情感。

2. 教材文本二

整套教材围绕生活主题展开,从学生的学习生活到校园生活,再到家庭、社区和社会生活。七年级涉及个人学习生活(如入学、人际关系、青春期、人身保护等),八年级涉及集体生活、公共生活、人与环境的关系、人的权利和义务等,九年级涉及国家、世界、经济、政治、文化、毕业、升学、使命等。除主题文外,选取的材料和设计的活动也与生活相关。例如,七上第98页有则材料:“一直以来,我都严格遵守考试纪律。现在,我发现班上的个别同学是通过作弊取得高分的。老师没有发现,还表扬他们功课好。平时的作业,有的同学抄袭其他人的答案,还得了'优'。他们不用花多少力气就能拿到好成绩。我知道他们不对,但我这么老实,岂不是太傻、太吃亏了?"再如,七上第102页有个交流活动是"好朋友要看我的考试答案,应该怎么办?看到好朋友作弊了,应该怎么办?"

3. 教材文本三

整套教材设计了很多体验活动。例如,七上第52页有一个活动是"向同学、朋友、亲人或老师倾诉心中的烦恼,并体验自己的情绪变化";七下第3页有一个体验活动是"如果我是鲁滨孙,我的感受是……假如将在一个陌生的地方长时间完全孤独地生活,我的感受是……";七下第4页有一个体验活动是"在夜间独自行走时,我的感受是……如果有一个人陪着,我会感到……平时的学习和生活中如果没有父母、老师、同学的支持,我会怎么样?"

4. 教材文本四

七上第101页谈到"友谊"与公平时,主题文为:"有时,与我们关系很好的同学或朋友要求我们帮助他们作弊,有人出于同学、朋友之间所谓的'友谊',就答应了。其实,帮助别人作弊,就是纵容别人弄虚作假,使其用不正当的手段取得不应该得到的成绩。这样,不仅违背了公平原则,最终也害了我们的同学或朋友。这种'友谊'不是真正的友谊。"七上第102页谈到"集体利益"与公正时,主题文为:"在学校生活的其他方面,例如小组、班级、学校之间的各种竞赛活动中,我们不能为了成绩、分数、名次、奖励等所谓的'集体利益''集体荣誉',做出作弊和欺骗的行为,而应该始终坚持诚实和公平。"

(三)教材文本解读

1. 教材文本一解读

情感对人的道德价值观发展起着基础作用。教科版《思想品德》教材中涉及初中生情感教育的内容非常广泛,有生活情感、认知情感、道德情感和人际情感等,内容涉及亲情、友情、爱情、生命的价值情感、集体情感、对自然的情感、对祖国的情感等。教材让学生通过学习懂得人生的价值,对生活产生热烈的感情,通过各种活动感悟生命的奥妙、意义与价值,尊重生命,尊重个体,知道生命的意义。通过锻炼活动,掌握安全生活的常识,养成对自己生命高度负责的态度并懂得自己的权利与义务,保持健康乐观的生活态度,具有健康的生活方式,具有良好的认识自己、接纳自己的心态与意识;能调节、控制自己的情绪,保持愉悦、平静的常态,并愿意为创造更美好的生活而不懈努力。

2. 教材文本二解读

生活是知识得以实践的土壤,知识要在生活中存在和形成。教科版《思想品德》从学生实际出发,并将学生逐步扩展的生活作为课程建设的基础,选取学生关心的具有教育意义的生活问题、现实事例作为主要素材进行提炼,使教材成为联系现实生活与实践的桥梁。教材重视课程内容与学生生活的联系，致力于深入学生的日常生活，从生活中寻找思想道德教育的要素。教材通过列举大量与学生实际生活相关的例子，将学生的真实生活直接展现在课堂教学中，使课堂的价值引导直接转化为学生现实生活中的内在需要和自主选择。重视课程内容与学生个体经验之间的联系，引导学生思考那些经常发生在生活中的问题，通过师生之间的共同分析与讨论，有效解决问题，促进学生的道德成长。

3. 教材文本三解读

思想品德教育需要理论上的说服力，但是思想品德不是纯粹的理论，它包含一个人的情感诉求、思想倾向和行为习惯。对于初中生的思想品德发展，说理教育往往具有较大的局限性；对于那些独立性要求较强的学生，说理教育更容易引起他们的反抗心理。动之以情，晓之以理，通情才能达理。比较抽象的道理，需要学生通过丰富的情感体验来领悟。教科版《思想品德》教材将正确的价值引导蕴含在鲜活的生活主题之中，使学生获得更多的生活感受和情感体验，从而领悟思想品德的理论内涵，将学习内容作为自己的生活追求；重视情感与理性的内在结合，并特别重视情感体验在思想品德发展中的重要性。教材注意引导学生在情感体验中获得理性的发展，在理性思考中渗透和获得情感的发展。教材特别强调引导学生在真实的生活、活动和实践中，感受、体验、探究、领悟和提炼道德、价值和理性的内涵。

4. 教材文本四解读

思想品德不是纯粹的客观知识，它包含世界观、人生观和价值观，体现人的主观理解，反映着人们深层的内心世界。初中是青少年世界观、人生观和价值观形成的重要时期，但他们生活在价值观日益多元化且相互冲突的时代，在每一个转折关头或处理每件事务时都面临着选择。因此，对初中生进行价值澄清显得尤为重要。价值观的形成和发展，离不开学生的独立思考。教材避免了说教、批评、灌输等形式，而是设计了一些冲突的情景和道德两难问题，促进学生反思自己的行为，让学生独立负责地分析判断并做出决定，从而发展了学生的道德意识、道德判断和价值观的选择能力。

三、教材的学科论维度解读

（一）学科论主要观点

学科论对学科的形成与发展及其影响因素、学科的本质及构成要素、学科的价值及学科论研究的意义等基本理论问题进行研究。[7]思想品德作为一门独立的学科，有其独特的学科本质。“思想品德”课程的性质是“思想品德”课程改革的重要依据。“思想品德”是一门以初中生生活为基础、以引导和促进初中生思想品德发展为根本目的的综合性课程。思想性、人文性、实践性、综合性是本课程的特性。[8]作为课程的具体体现，《思想品德》教材也应反映学科的基本性质。

1. 思想性

思想性是“思想品德”课程的根本性质，也是本课程的灵魂，它决定着课程的方向，规定着课程的基本特征，同时也规定了思想品德教育的基本任务。“思想品德”课程要以社会主义核心价值体系为导向，深入贯彻落实科学发展观，根据学生身心发展特点，分阶段、分层次对初中生进行爱祖国、爱人民、爱劳动、爱科学、爱社会主义的教育，为青少年健康成长奠定基础。

2. 人文性

“思想品德”课程的人文性是指要尊重学生学习与发展规律，体现青少年文化特点，关怀学生精神成长需要，用初中生喜闻乐见的方式组织课程内容和实施教学，用优秀的人类文化和民族精神陶冶学生心灵，提升学生的人文素养和社会责任感。

3. 实践性

“思想品德”课程的实践性是指要从学生实际出发，并将初中生逐步扩展的生活作为课程建设与实施的基础；注重与社会实践的联系，引导学生自主参与丰富多样的活动，在认识、体验与践行中，促进正确思想观念和良好道德品质的形成和发展。

4. 综合性

“思想品德”课程的综合性是指要有机整合道德、心理健康、法律和国情等多方面的学习内容，与初中生的家庭生活、学校生活和社会生活紧密联系，将情感态度和价值观的培养、知识的学习、能力的提高与思想方法、思维方式的掌握融为一体。[8]

(二) 教材文本例举[2]

1. 教材文本一

教材中有社会主义核心价值观教育的内容。例如，“公正”话题首先涉及学习和考试中的“公平”竞赛（七上“在分数的背后”），然后拓展到弱势群体和困难人群问题（八下“同在阳光下”）和日常生活中不同家庭的收入差别和公正问题（八下“走进社区”），最后拓展到国际公正秩序问题（九下“漫步地球村”）。又如，“诚信”话题在七上“在分数的背后”单元中，从考试作弊、说谎、伪造家长签名等个人生活中比较具体的、微观的角度讨论；在九上“市场考察”单元中，专门设计“品质：市场的通行证”（主要指“诚信”），拓展到社会生活——市场，强调诚信经济；在九下“财富论坛”单元中进一步深化，设计“财富的品质”“财富中的德与法”（涉及“诚信”），上升到道德约束；最后，在有关国际交往和合作的单元“漫步地球村”中，又讨论作为国际惯例基础的诚信。此外，七上“学会学习”涉及爱科学，八下“劳动创造世界”涉及爱劳动，八下“同在阳光下”涉及爱人民，九上“历史启示录”涉及爱祖国和爱社会主义。

2. 教材文本二

七下第二单元“跨越代沟”涉及孝敬父母和尊敬老师:“父母的养育之恩,我们怎能忘怀;父母给予的关心和爱护,我们怎能不铭记在心。对于父母,我们怎能不深深地感恩和孝敬!”“尊师是中华民族的优良传统。在中国历史上,教师一直深受人们的尊敬。尊敬老师的传统美德值得我们继承和发扬。”八上第四单元“我是少年公民”涉及传统家庭美德:“我国的传统美德不仅强调父母与子女之间的‘慈’与‘孝’,也非常重视祖辈与孙辈之间的尊老爱幼,兄弟姐妹之间的相亲相爱。这些都是中华民族的优良传统。每个人都应该从自己做起,主动关心、爱护与帮助其他家庭成员,共创共享夫妻和睦、长幼有序、手足情深、互敬互爱的家庭美德。”九上第一单元“历史启示录”集中探讨了中华优秀文化传统。

3. 教材文本三

整套教材围绕生活主题展开,从学生的学习生活到校园生活,再到家庭、社区和社会生活,七年级主要涉及个人学习生活,八年级主要涉及集体生活、公共生活,九年级主要涉及社会生活。八下第五单元“走进社区”主题文为“社区,我们生活的地方。我们关注社区,描绘社区,感受社区,体验社区;我们观察社区,分析社区,考察社区,研究社区。我们在社区中生活,融入社区,热爱社区;我们行使权利,承担责任,服务社区,建设社区”。该单元第95页最后一段主题文为“我们都希望对自己的社区有进一步的了解,为社区的发展做出更多的贡献。实现这些愿望最好的方法之一,是对社区进行实际的考察和研究。通过考察,我们可以发现社区许多不曾被我们了解的可爱之处,也会发现它的不足之处,从而探讨和寻找改善社区、建设社区的途径与方法”。

4. 教材文本四

七上第五单元“成绩内外”第一个二级标题“考试的心情”,是有关心理方面的教育,既涉及了“是什么”的内容(“适度紧张是有益的”“过度紧张是有害的”等),也涉及了“怎么做”以及“为什么要这么做”的内容(“紧张心理调节法”);第二个二级标题“成绩的品质”,以考试作弊、说谎、改分数和抄作业答案等实际问题和现象为题材,进行了诚实和公平以及负责、自尊、尊重等价值观和道德教育,同时引入尊重规则、尊重权利、尊重法律这些较为中观的话题来加强规则和法律教育;第三个二级标题“成绩之外的收获”,把道德、心理健康、法律等从时空上进一步拓展,引导学生不仅要关注考试、分数,还要关注自身发展的其他方面,促进自身各方面的全面成长、全面发展,并体会“一分耕耘,一分收获”(勤奋和坚持不懈)的道理。八下第一单元“自然的声音”第一个二级标题“人类的朋友”,首先介绍了关于自然的“理性”认识和感悟,体验到人与自然这种“母子”“朋友”的关系(涉及心理方面的内容);随后,第二个二级标题“哭泣的自然”介绍了资源环境问题的严重性(涉及国情、心理方面的内容);最后,第三个二级标题“做大自然的朋友”把资源环境问题落到实处,激发学生用行动来保护人类家园(涉及法律、道德方面的内容)。

(三) 教材文本解读

1. 教材文本一解读

党的十八大提出“倡导富强、民主、文明、和谐,倡导自由、平等、公正、法治,倡导爱国、敬业、诚信、友善,积极培育和践行社会主义核心价值观”。社会主义核心价值观在中国整体社会价值体系中居于核心地位,发挥着主导作用,决定着整个价值体系的基本特征和方向。教科版《思想品德》教材把社会主义核心价值观融入每个单元,分阶段、分层次对初中生进行社会主义核心价值观的教育,确立了课程的根本指导思想。对学生进行正确思想观念和价值观引导,切实担起了“思想品德”课程立德树人的根本任务。同时,教材还体现了初中阶段对学生进行思想品德教育的根本任务,即通过“思想品德”课程对初中生进行爱祖国、爱人民、爱劳动、爱科学、爱社会主义教育,为青少年健康成长奠定基础。

2. 教材文本二解读

人是有意识、有情感、有内心世界和精神追求的。塑造青少年美好的心灵,陶冶他们的道德情操,提升他们的精神境界,是“思想品德”课程的重要使命之一。在中华民族的发展过程中,逐步形成和积累了优秀的传统文化,如“爱国奉献”“崇尚和谐”“承担责任”“自强不息”等。教科版《思想品德》教材特别注重用优秀的传统文化陶冶学生心灵,提升学生的人文素养和社会责任感。优秀的传统文化包含着人类生存与发展的一些普适性价值,教材有了深厚的人文精神作基础,正确的思想有了根基,良好的行为也就有了价值目标。用优秀的思想文化和人文精神培育学生,有利于学生思想品德的健康发展。教材在呈现手段上,通过文字描述,适当配以图片,将深刻的道理蕴藏在生动、有趣的事例中以及直观、形象的图片漫画中,贴近青少年学生的成长要求,能帮助学生理解抽象的概念和理论知识,激发学生的学习热情和学习动机。

3. 教材文本三解读

实践性是很多课程的追求。“思想品德”课程致力于道德品质和人文精神的习得和养成,需要学生将思想认识付诸行动,并自觉成为一种生活方式。教科版《思想品德》教材非常强调与学生现实生活的关联,包括校园生活、家庭生活、社区生活和社会生活,这些都构成学生个体生活经验的基础。思想品德教育不能完全脱离学生具体的生活实际,进行抽象、空洞的说教,而需要在现实生活的诸多矛盾中不断推进和深入。引导初中生在日常生活,包括最直接的学业生活中,领悟、辨析思想道德价值并且积极学习和适应公共生活,帮助学生顺利实现从小公民到负责任的青年公民的过渡。加强与学生生活的关系,能够增强思想品德教育的实效性和针对性。同时,教材也注重与社会实践相联系,引导学生自主参与丰富多样的活动,在认识、体验与践行中实现正确思想观念和良好道德品质的形成和发展,教材单设“走进社区”单元就是很好的例证。

4. 教材文本四解读

综合的课程形态是“思想品德”课程的构建方式，这种构建方式是以对生活本身的综合性、知识本身的综合性以及学生发展的整体性的理解为基础的。思想品德总是寓于生活的各个方面，它进入政治关系、国际关系、生态关系、人际关系、家庭关系以及个人生活中，进入物质生活、经济生活、精神创造、科学认识中，同时也发生在与周围生活的接触中和个人对自身的态度中。因此，我们不能离开学生的家庭生活、学校生活、社会生活来谈道德生活，也不能离开政治生活、经济生活、文化生活等，或者是局限于生活的某个方面来谈道德生活。思想品德教育应该面向并且存在于初中生的全部生活之中。教科版《思想品德》教材在充分考虑初中生的年龄特征和认知特点的基础上，从学生适应社会公共生活和思想判断形成和发展的实际出发，以学生的生活主题为经（主线），以课程学习内容为纬，综合设计教材体系结构，以综合化的素材、综合化的形式和方法，突破学科与学科的界限、书本与生活的脱节、共性教育与个性需求的分离，将心理健康、道德、法律、政治、国情等学习内容有机整合，将情感、态度、价值观、能力、知识加以整合，有助于学生综合地认识、处理生活问题，以及在一个综合的学习模块内，提升学习者的情感、态度和价值观，培养学习者的道德认知能力。

教材是课程理念、教学理念的“集结体”。在一定意义上说，教材体现着一定社会历史时期的价值取向，课程改革的主张、课程标准的理念就渗透在教材中。我们要用辨证科学的眼光从多个维度去解读教材，因时因地去“改造”教材，变“教教材”为“用教材教”。教材解读读的是教材，实际是教师专业发展的过程。

参考文献

[1] [美]丹尼尔·坦纳，[美]劳雷尔·坦纳. 学校课程史[M]. 崔允漷，译. 北京：教育科学出版社，2006.

[2] 魏贤超. 思想品德[M]. 北京：教育科学出版社，2014.

[3] [美]亚瑟·K.埃利斯. 课程理论及其实践范例[M]. 张文军，译. 北京：教育科学出版社，2005.

[4] 朱小蔓. 情感德育论[M]. 北京：人民教育出版社，2005.

[5] 高德胜. 生活德育论[M]. 北京：人民教育出版社，2005.

[6] 刘惊铎. 道德体验论[M]. 北京：人民教育出版社，2003.

[7] 孙绵涛. 学科论[J]. 教育研究，2004(6)：49.

[8] 中华人民共和国教育部. 义务教育思想品德课程标准(2011 年版)[M]. 北京：北京师范大学出版社，2012.

课堂教学自我诊断：教师专业发展的核心能力

尹 达
(陕西师范大学教育学院)

［摘要］课堂教学自我诊断是教师本人通过对自己课堂教学过程中诸要素的“诊视”与“判断”,发现并总结经验,分析存在的问题并提出改进措施的一种方法和技能;诊断视角为人际关系、学习目标、学习内容、学习方法、学习环境、学习反馈等。课堂教学自我诊断是教师专业化发展过程中必须具有的自我审视与自我完善的能力,也是教师专业的核心能力,却是当前教师专业化发展的一个“短板”。只有提高教师课堂教学自我诊断能力,才能切实提高教师的教育教学能力、教学科研能力、自我反思能力、创新学习能力,从而提升教师专业能力,有效促进教师的专业化成长。

［关键词］课堂教学;自我诊断;教师专业发展;专业核心能力

Self-diagnosis of Classroom Teaching: The Core Competence for Teachers' Professional Development

YIN Da

Abstract: Self-diagnosis in classroom instruction is a method and skill for teachers to summarize experience by themselves through "evaluation" and "judgment" on elements in their own teaching procedures, to analyze existing problems and to put forward measures for improvement. Diagnoses are made from many perspectives including interpersonal relation, learning objective, learning content, learning methods, learning environment, learning feedback, etc. Self-diagnosis of classroom teaching is an essential ability that teachers must possess for their self-examination and self-improvement in the course of professional development, and it is also teachers' core professional competence. However, it is the "short board" in teachers' professional development nowadays. Only by enhancing teachers' ability of self-diagnosis for classroom teaching, can we effectively improve teachers' teaching ability, research capability, self-reflection ability, innovation and learning ability, thereby improve teachers' professional ability and effectively promote teachers' professional growth.

Keywords: classroom teaching; self-diagnosis; teachers' professional development; professional core competence

目前正处于追求优质的全球性教育变革浪潮之中，提高教师的专业能力已经成为教师教育或培训的现实诉求。[1]按照《新牛津英语词典》(*The New Oxford Dictionary of English*)的解释，"能力"(competence)即"成功或有效做某事的才能"，形容词"competent"的意思是"具有成功做某事的才能、知识或技巧"，而"能力与实践天然相关，与才能、知识、技巧等密不可分"[2]。将医学术语"诊断"引进课堂教学领域，对提高教师专业能力、优化教学过程、提高教学质量、促进学生发展发挥了重要作用。在教育部颁布的《教师教育课程标准(试行)》中，专门设置了"教学诊断"课程模块，要求充分利用教师自身经验与优势解决实际问题，促进教师专业能力发展。课堂教学自我诊断作为一种教学研究的方法，是提高教师专业能力的重要途径；课堂教学自我诊断更是一种研究教学的技能，是教师专业发展的核心能力。

一、课堂教学自我诊断的理论依据与内涵

课堂教学自我诊断融于教学实践，强调教师高度的自我感悟能力和自我反思能力，在促进学生发展的同时也成就了教师发展。课堂教学自我诊断来源于教育学、心理学、医学、系统论以及哲学等领域，具有深厚的理论依据和丰富的内涵。

(一) 课堂教学自我诊断的理论依据

教学病理学、中医诊断理论、课堂生态理论以及协同学是课堂教学自我诊断的主要理论来源。教学病理学认为，教学未必全都神圣，课堂教学系统本身就具有易患病的特性，教学病理学确定了以促进学生的身心和谐、充分发展为健康课堂教学的标准。中医诊断理论源远流长，经典著作《黄帝内经》确定了望神、察色、闻声、问病、切脉等诊断方法与内容，经过历代医学家和医学工作者的实践总结，形成了以望、闻、问、切四诊合参的诊断方法，以八纲辨证、病因与气血津液辨证、脏腑辨证等辨证方法。生态课堂是一种回归自然、唤醒人性、崇尚自主、整体和谐、动态发展的课堂，其探求问题导向的动态发展的教学目标，致力于构建和谐师生关系，创生拓展教学内容，营造温馨民主的教学环境，完善多样化的教学评价体系。而协同学(synergetics)一词来源于古希腊文，意为"合作的科学"(science of cooperation)，强调在开放的系统中，通过内部子系统之间的协同合作形成健康的、有序的结构。

(二) 课堂教学自我诊断的内涵

课堂教学自我诊断,即教师自己诊断自己的课堂教学活动。课堂教学自我诊断是基于教学设计、教学实施的一种研究方法,其依据一定的标准去诊断教学设计是否合理、教学实施是否高效、教学诸要素是否和谐;课堂教学自我诊断更是基于教学自我评价与教学自我反思的一种技能,需要教师的自我体验、自我观照、自我感悟与自我思辨。代天真、李如密认为,课堂教学诊断是指诊断者通过看、听、问、思等手段,对课堂教学的过程进行诊断,发现教师教学特色及存在的问题,并提出改进策略的教育活动。[3]由此可见,代天真、李如密以"旁观者"的视角,赋予教学诊断发现并总结执教教师的成功经验、分析执教教师存在的问题并提出改进建议的双重功能。而课堂教学自我诊断的主体是"我",客体是"课堂教学过程中的诸要素",其含义可界定为:课堂教学自我诊断是教师本人依据一定的标准,通过对自己课堂教学过程中诸要素的"诊视"与"判断",发现并总结经验,分析存在的问题并提出改进措施的一种方法和技能。促进执教教师专业能力提高和促进学生身心和谐发展,是课堂教学自我诊断的基本目的。课堂教学自我诊断应当坚持尊重性原则、鼓励性原则、发展性原则、反思性原则、互动性原则和教育性原则。

二、课堂教学自我诊断的基本视角

课堂教学系统包括学生、学习目标、学习内容、学习方法、学习环境、学习反馈和教师等7个要素[4],进行课堂教学自我诊断,就是教师自觉地发现课堂教学存在的问题与不足[5]。具体来说,课堂教学自我诊断的基本视角包括以下几个方面。

(一) 诊断课堂人际关系

在课堂教学系统诸要素中,"人"是最为活跃的要素。学生与学生的人际互动,教师与学生的人际互动,构成了课堂教学系统两大最为重要的动力;而厘清学生与学生、教师与学生之间的关系,是课堂教学自我诊断的首要视角。在课堂教学特定的时空之中,学生与学生之间的关系是目的性竞争合作关系。学生与学生交往的目的性,以主动参与为形式,以解决问题为目的。学生参与学习活动的态度、广度与深度直接决定着学生的学习质量。学生与学生交往的竞争性,具体表现为学生在课堂上争先发言、提出异议、无视同学求助、取悦老师等形式[6],而学生之间的竞争是基于目标一致的基础之上的竞争,即双方都为达到目标而竭尽全力[7]。但是,学生之间的竞争需要合作来"降低甚至消除竞争所带来的负面影响"[8]。教师与学生的关系是一种协商性共赢合作关系。尽管教师与学生的关系是作为一种微观政治活动存在,但"不能把运用谋略战胜学生当作目的",教师应当支持处于不同社会关系的学生[9],师生之间、生生之间在合作中实现共赢,在共赢中一同成长。

(二) 诊断课堂学习目标

教学目标只有转化为学习目标,该教学目标才有价值;师生协商性共赢合作的新型关系,也决定了教学目标向学习目标的转变。课堂教学中的学习目标,是立足于学生、限定于课堂教学之中的学生的具体学习方向与学习目的,是师生合作的共同追求。同时,学习目标并不是一成不变的,而是处于不断的发展变化之中。这种发展变化应当处于一种动态平衡的发展状态,否则就阻碍了师生的成长。学习目标的确定与达成,是东西方有效教学研究中公认的基石,也是指导学习、提问答疑、布置作业等教学行为的方向。正确处理预设目标的达成和课堂生成的关系,成为教师课堂教学自我诊断的关键。[10]教师需要按照学生的最基本发展区、教学资源的特点、教师的个体特征、教学时间等,指导学生设计数量合理、目的明确、逻辑结构科学的教学环节。[11]因此,定位准确恰当、表述清晰规范是学习目标的基本要求。

(三) 诊断课堂学习内容

学习内容的选定,是师生协商性合作的重要结果,也是能否实现学习目标的重要依靠。学习内容也不限于学生的实际问题,教学毕竟是一种社会活动;这就需要教师拥有处理课程的能力,与学生通力合作,确定适合学生本身又能够实现个人社会化与社会个人化的学习内容。由此可见,学习内容的选定,教师有较大的裁量权,但也有很强的规定性。教师自我诊断学习内容时,不但要合理加工教材,加强教材与学生实际生活的联系,引导学生探究未知事物的方法,还要提供知识呈现的最佳时机与形式;按照黄厚江的解释,对"时机"和"形式"的审视,需要对课堂教学内容的通透理解以及对学生情景认知的深刻洞察。[12]同时,合理利用教学过程中动态生成的学习资源(教师与学生都是课程资源的生成者),还要合理选择学习内容,正确运用学习资源,所选内容要符合学生的实际和教学的特定要求。

(四) 诊断课堂学习方法

教学方法是在教学过程中,教师和学生为实现教学目的、完成教学任务而采取的教与学相互作用的活动方式的总称。[13]教学方法与学习方法紧密联系在一起。学生学习方法的获得,主要依靠教师的指导和学生自身经验的积累。教师的指导能力直接决定着学生对学习方法的掌握,而学生自身经验对学习方法的实践至关重要。师生的协商性共赢合作的重要目的,就是探寻解决问题的有效方法以实现学习目标,这种有效方法一旦落实到学生独立自主地解决问题上,也就实现了学生学习方法的内化与掌握。从根本上来说,学习方法即教师指导学生学习的方法,也是学生接受与内化指导学习的方法。诊断学习方法,要注意方法的适用性、有效性、多样性与科学性,还要注意该方法是否有利于优化学习过程,运用多媒体辅助教学的合理性;同时,学习方法要服务于学习目标的达成。

(五) 诊断课堂学习环境

学习环境主要是指课堂教学的氛围,教师与学生应当尽量优化学习环境,尽力使学习环境传递出正能量。学习环境包括物理环境、文化环境和心理环境等。就目前来看,大多数学校都忽视了课堂学习心理环境的营造。学习环境的动态平衡主要是指与学习环境相关的因素,如物理环境、文化环境、心理环境等的和谐统一,从根本上来说,是人际的和谐、精神的和谐与心理的和谐。优化师生的心理环境是当前学习环境诊断的重要内容,因为心理环境是自我感悟的最直接、最亲密的环境,远远超出了"物理意义、生物意义、社会意义和文化意义的环境",人的主观能动性使人能够"在心理上分离出自己所处的环境",并且能够根据自身的需要有针对性地去"调整或调节自己的心理行为"。[14] 在课堂学习环境里,人的因素只有教师与学生,这就要求师生一同努力,去营造适宜学习的学习环境。

(六) 诊断课堂学习反馈

教学反馈分为教学评价与教学管理,教学评价分为教师的教学工作评价与学生的学习质量评价[15];而学习反馈主要是师生双方围绕着学生的"问题"以"学习方法"为内容呈现出来的。教师应当有意识地去捕捉学生的学习反馈信息,学生也应及时地进行自我反馈,在学习反馈中解决问题预设,推动问题生成,实现教学过程学生问题的动态平衡。教师对学习反馈自我诊断的重要指标包括以下几个方面:教学形式是否多样,学习内容是否丰富;教学过程是否得到有效调控,学习过程是否积极高效;实施教学是否指向教学目标,学习环节是否指向学习目标;教学是否面向全体学生,学生学习是否张弛有度;教学语言是否规范有效,学生接受的信息是否准确;教师是否及时捕捉生成问题,学生学习是否自主高效;教师多媒体运用是否合理,学生学习目标是否达到等。

三、课堂教学自我诊断的实施策略

课堂教学自我诊断的核心要素是"诊断思维"(前提)、"自我诊断"(方式)、"教学重构"(途径)、"师生发展"(目的)。探寻课堂教学自我诊断策略,必须以优化教学诊断思维为基点,以构建诊断标准为关键,以掌握自我诊断方法为重要手段,具体包括以下三点。

(一) 优化教师教学诊断思维品质

课堂教学中的疾病需要及时诊治,这是由教师教书育人的职业特点和课堂教学促进学生身心发展的功能决定的。课堂教学自我诊断必须重视提高和优化教师教学诊断思维品质。所谓教师教学诊断思维品质,是指教师依据课程标准、教师专业标准、学科教学规律以及学生身心发展特点,在教育教学实践与诊断过程中自我反思、自我省悟、自我诊视、自我判断、自我改进的思维过程。提高教师教学诊断思维的有效途径是运用"4W"法进行反思与总结:"Where"——"在哪里",确定病位,探寻问题出在了哪里;"What"——"什么",确认病性,分析问题属于哪类性质;"Who"——"谁",认定病理,诊视出现问题的本质;"Why"——"为什么",推断病因,判断出现问题的缘由。通过提高教师教学诊断思维品质,来拓展思维时空、改善思维水平、优化思维方法,从而提高教师的自我反思与自我发展能力。

(二) 构建课堂教学自我诊断标准

构建课堂教学自我诊断标准是一个复杂的系统工程。首先,必须了解课堂教学自我诊断的基本理念。实现教师与学生的共同发展,尤其是促进学生的发展,是课堂教学自我诊断的基本理念。其次,要明确课堂教学自我诊断的依据。现行的教育教学价值观是课堂教学自我诊断的重要依据,要落实新课程改革的基本理念和《教师专业标准(试行)》的基本要求。再次,要理解课堂教学自我诊断的内容。实现教师与学生、教学目标与学习目标、教学内容与学习内容、教学方法与学习方法、教学环境与学习环境、教学反馈与学习反馈的高度适合,构建促进和谐的师生关系、适合的教与学的关系。最后,要掌握课堂教学自我诊断的基本方法。除了运用传统的反思总结和听评课方法之外,还要适时采用考试测验法、现场观察法、问卷调查法、录像分析法、师生访谈法、团体会诊法、四诊(望、闻、问、切)合参法等。尤其是随着现代教育技术和医学诊断技术的发展,为构建课堂教学自我诊断标准体系、有效诊断课堂教学疾病提供了极大的便利。

(三) 掌握课堂教学自我诊断技能

课堂教学自我诊断是教师或教师群体以自己的教学活动为思考对象,是一种自主性、批判性的思维活动,更是一种对自我潜能的有效开发。掌握课堂教学自我诊断技能,首先,要明确自我诊断过程。一般来说,课堂教学自我诊断过程包括诊断准备、收集资料、初步诊断、诊病辨证、治疗处方、验证效用、再次诊断、实践跟进和巩固疗效等 9 个环节。其次,要掌握诊断辨证的步骤与技术,抓住病症、探求病因、落实病位、分清病性、阐明病机、详悉病势,以实现判病论治的目标。再次,要处理好三对"关系",即教师教学与学生学习的关系、教学诊断与医学诊断的关系、教学诊断与教学实践的关系。最后,要坚持三大"结合",即自我诊断与他人诊断相结合、教学诊断与学习诊断相结合、诊断自觉与诊断制度相结合,尤其是要提高教师自我诊断的主动性,实现教师课堂教学自我诊断的规范化发展。

四、课堂教学自我诊断的现实价值

教师专业能力是由若干个能力要素,按照一定的构成方式组合而成的,具有不同功能的有机整体。[16]课堂教学自我诊断的内涵、视角与策略,决定了课堂教学自我诊断对于提升教师专业发展的可行性与必然性。

(一) 课堂教学自我诊断提升教育教学能力

教育教学能力是教师最基本的能力,王丽珍称之为"教师专业基础能力",即教师从事教师职业必须具备的根本性和专业性的能力,也是教师专业化发展的前提与基础。[17]教师的教育教学能力主要包括教材处理能力、课程整合能力、学情掌握能力、教学设计能力、教学实施能力、班级组织能力、教育评价能力、沟通合作能力和学习指导能力等。课堂教学自我诊断,能够"透视"教材处理是否恰当,课程整合是否科学,学情掌握是否全面,教学设计是否合理,教学实施是否对路,班级组织是否健全,教育评价是否有效,师生合作是否和谐,学习指导是否到位,从而使教师不仅能够及时判断和发现课堂教学过程中存在的问题,以便及时调整自己的教学进度和教学方式,而且在课堂自我诊视的过程中,便于总结自己的教学经验,从而提高教师的教育教学能力。

(二) 课堂教学自我诊断提升教学科研能力

教学科研能力是教师专业能力的重要组成部分,是有效促进教师专业化发展的关键因素。课堂教学实践是教学科研的起点与归宿,不仅为教学科研提供了丰富的研究案例,也为检验教学科研的效果提供了舞台;教学科研是优化课堂教学实践、有效提升教师教育教学能力的途径与方法。课堂教学自我诊断通过对课堂教学各要素的分析与诊断,提出存在的问题,分析问题存在的原因,探索解决问题的方法,从而提高教师的课堂教学能力。教学科研能力的提升,除了要有较强的课堂教学能力之外,教师还必须具备课堂教学自我诊断能力。只有课堂教学自我诊断才能更深入地诊视和判断课堂教学实践活动,才能有效提升教学科研的质量与效果。同时,应当注意的是,课堂教学自我诊断本身就是教师教学科研的一种形式,而且是“最基本、最有效的形式”,不仅提升了课堂教学的品质,促进了“学科研究自身的发展”[18]和教师教学科研能力,还促进了教师专业化发展的进程。

(三) 课堂教学自我诊断提升自我反思能力

教学反思是教师提高自我觉察力的重要途径,包括对自己行为的反思、对行为过程的反思、对教育活动的反思;教学反思的过程包括发现问题(问题)、了解自己的思想与行为(经验)、理论与实践的学习(学习)、获得新的认识(反思)。[18]课堂教学的自我反思,使教师由“局外人”转为“局内人”,成为一个“不断反思的研究者或参与观察者”,[19]更成为课堂教学的自我诊断者、自我促进者、自我发展者。课堂教学自我诊断为教师提供了有效的信息反馈,促进了教师的自我觉察与自我反省,引起了教师“对原有专业实践认知和行为之间的不平衡”,进而实现了教师对原有认知与行为假设动机的“批判与质疑”[20],从而“迫使”教师不得不进行自我反思与自我改进。值得注意的是,课堂教学自我诊断是对教师自我原有认知与行为的自我改进与完善,是一种自觉性的领悟与反省。

(四) 课堂教学自我诊断提升创新学习能力

创新学习能力是在实践基础上通过学习形成的创新能力,是指教师在教学过程中具有创意,能反思并运用新的教学方法来调动学生学习兴趣,从而促进学生发展,[21]其本质是会学习、会创新。教学是教师指导学生学会学习的实践活动,“课堂教学的使命就是真正持续地关注每个作为生活者的学生的利益”①。只有高水平的

① 出自陶志琼为《透视课堂》(Good T L, Brophy J E著,中国轻工业出版社2013年7月第1版)所作序言《既是小课堂大人生,又是大课堂小人生的写真!》。

教师才能“指导”出高水平的学生;只有具备创新学习能力的教师,才能“指导”出具备创新学习能力的学生。教师作为学生学习的指导者,必须具备创新学习能力。课堂教学自我诊断不仅为教师学习提供更为合理的建议,而且能够有效提升教师教育教学能力、教学科研能力和自我反思能力。课堂是教师教学活动与学生学习活动的主阵地,课堂教学自我诊断是促进教师自身专业化发展的有效途径,是提升教师专业能力的核心。

综上所述,课堂教学自我诊断是教师专业发展的核心能力,是课堂教学诊断的重要形式之一。“从教学诊断的全部活动来看,自我诊断是各种诊断方式的基础,无论什么诊断方式,都要转化为自我认同才能产生效用。”[22]课堂教学自我诊断以把握课堂教学现状为基点,以分析课堂教学自我诊断现状为必要前提,以掌握课堂教学自我诊断原理为重要保证,以推进课堂教学自我诊断实践为核心,以积极反思课堂教学自我诊断为关键因素,以改善课堂教学自我诊断研究与实践为优化途径。当前,新课程改革已经进入深水区,教师专业能力已经成为制约教育教学质量的瓶颈;而课堂教学自我诊断是教师专业发展的核心能力,也是当前教师专业化发展的一个“短板”,只有提高教师课堂教学自我诊断能力,才能切实提高教师专业能力,才能有效促进教师的专业化发展。

参考文献

[1][2] 戚万学,王夫艳. 教师专业实践能力:内涵与特征[J]. 教育研究,2012(2):97-104.

[3] 代天真,李如密. 课堂教学诊断:价值、内容及策略[J]. 全球教育展望,2010(4):43-45.

[4][5][12] 黄厚江. 语文课堂教学诊断[M]. 南京:江苏教育出版社,2011:8-10,11,181-182.

[6][8] 何基生. 论课堂教学中学生的竞争与合作:兼论有效课堂学习小组的构建[J]. 教育探索,2009(3):22-24.

[7] Husen T. The International Encycolpedia of Education: Research and Studies [M]. Elmsford, NY: Pergamon Press, 1985: 300-303.

[9][10] 夏雪梅. 以学习为中心的课堂观察[M]. 北京:教育科学出版社,2012:199-201,35-37.

[11] 崔允漷,沈毅,吴江林,等. 课堂观察Ⅱ:走向专业的听评课[M]. 上海:华东师范大学出版社,2013:115.

[13][15] 李秉德,李定仁. 教学论[M]. 北京:人民教育出版社,2001:183,307-384.

[14] 葛鲁嘉. 从心理环境的建构到生态共生原则的创立[J]. 南京师范大学学报(社会科学版),2011,9(5):121-126.

[16][17] 王丽珍. 教师专业发展能力模型建构[J]. 教育理论与实践,2013,23(22):38-42.

[18][19] 栗洪武,秦立霞,龙宝新. 教师实用教学技能[M]. 西安:陕西师范大学出版社,2012:210-211,209.

[20] 程子悦. 简述课堂教学观察与传统听评课的区别[EB/OL]. (2013-09-25)[2014-05-10]. http://cfpx.cersp.com/article/browse/318275.jspx.

[21] 游旭群,王振宏. 教师教学创新能力及其发展[J]. 当代教师教育,2013(2):5-8.

[22] 严先元. 教师怎样作教学诊断[M]. 长春:东北师范大学出版社,2007:16-17.

美国基础教育课程评价一致性实践研究

——“课程实施调查”模式的应用及启示

刘晶晶
(华中师范大学教育学院)

[摘要] 根据美国基于标准化改革的要求,研制学习评价与课程标准一致性分析模式成为美国近年来基础教育课程领域的重要课题。美国学者安德鲁·帕特(Andrew Porter)、约翰·史密森(John Smithson)等人开发的“课程实施调查”模式提出了一整套如何基于课程标准来实施学业成就评价的方法及程序。本文拟对“课程实施调查”模式研究的缘起、模式的基本框架以及应用加以探讨,以期给我国课程实践与学业评价一些启示。

[关键词] “课程实施调查”模式;一致性;标准;启示

A Study on Curriculum Evaluation Consistency Practice in American primary education

-Application and Enlightenment of the “Curriculum Implementation Survey” Model

LIU Jingjing

Abstract: According to the requirements of standardization reform in the United States, it has become an important issue in the field of basic education curriculum in recent years to develop the consistency model of learning evaluation and curriculum standards. American scholars, like Andrew Porter and John Smithson, put forward a set of methods of how to implement the curriculum-standards based achievement assessment. This paper intends to discuss the origin of “Curriculum implementation Survey” framework and its application model to be explored in order to evaluate our curriculum and academic practice, and give some enlightenment to our curriculum practice and academic evaluation.

Keywords: “curriculum implementation survey” model; consistency;

standards; enlightenment

一、"课程实施调查"模式的缘起

(一) 研究背景

教育质量意味着培养出来的学生在适应未来社会、满足国家与社会需求的符合程度，是关系国民整体素质的战略问题。20 世纪 80 年代以来，针对基础教育质量每况愈下的现象，美国进行了旨在提高基础教育质量的大规模教育改革——"标准化改革"；改革的目标是建立比较统一的教育标准和课程，以及与其相匹配的教育评价系统。为改变学生学业能力低下的现状，2000 年克林顿政府出台了《2000 年目标：美国教育法》，全面启动了基础教育改革。2002 年，前美国总统小布什签署了《不让一个孩子掉队》(No Child Left Behind，简称 NCLB)法案，提出教育公平主要体现在两个方面：第一，人人都有受教育的机会；第二，保证受教育者所接受的教育质量一致。[1]为了全面保证教育质量，NCLB 法案颁布之后，美国教育部提出，所有州必须使用一个关于学术内容标准深度与评估校准相对应的对教育目的的验证过程，以证明各州在各个年级的学术内容标准深度与评估的一致性。在美国政府的资助下，各州先后进行学业成就评价与课程标准一致性的研究与实验。

虽然美国是世界超级大国，但是近年来中小学生学业成绩的下降也给美国上下带来了强烈的危机意识。例如，2008 年 12 月 9 日，国际大型教育评估项目"国际数学与科学趋势"(TIMSS)的测试结果显示，美国中小学生的数学成绩仅处于中等偏上水平，亚洲一些主要国家和地区的学生成绩明显超过美国。2006 年，国际学生评估项目(Program for International Student Assessment，简称 PISA)的测试结果表明，美国学生的科学素养、数学素养的成绩排名远低于经济合作与发展组织(简称经合组织)其他国家平均分。该结果使美国各界对现今美国教育深感忧虑。

(二) 研究意义

基于标准评价的核心是指学生学业成就评价与课程标准的一致性。那么什么是一致性呢？评价与课程之间的一致性是指评价与课程标准之间的吻合度，它可以反映基于标准的评价的价值追求，也可以作为衡量基于标准的评价的执行程度的依据。一致性是基于标准评价的核心，对一致性研究的意义如下。

1. 保证国家课程的权威性和执行力

教育系统有许多重要元素，如专业发展、教学材料、教师资格认证、教育资源分配等，它们与教育期望和教育评估聚集成教育的宗旨、政策、程序和做法这四个不同的阶层，并形成了一个重要而连贯的教育系统。而作为教育改革的关键和教育政策构成的中心元素，基于标准的教育是体制改革和问责制的重要组成部分，这主要体现在需要用更加严格和具体的方式去评判教育期望和教育估计之间的一致性，应该受到教育工作者和政策制定者极大的关注。1998 年，美国成立了课程与评价一致性分析协会，该协会指出："评价应当与课程标准一致，且应当基于课程标准提供关于学生学业成就的持续的、一致的信息，应当把评价、课程与教学的一致性作为州、社区、学校努力实现有挑战性课程标准的一项关键性指标。"[2]并且，美国联邦政府进一步坚信，教育的高水准和基于标准的教育改革，可以促进美国在国际竞争中有更好的表现。[3]

于是，一致性作为考量手段，将通过国家课程与评价进行协调、呼应、密度分析，以考查学生的学业成就。其结果为，高质量的一致性可以反映课程标准在评价中较高程度的执行，能够引导评价目标回归课程标准的内在要求，保证评价活动指向学习内容标准；低质量的一致性反映出课程标准在评价中部分或者错误的执行。

2. 作为评价依据也作为促进学习的手段

最初人们对一致性的认识停留在测试范围与认知水平的一致程度，通过检测试题，判断它们与课程标准的匹配程度，其目的是改进测试。20 世纪 90 年代，一致性分析还停留在在布鲁姆时代，认为只要设计或选择评价工具时在某种程度上考虑了学习目标，评价和课程标准之间就具有较高的一致性水平。但是，随着评价理念的发展，人们对一致性进行了更深入的研究，认为一致性的作用应该是促进学生获得更高水平的学业成就，其核心在于课程标准是教学与评价的依据；教学与评价是为了实施课程标准，评价的内容就是所教的内容；三者之间相互促进，实现高质量的一致性，从而满足学生获得高质量的学业成就。为此，美国教育部明确发出声明，指出学术内容标准深度与评估的一致性必须包括六个维度，以此作为有关州的标准和评估之间一致性判断的重要依据；这些方面包括内容的全面性、内容和性能的匹配度、哪些是重点内容、内容深度、连贯的成就标准和使用者清晰的认识。

因此，基于时代的背景和适应学业评价实践的需求，研制学业评价与课程标准一致性分析模式，成为全美基础教育课程改革的重要课题。各种分析评价模式，为进一步拓展学业评价与课程标准一致性的研究与实践，提供了框架理论基础，其中具有代表性的一致性分析模式就是"课程实施调查"模式。美国学者安德鲁·帕特(Andrew Porter)、约翰·史密森(John Smithson)等人在国家科学发展基金会、州合作项目拨款以及国家教育委员会的支持和赞助下，以基础教育中的数学、英语和科学等学科为对象，对美国 6 个州的 300 多所学校进行了大规模的课程实施调查与研究，成功研发出学业评价与课堂教学一致性分析工具，即"课程实施调查"(Surveys of Enacted Curriculum，简称 SEC)模式。目前，该模式已在美国 11 个州和地区得到推广和应用，成为美国探究学业评价与课堂教学一致性的重要程序和方法。

二、"课程实施调查"模式的分析方法

最初，美国关于标准与评价的一致性研究有三种方式。各州运用最为广泛的是诺曼 L.韦伯(Norman L. Webb)对齐方式，韦伯专题小组成员编译了一套标准与

评价分析系统——知识深度一致性(Depth-of-Knowledge Consistency,简称DOK)。DOK知识深度的四个层次可以分别用于进行测试与标准的一致性比照分析。[4]但是,韦伯模式只是总体说明了标准与评价的一致性关系,并没有给出提升一致性的策略。"成功分析模式"(Achieve Procedure)通过检测评价项目和课程标准的匹配度,对评价项目的难度进行判断及检测知识分布平衡性与评价项目所涉及的知识广度的分析方式,从而对学业评价和标准进行一致性深度质性研究。"课程实施调查"模式的不同之处在于没有直接在评价和评价项目之间设置标准,而是通过对内容的分析构建一个目标分类框架,通过矩阵和被测项目所占比例进行分析,在研究过程中提供了更多的比照细节。[5]安德烈(Andrea Martone)和斯蒂芬(Stephen G. Sireci)对三种方法进行比较后也指出:"韦伯模式"被视为提供了在多个标准的评估中最强定量信息的比对;"成功分析模式"讨论了评价项目的难度,同时,也提供了关于一致性最有用的叙述性总结;"课程实施调查"模式的做法是值得赞赏的,它适用于教学,并且它是三种方法中唯一可用于教学与标准或评估一致性比较的工具。[6]"课程实施调查"模式的具体方法如下。

(一) 内容一致性分析

内容一致性分析是评价一致性的基础,如果被评价者具有相同的内容范畴,则认为符合类别等同性标准。课程实施调查研究的方法是使用二维分类学定义内容主题和认知纬度,以此分析主题内容与认知深度,其中,第一个维度就是主体内容。以英语和数学学科为例,SEC模式中,英语语言艺术与阅读主题被分为音素意识、注音、词汇、文本和书写特点、流畅性、理解、逻辑推理、作者加工技术、写作过程、口头和书面表达原理、写作应用、语言学习、听和看、口语和表达共14个通用领域,数学被分为数感、操作、测量、消费类应用、基本代数、高等代数、几何概念、高等几何、数据显示、统计、概率、分析、三角法、特别专题、函数、教育科技共16个通用领域。每个领域又进一步分为4～19个亚类主题,英语语言艺术一共有163个亚类主题,而数学有217个亚类主题。通过判断是否具有相应的内容,以判断类别等同性标准的达成度是否作为一致性分析的基础。

(二) 深度一致性分析

认知需求的层次是作为深度一致性分析的重要依据,用以判断目标期望的达成。SEC模式的第二个维度包括认知需求的五个层次。以英语和数学学科为例,SEC模式中,英语语言艺术与阅读认知需求维度被分为记忆和回忆、执行程序和解释、产生和创建演示、分析和调查及评估五个层次,数学认知需求维度被分为记忆、执行程序、范例的理解、猜想和归纳证明、解决非常规问题五个层次。同时,根据学科特点分别定义亚层次,如表1所示。[7][8]

表1 SEC模式中学科认知需求层次及定义

数学	英语语言艺术和阅读
记忆	记忆和回忆
①背诵数学基本概念； ②回忆数学术语和定义； ③回忆公式和计算过程	①复述声音或单词； ②提供事实、术语定义； ③定位文字答案； ④识别相关信息； ⑤描述
执行程序	执行程序和解释
①使用数字计数； ②计算程序或算法； ③按照程序/指令； ④测量、计算； ⑤解决方程/公式、常规问题； ⑥组织或显示数据； ⑦读或产生图和表； ⑧执行几何结构	①遵照指令； ②举例； ③检查的一致性； ④总结； ⑤确定目的、主要思想、组织模式； ⑥收集信息
范例的理解	产生和创建演示
①沟通新的数学思想； ②使用表示模型的数学思想； ③解释结果和数据分析的结果； ④开发/解释概念之间的关系； ⑤解释模型、图和其他表述之间的关系	①在文本、自我、世界中创建与发展之间的联系； ②识别关系； ③改编剧本； ④组织想法； ⑤表达新思想或以新的方式表达想法； ⑥开发合理的替代方案； ⑦集成其他主题
猜想和归纳证明	分析和调查
①确定一个数学模式或命题的真实性； ②写正式或非正式的证明； ③分析数据； ④找到一个数学规则，生成一个模式或号码序列； ⑤原因归纳或演绎； ⑥使用空间推理	①分类/计划信息； ②区分事实和观点； ③比较和对比； ④识别另一个观点； ⑤推论，得出结论； ⑥预测可能的后果
解决非常规问题	评估
①应用和适应各种适当的策略来解决问题； ②在数学以外的文本应用数学； ③识别、生成或创建模式； ④合成不同来源的内容和思想	①确定相关性、一致性、内部一致性、逻辑性； ②评估充足性、适当性、可信度； ③测试结论、假设； ④合成不同来源的内容和思想； ⑤概括； ⑤批判

(三)平衡性一致性分析

为了更加精确、系统地计算一致性的程度,特别是对强调的内容、时间的分配进行具体呈现,帕特和斯密森以二维矩阵的方式,对任意两个文档进行了比较,包括内容标准、评估、课程材料、教学实践等方面。同时,为了方便比照,SEC 模式使用了图像可视化的方式,以查看内容的一致或偏差,并形成了类似于地形图的纬度(主题内容)和经度(认知要求)。其形成过程如下:分析师首先给所有文档编码,然后将每个目标或测试项目放置到所定义的一个或多个亚类主题和认知需求亚层次维度中,最后将这些数据转换成比例和平均数再进行内容分析。[9][10]由此产生的矩阵比例可以用来计算一致性指数:[11]

$$\text{一致性指数} = 1 - [\sum |x_i - y_i|]/2$$

其中,x_i和y_i分别代表亚类主题和亚层次所呈现的比例。该指数的值可以看成两个共同的文档内容之间的比例,指数范围是 0～1;1 表示完美对齐,即有 100%的内容共同之处。

三、“课程实施调查”模式的应用

根据美国宪法修正案第十条规定,美国联邦政府无权直接领导教育,教育权力保留给各州。因此,美国教育行政是地方分权制,在这一教育体制下,美国各州具有较大的自主权,没有统一的课程标准,各州可以根据自己的实际情况设置课程。但地方分权制也引发了各种问题,例如,近年来很多州为了躲避《不让一个孩子掉队》法案的惩罚并争取联邦资助,降低了州课程标准。奥巴马批评美国基础教育时指出:50 个州有 50 个课程标准,密西西比州的四年级学生阅读成绩比怀俄明州要低 70 分,但是他们却可以得到相同的等级。奥巴马总统坚称,恢复美国各州教育的高水准是确保美国竞争力的唯一途径。2010 年 6 月 2 日,由美国各州主导,全美州长协会(National Governors Association,简称 NGA)和州首席教育官理事会(Council of Chief State School Officers,简称 CCSSO)共同发布了《共同核心州立标准》(Common Core State Standards,简称 CCSS)。这份标准定义了美国 K－12 年级教育阶段的学生应该掌握的知识和技能,其目的是使所有学生在离开高中时都能为升学或就业做好准备。[12]

各州如何调整州标准,进一步靠齐国家标准?学校、教师如何使用国家标准管理和调整教学?从 2010 年 6 月共同核心州立标准颁布至今,该标准到底给各州带来了多大的影响?为了研究以上问题,应用 SEC 模式对威斯康星大学麦迪孙分校教育研究中心的数据库(参与 CCSSO 的 31 个州所提供)数据进行了分析,并总结出大量有价值的研究结果。研究过程和结果如下。

(一) 内容主题的比较

应用 SEC 模式,计算总结出共同核心州立标准与州标准在各领域分项主题中所占百分比，并进行对比，如表 2 所示。[13]

表 2　共同核心州立标准和州标准在各领域分项主题中所占百分比

数学			英语语言艺术和阅读		
主题领域	州标准	共同核心州立标准	主题领域	州标准	共同核心州立标准
数感	13.84%	32.75%	音素意识	0.82%	0.05%
操作	15.08%	22.72%	注音	0.83%	0.29%
测量	0.00%	17.79%	词汇	8.72%	9.85%
消费类应用	11.58%	0.05%	文本和书写特点	3.82%	1.75%
基本代数	0.03%	13.40%	流畅性	2.98%	2.64%
高等代数	14.47%	0.00%	理解	21.38%	14.57%
几何概念	0.24%	5.73%	逻辑推理	9.75%	11.24%
高等几何	9.27%	1.64%	作者加工技术	9.87%	7.85%
数据显示	2.83%	2.76%	写作过程	8.34%	5.16%
统计	4.72%	3.16%	口头和书面表达原理	10.78%	12.72%
几率	0.15%	0.00%	写作应用	6.28%	9.48%
分析	0.03%	0.00%	语言学习	6.87%	12.12%
三角法	0.64%	0.00%	听和看	3.72%	3.67%
特别专题	0.32%	0.00%	口语和表达	5.85%	8.60%
函数	1.09%	0.00%			
教育科技	25.71%	0.00%			

结果一：共同核心州立标准更强调基本代数，州标准更强调高等代数。同样，共同核心州立标准比州标准更强调几何概念，但不强调高等几何。在教育科技方面（如计算器使用）有巨大差异，州标准近 26%的内容是教学科技，而共同核心州立标准此项为 0。表 2 也给出了英语语言艺术和阅读标准的比较结果，可以看出，其差异比数学少。

（二）认知维度的比较

为了进一步对共同核心州立标准与州标准进行比照，应用 SEC 模式，计算出两类标准在认知需求维度中的百分比，结果如表 3 所示。[14]

表3 共同核心州立标准和州标准的认知需求百分比

数学			英语语言艺术和阅读		
认知需求	州标准	共同核心州立标准	认知需求	州标准	共同核心州立标准
记忆	12.11%	9.50%	记忆	9.06%	8.07%
执行程序	48.82%	43.74%	执行程序	29.00%	23.07%
范例的理解	28.66%	35.65%	产生、创建、演示	37.92%	29.88%
猜想和归纳证明	7.78%	5.96%	分析、调查	16.47%	33.35%
解决非常规问题	2.63%	5.16%	评估、整合	7.53%	5.64%

结果二：从结果来看，共同核心州立标准的英语语言艺术和阅读标准更强调“分析、调查”，其所占比例为33.35%，而州标准所占百分比为16.47%；但州标准的“执行程序”和“生成、创建、演示”所占百分比比共同核心州立标准要高。共同核心州立标准的数学标准更强调“范例的理解”，其所占百分比为35.65%，而州标准为28.66%；但州标准在“执行程序”等方面高于共同核心州立标准。

在呈现方式上，SEC模式除了使用内容图表以外，还使用了内容分布图的方式。通过主题内容与认知需求的纹理分布呈现分析结果，如图1所示。[15]

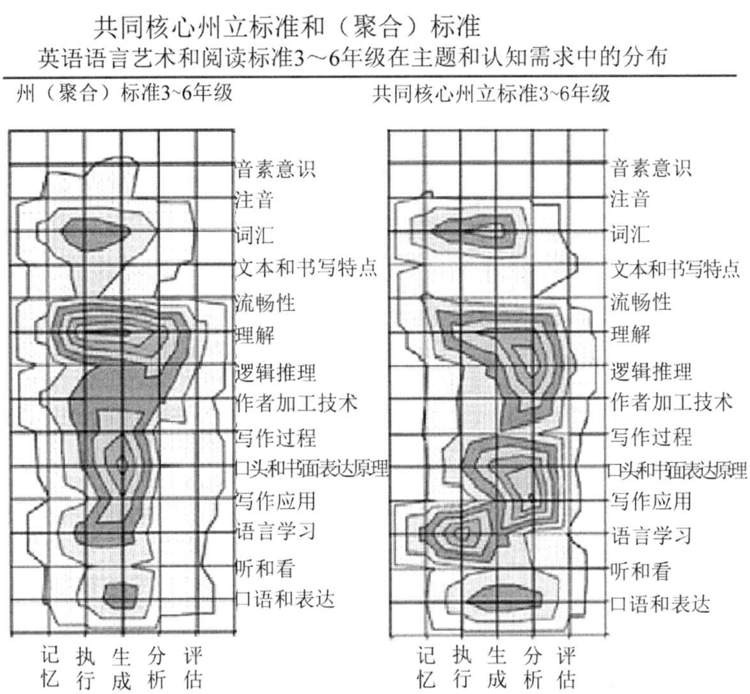

图1 通过主题内容与认知需求的纹理分布来呈现分析结果

(三) 其他一致性分析的应用

通过使用数据驱动的分析工具,为美国国家教育统计与评估提供了参考,更为教育工作者提供了一个客观分析美国国家课程标准和评估之间对应关系的比照方法,所以,国家、学校、教师们可以使用 SEC 模式矩阵数据服务于教学。在美国,来自 27 个州的 1536 名数学教师代表和 22 个州的 919 名英语语言艺术教师代表,在年终总结报告教学实践调查时指出,那些更加精确的领域分项主题告诉我们:哪些内容应该被教授,教授到什么程度;哪些认知需求和水平应该被强调,强调到何种程度。为此,SEC 模式还为老师建构了一个矩阵,以此来帮助教师了解与调整教学。

结果三:对统计数据进行分析可知,数学教师对共同核心州立标准的校准度为 0.22,英语语言艺术与阅读的校准度为 0.27。可以看出,两门学科的校准度都比较低。那么哪些内容差异造成了较低的校准度呢?首先,在数学认知需求方面,州标准更多地强调“记忆”,占比为 25%,而共同核心州立标准只有 10%;同时,州标准更强调“猜想”和“解决非常规问题”,各占 14%,而共同核心州立标准只占 7%和 3%。其次,英语语言艺术与阅读的认知需求方面,州标准强调“记忆”,占比为 22%,共同核心标准只有 9%;同时,共同核心州立标准更强调“分析”,占比为 40%,州标准为 17%;但州标准更重视“评估”,占比为 15%,共同核心州立标准为 5%。[16]

除此之外,SEC 模式不仅提供了美国的数据,也提供了部分其他国家和地区的数据,如加拿大、新西兰、芬兰、瑞典等。从数据库中可以查找到加拿大安大略省 1、3、5 年级,芬兰与瑞典 1～2 年级、3～5 年级,新西兰 6～8 年级的英语语言艺术与阅读数据。

结果四:可以通过与其他国家标准的校准,检测共同核心州立标准。其结果是:新西兰 6～8 年级的校准度为 0.37,校准度最高;其次是安大略省的 1、3、5 年级,分别为 0.26、0.27、0.29;最低校准为芬兰 1～2 年级,校准度为 0.09;瑞典 1～2 年级、3～5 年级的校准度分别为 0.17、0.14。在认知需求维度,可以看出芬兰强调“执行程序”,占近 2/3 的内容;共同核心州立标准更强调“记忆/回忆”,占近 2/3;而芬兰只占 25%。“生成/创建”的区别也很大,芬兰为 39%,共同核心州立标准为 12%。[17]

四、启示

“课程实施调查”模式的设计与运用,突显了教学目标、教学活动、学习评价与课程标准的一致性关系,其中反映出的基于标准教学的意识、理念与策略,对我国当前课程标准的实施有着重要的启示。

(一) 完善的课程标准是实现一致性的前提

课程标准是对学生经过一段时间学习后结果的描述,其意义在于为教学提供依据，这样在课程实施、教学、评价时就避免了模糊和冲突。它可以反映国家对学生学习结果的统一要求和基本规范，同时，它也是国家管理和评价课程的依据，是教材编写、评价和考试命题的依据，更是教学的重要依据。我国《基础教育课程改革纲要（试行）》明确指出："国家课程标准是教材编写、教学、评估和考试命题的依据，是国家管理和评价课程的基础。"

尽管我国已经具备正确的教育和评价理念，但是由于编制课程标准的时间较短，研究的基础还不够深入，特别是在内容标准的具体化、清晰度方面还存在问题。例如，课程目标陈述不够清晰，内容标准与表现标准概念模糊，教学建议、评价建议抽象，帮助理解的样例不够典型等，这些因素造成了基于标准的教学和评价的实施偏差。那么如何进一步完善课程标准呢？

首先，明确制定表现标准的意义。课程不只是科目内容，还应该包括学生的学习活动及结果。因此，课程标准不仅要对学习内容进行界定，而且需要对表现和结果加以说明或规定。表现标准界定了学生对内容标准要掌握的程度或成就水平，描述的是程度和质量，它们要回答的问题是"十分好是多好"。高质量的表现标准可以为评价提供直接有效的依据，因为它侧重描述学生在学习内容时的表现状态及达到了何种结果。可见，表现标准比内容标准更具有影响和意义，因为它能为课程的衡量和评价提供依据，可能影响对表现、成绩或质量的评定结果，具有较强的驱动力。[18]

其次，开发相适应的表现标准。表现标准可由表现水平、表现描述、范例、分数等构成。在开发表现标准时应该注意：①对各个内容标准的范围进行审视，采用内容标准中的术语陈述所进行的活动，即采用内容标准中的术语陈述知识与技能的实施过程；②表现标准应具有多个水平，如高级、熟练、部分熟练等；③表现标准应清楚、具体、可测，可以通过样例说明对其进行深入解释。开发过程可以采用以证据为基础的标准设置方式，其步骤为：第 1 步，定义结果；第 2 步，进行数据收集和分析计划；第 3 步，合成研究成果；第 4 步，召开小组成员会议，进行标准制定；第 5 步，继续收集证据，以支持标准。

（二）分析工具的开发和良好的教师素养是实现一致性的保证

美国共同核心州立标准并没有给教师提出明确的教学建议。它认为，课程标准是用来界定学生"应知"和"能做"的，是一套"共享的目标和期待"；它告诉教师、学生、家长应该达到什么样的目标以及哪些目标，但并不规定教师应该如何教学。这为教师和学校灵活实施课程标准留下了空间。那么，以何种方式可以让教师清晰地理解并掌握标准，并能够在标准的基础上选择教学内容、实施教学以实现一致性呢？

首先，开发分析工具。教学过程中教师需要靠自己的理解，识别重要的内容标准和表现标准，需要实时借助外部权威的解释对内容标准和表现标准进行分解操作和技术分析，特别是需要有定期检测标准且能进行动态互动检测的工具。同时，因为一致性的研究需要涉及学科内容、学习心理、课程编制、测量评价等多个方面，所以需要多个学科、多个领域的理论与实践的融合与碰撞，包含心理、教育、课程、评价专家、教师、管理人员的研究团队。美国国家课程标准采取了除相关领域专家，还包括专业机构、教师、家长、学校管理者及社会公众共同参与制定的方式。工具开发的过程对教学资源进行了多元整合，体现出较标准的、较强的实用性和指导价值。

其次，培养教师素养。我国长期以来以教材为中心的教学，导致教师备课时对市场上充斥的教参产生习惯性依赖，或直接借用教学同伴备课经验。例如，上课时只关注内容标准，轻视表现标准；评价时只关注结果，缺少多样评价手段和评价机会；等等。这些教师的专业素养意识丧失的表现直接导致了学生学习质量的低水平。所以，借鉴美国经验，开发外部支持工具为教师搭建理解支架，帮助教师对标准有充分的认识与理解，并能够有效判断学生目标达成的水平；调整教学，以避免备课机械化、上课表演化、评价随机化的教学现状。SEC 模式以数据为中心的实证研究平台，提供了数百所学校在课堂教学实践中总结统计的数据，这些数据涉及英语语言艺术、科学和社会研究等领域。这一工具的有效运用，帮助教师、学校和地区检测教学与标准之间的联系，也协助教师形成了专业素养。同时，笔者认为，在教师教育课程和培训中，应该加强如下方面：①培养教师的课程标准解读能力；②培养教师基于标准的命题能力；③培养教师基于标准的评价能力；④培养教师基于标准的反思能力。

参考文献

[1] U.S. Department of Education. No child left behind act of 2001[R]. Washington, D.C.: U.S. Department of Education, 2001.

[2] 刘学智. 论评价与课程标准一致性的构建：美国的经验[J]. 全球教育展望，2006(9)：35-39.

[3] Rentner D S. Year 3 of implementing the Common Core State Standards: An overview of states' progress and challenges[J]. Center on Education Policy, 2013: 20.

[4] Webb N L. Issues related to judging the alignment of curriculum standards and assessments[J]. Applied Measurement in Education, 2007(1): 7-25.

[5] Polikoff M S, Porter A C, Smithson J. How well aligned are state assessments of student achievement with state content standards? [J]. American Educational Research Journal, 2011(4): 965-995.

[6] Martone A, Sireci S G. Evaluating alignment between curriculum, assessment, and instruction[J]. Review of Educational Research, 2009(4): 1332-1361.

[7] Wisconsin Center for Education Research (WCER). SEC K-12 english language arts/reading taxonomy[Z]. Madison: University of Wisconsin Madison, 2014.

[8] Wisconsin Center for Education Research (WCER). SEC K-12 mathematics taxonomy[Z]. Madison: University of Wisconsin Madison, 2014.

[9] Wisconsin Center for Education Research (WCER). Coding procedures for curriculum content analyses[Z]. Madison: University of Wisconsin Madison,2009.

[10] Wisconsin Center for Education Research (WCER). Survey of Enacted Curriculum (SEC) frequently asked questions[Z]. Madison: University of Wisconsin Madison,2014.

[11] Porter A C, Polikoff M S, Smithson J. Is there a de facto national intended curriculum? Evidence from state content standards[J]. Educational Evaluation and Policy Analysis,2009(3): 238-268.

[12]Garfunkel S. The Common Core State Standards-education reform and US[J]. Notice of the AMS,2011(6): 820-821.

[13] [14]Porter A, McMaken J, Hwang J, et al. Common Core Standards: The new U.S. intended curriculum[J]. Educational Researcher,2011(3): 103-116.

[15] [16][17]Porter A, McMaken J, Hwang J, et al. Assessing the Common Core Standards: Opportunities for improving measures of instruction[J]. Educational Researcher,2011(4): 186-188.

[18] McClarty K L, Way W D, Porter A C, et al. Evidence-based standard setting: Establishing a validity framework for cut scores[J]. Educational Researcher,2013(2): 73-78.

从中考数学试卷看当前初中数学课程目标的实现

范连众　孔凡哲
(东北师范大学教育学部)

[**摘要**] 我国当前的中考是评价初中数学课程目标是否实现的重要途径和标准。本文选取了北京、上海、重庆、杭州、大连五个教育发达地区 2012—2014 年的中考数学试卷,对统计与概率部分的试题以及区分度较高的后三道试题进行了比较分析,并从问题产生的原因和应对策略两方面进行了思考,指出要通过正确理解课程标准、科学制定考试大纲、合理开展教学活动、开展好评价研究和提高命题人员的整体水平,来确保课程目标的实现。

[**关键词**] 中考数学试卷;初中数学;课程目标

Evaluating the realization of the goal of Current Junior Middle School Mathematics Curriculum through Senior Middle School Entrance Examination Paper

FAN Lianzhong, KONG Fanzhe

Abstract: Studying the examination papers for Chinese current junior high school entrance exam is an important way to evaluate whether junior high school has achieved mathematics curriculum goals and standards or not. We have selected papers of mathematics tests from the year 2012 to 2014, in five areas highly developed in public education such as Beijing, Shanghai, Chongqing, Hangzhou and Dalian. By analyzing questions from statistics and probability sections and the last three questions with high discrimination degree, we have studied the causes of the problems and the solving strategies . Then we point out that we should ensure that course targets could be achieved by understanding course standards correctly, formulating exam outline scientifically, carrying out teaching activities reasonably, carrying out evaluation research effectively and improving the overall level of proposition personnel.

Keywords: senior middle school entrance examination paper; middle school math; curriculum goals

在经历了10多年的课程改革探索之后,《义务教育数学课程标准(2011年版)》已经颁布并实施,但就当前的中学数学教育而言,并没有走出应试教育的模式,还存在很多令人尴尬的现象。2014年8月26日,中国青年报发表了《中学数学教育被指陷老师难教学生怕学困局》一文,文中引用了著名数学家杨乐的一段话:"现在从小学三年级开始,几乎是全班学生上奥数班,大多数同学没有太多兴趣。而即便是奥数竞赛获奖的同学,将来未必还会搭理数学,也未必会有好的表现。"这是作为数学家的他极不愿意看到的,也激起了许多数学教师的强烈反响:到底是什么原因让改革举步维艰呢?我们又应该怎样保证数学教育目标的实现呢?

一、对当前中考数学试卷的反思

随着课程改革的深入进行,我国正在探索新的考试评价和招生制度,但在当前的中考、高考等升学考试中,主要还是以学生的考试分数为评价标准,采用单一的定量评价方法来对学生进行评价。其中中考是对初中毕业升学考试的简称,实际上它是集发展性考试、水平性考试、选拔性考试的功能于一身,以政府和教育行政部门为主体,执行"大一统"的评价标准。为了解各地的具体情况,笔者选取了北京、上海、重庆、杭州、大连五个发达地区2012—2014年的中考数学试卷,对统计与概率部分的试题和能体现区分度的最后三道题进行了比较分析。

(一)对五城市中考数学试卷统计与概率部分试题的汇总与分析

初中阶段统计与概率的主要学习内容如下:①收集、整理和描述数据,包括简单抽样、整理调查数据、回执统计图表等;②处理数据,包括计算平均数、中位数、众数、方差等;③从数据中提取信息并进行简单的推断;④简单随机事件及其发生的概率。统计与概率的核心是数据分析观念,包括体会数据中蕴含的信息,根据问题的背景选择合适的方法,通过数据分析体验随机性。这三方面也体现了统计与概率独特的思维方法。[1]

综合五城市统计与概率部分的试题,可知,它们都是以填空题、选择题、简答题的形式出现,总分值为256分,约占试卷总分值的12.4%。统计部分考查最多的是"理解平均数的意义,能计算加权平均数、众数、中位数,了解它们是数据集中趋势的描述"和"能用统计图直观、有效地描述数据,体会样本与总体的关系"这两个具体目标,题数都达到了13道,总分值分别达到了50分和94分。其中,有4道题考查了"体会刻画数据离散程度的意义,会计算简单数据的方差"这个目标,分值只有15分;有1道题考查了"体会抽样的必要性,通过实例了解简单随机抽样",分值为4分;而对"经历收集、整理、描述和分析数据的活动,了解数据处理的过程,能用计算器处理较复杂的数据"目标都没有试题进行考查。概率部分主要考查"能通过表格、树状图等方法列出简单随机事件所有可能发生的结果，以及指定事件发生的所有可能结果，了解事件发生的概率”这个目标，有16道题共79分。其中，有6道题共40分的题目选择了以数学知识为背景，其余的则是以摸球、抽取卡片、转盘等常规背景出现；而对“知道通过大量的重复试验，可以用频率来估计概率”这个目标，只有两道题共6分的分值。

统计学与数学在立论基础、推理方法、判断原则等很多方面是不一样的。数学是建立在概念和符号的基础上的，而统计学是建立在数据的基础上的；数学的推理依赖的是公理和假设，推理过程在本质上是演绎法，而统计学推断依赖的是数据和数据产生的背景，推理过程的本质是归纳法；数学对结果的判断标准是“对错”，而统计学对结果的判断标准是“好坏”。[2]但是中考试卷中的很多统计题，都忽略了这其中的差别，而按演绎思维的要求来考查学生的数据分析观念。例如，将统计概率知识与数学知识结合起来，表面上是考查学生的综合能力，实际上还是会影响学生对统计真谛的理解。

此外，对随机思想的认识也存在很大偏差。在信息时代的今天，随机事件充斥着人类活动的各个领域，数不胜数。例如：人们的活动，包括上大学、找工作、生儿育女；社会的发展，包括GDP的增长、物价指数的变化、证券期货；现代科学研究，包括流行病的传播、遗传基因的表达、GPS定位系统、物理学中的不确定性原理、化学中的分子行为、语言学中的词语分类、计算科学中的图形识别、军事科学中的反导弹系统、航天科学中的卫星回收等。但中考试卷中的随机事件试题，其背景极为有限，很多题目不是以生活中的随机事件为背景，而是以数学知识为背景，这不得不引起我们的注意。[3]

（二）对五城市中考数学试卷后三题的统计与分析

通过比较不难发现，北京市中考数学试卷后三道试题三年以来表现出很强的稳定性，从试题的分值、呈现方式、考查的知识点等方面，都没有明显的起伏，如表1所示。这一方面说明了命题人员摸索出了比较适应北京地区教育实际情况的、被广大师生所认可的试题模式，另一方面也代表着当地引领者对课程目标水平的理解和把握程度。与北京类似，比较其他四个城市近三年中考数学试卷的后三道题，都可以发现这种题型结构、内容素材、呈现方式等方面高度的相似。同一个课标，不同的教材，不同的地区，在评价检测时的运行机制可以说基本相同。这样做的最大优点就是可以保持高厉害考试中试题的稳定性，大家都在这样一个比较认可的潜规则状态下前行；而带来的问题就是试题年年都在水涨船高，一个地区的考生只适应自己地区的考试导向，在其他地区的考卷面前可能就会一筹莫展，这就让人们对一张试卷能否检验学生是否达到课标要求产生怀疑。

表1 北京市中考数学试卷后三题解析

	23题(7分)	24题(7分)	25题(8分)
2012年	试题给出了一个含字母系数的二次函数解析式,学生要从利用函数值相等入手,综合利用一次函数、一元二次方程、自变量取值范围以及二次函数图像、图像平移等知识解决问题,要求考生熟练掌握待定系数法,综合运用数形结合思想、分类讨论思想等数学思想方法	试题以等腰三角形为基本图形,综合考查了中垂线、等腰三角形、直角三角形、菱形、圆等图形的性质以及轴对称、旋转、中心对称等图形变换的性质,要求学生具有较强的推理能力和转化思想	试题以平面直角坐标系为载体,围绕新定义“非常距离”,综合考查了学生的阅读理解能力、分析能力和综合实践应用能力;在(2)中,考查了简单的相似三角形这一知识点
2013年	试题的已知条件依然是含字母系数的二次函数解析式,通过求与坐标轴的交点坐标建立方程,进而综合利用待定系数法求解析式、二次函数性质、图形对称性质、数形结合思想等知识解决问题	试题从最一般的等腰三角形入手,以图形旋转为变化方式,在探究特殊的等边三角形变化过程中,发现一般情况的规律;本题同样要求学生具有较强的推理能力,能很好地理解图像变换的性质	试题属于自定义类的创新题,与2012年相比,阅读量大幅下降,运算量也不大,但理解的难度还是较大的,在解决问题的过程中要综合运用一次函数、直线和圆的位置关系、特殊直角三角形等知识
2014年	试题要求学生运用待定系数法,将已知点的坐标代入函数解析式即可求出m,n的值,得到抛物线表达式,进而可以求出其对称轴;对于(2),先画出(1)中得到的抛物线图像,根据条件限制确定图像G,根据直线BC确定t的取值范围的上限,根据点C和抛物线顶点坐标确定t的取值范围的下限	试题从最简单的正方形入手,综合考查了轴对称的性质、等腰三角形的性质与判定、正方形的性质及勾股定理等知识;对学生的推理能力、几何直观要求较高	试题以反比例函数、一次函数和二次函数为素材,以新定义的形式考查了学生的阅读、理解及应用能力,同时还考查了数形结合思想和分类讨论思想

在关注同一地区试卷三年变化的同时,也来对比一下同一内容在不同地区的标准要求是否存在较大的差异。

两地的证明题在分值、呈现方式、考查知识点等方面,都形成了各自的特色,表现出稳步发展的态势。但通过横向比较,又可以很明显地发现,两地对标准的理解存在较大的差异;只是这种理解一旦建立,当地师生对课程标准的理解就在命题人理解的框架下进行,表现出了人为左右标准水平的现象。这不仅是比较几何证明题所得出的结论,如果对整个试卷进行比较,这个问题也十分明显。如表2所示,2014 年五城市对数学试卷的要求和试卷结构,差异十分明显。

表 2 五城市试卷结构

城市	分值	考试时间	总题数	选择题数及分值	填空题数及分值	解答题数及分值
上海	150 分	100 分钟	25	6 题 24 分	12 题 48 分	7 题 78 分
杭州	120 分	100 分钟	23	10 题 30 分	6 题 24 分	7 题 66 分
北京	120 分	120 分钟	25	8 题 32 分	4 题 16 分	13 题 72 分
重庆	150 分	120 分钟	26	12 题 36 分	6 题 24 分	8 题 90 分
大连	150 分	120 分钟	26	8 题 24 分	8 题 24 分	10 题 102 分

二、形成差异的原因分析

首先,历史悠久的考试制度的影响让人们在考试改革的路上十分谨慎。我国是世界上第一考试大国,从汉武帝举行文学贤良考试算起,已有 2100 多年的历史,从隋代开科取士算起,也有 1400 多年了。仅从教育角度看,科举考试促进了民间重学赶考和政府兴教重考的传统,形成了考试面前人人平等的公平观念。科举考试制度的实行促进了当时教育的大众化和教育机会的下移,在中国百姓心理中,考试对政府来说是选官和教育分流的工具,对个人来说则是改变人生道路的途径。这种考试文化的长期发展,使中国社会民众产生了一种“恋考心理”,从“耕读传家”的农家子弟到世代弦诵的诗礼之家,无不把考试作为改变人生命运和家庭际遇的一条必经之路;几乎所有的家庭,都对他们孩子的未来寄予厚望,并将这种希望转化为学生努力地学习和适应艰难的学习环境。于是,教育逐渐演化为应试教育,学校沦为考试的预备机构。所以说,“科举教育的传统是中华民族一笔巨大的精神遗产,也是一个沉重的历史包袱,这些传统对当今中国教育还有深刻的影响”。时至今日,考试评价方法的丝毫变动都会引起社会的波动,因此各地一旦形成了一种考试模式,就不敢轻易地修正,长此以往,就形成了适合各地师生心理的试题模式。

其次,中国数学教育鲜明的特点要在考试中充分体现。我国中学生在国际数学竞赛和 PISA 等国际测验中的成绩屡屡领先,特别是独具特色的双基教学,成为基础教育的标识。双基具体表现在运算速度、知识记忆、逻辑精确、变式训练四个方面,即速度赢得效率,记忆通向理解,必要的形式化和变化中求重复。这一特色的形成,可从中国传统文化的层面上进行分析,诸如儒家注重现世功业、家庭严格管束、苦读加考试的社会环境、熟能生巧的教育古训、长于计算的传统习惯等。教师在平时的教学中注重学生双基能力的培养,学生经过长期的训练所形成的解题速度、娴熟的解题技巧给命题者带来了很大的压力,稍不留神,就会达不到考试的选拔功能,给上一级学校的录取带来难度;就在这样的彼此促进下,试题的难度和技巧性就会节节攀升。

再次，我国区域辽阔，各地教育发展不够均衡，就学、就业压力也各不相同，相关领导者教育研究能力的水平也不尽相同。现在各地的中考都由各地教育主管部门负责，每年会产生一两百套的中考试题，并且千差万别。如果没有各自稳定的结构，教学与复习就会顾此失彼，陷入盲从的境地，出现不稳定的结果。

最后，考试评价改革的难度巨大，需要科学的顶层设计和严密的组织实施。在我国现行统一考试的条件下，学生的中考成绩是高一级学校取舍学生最主要的评判准绳，是学生获得优质教育资源的主要依据。这样的考试特性使得中考从单一的学科能力评价量具，演变成为拥有高度量化教育资源的公共价值产品，既有很强的教育属性，又有很高的社会资源价值。由此，对中考命题的认识就不是单纯的对某一学科素养的测量和评价，还要同时注重其特殊的社会属性和社会要求。社会上对中考的追求，实质上是对社会资源的追求，其内在的趋利意识是客观存在的。

三、对如何实现初中数学教育目标的建议

(一) 理解好课程标准的要求

《义务教育数学课程标准(2011 年版)》提出了数学教育的总体目标：通过义务教育阶段的数学学习，学生能够获得适应社会生活和进一步发展所必需的数学的基本知识、基本技能、基本思想、基本活动经验；体会数学知识之间、数学与其他学科之间、数学与生活之间的联系，运用数学的思维方式进行思考，增强发现问题和提出问题的能力、分析问题和解决问题的能力；了解数学的价值，提高学习数学的兴趣，增强学好数学的信心，养成良好的学习习惯，具有初步的创新意识和科学态度。[4]

实际上，不只是我国，翻阅世界各国的数学课程标准，特别是东亚地区国家的，可以发现这些国家几乎都将培养学生对数学的积极态度、发展数学思维和增强解决问题的能力作为主要目标。新加坡数学课标的结构与组织框架如图 1 所示，它为新加坡有效的数学教学、学习和评价指明了方向。[5]韩国的数学课程目标如图 2 所示，总体说来，就是掌握数学的基本知识与技能，培养数学的思考和交流的能力，培养数学地观察社会问题和自然现象并合理解决问题的能力，培养对数学的积极态度。[6]日本初中数学学科的总体目标是：通过数学活动，加深对数量和图形的基本概念和原理、法则的理解，掌握数学的表现和处理方法，提高数学性地思考表达能力，同时，切实感受数学活动的乐趣和数学的优越性，培养灵活运用数学思维和判断的态度。[7]

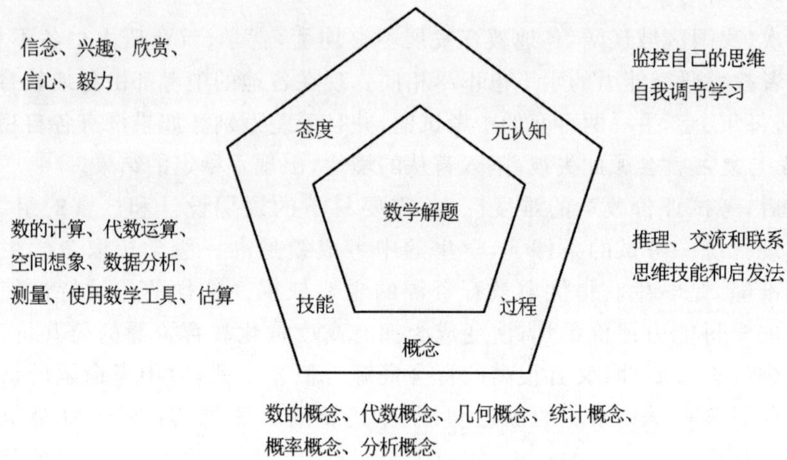

图 1　新加坡数学课标的结构与组织框架

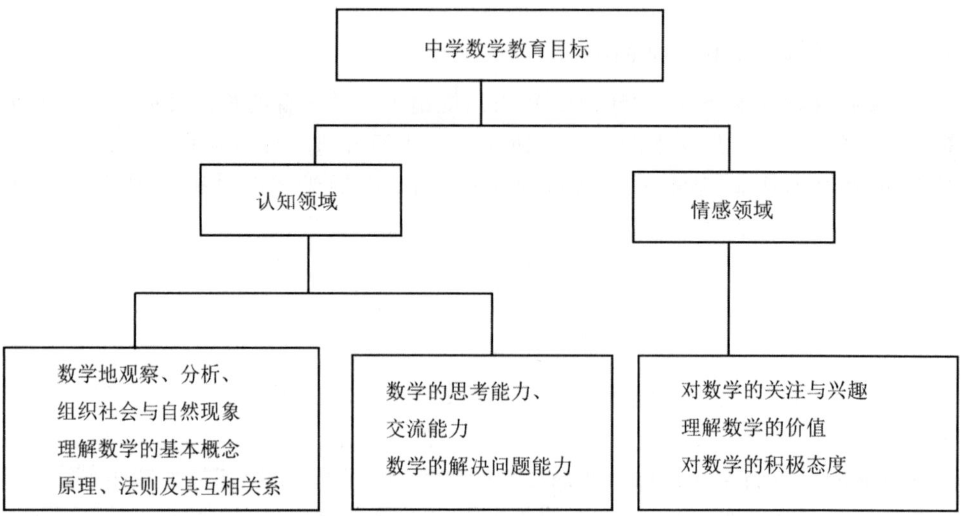

图 2　韩国的数学课程目标

我国《义务教育数学课程标准(2011 年版)》(下面简称《课程标准》)是与《国家中长期教育改革和发展规划纲要(2010—2020 年)》(下面简称《纲要》)的精神一致的。《纲要》在培养目标方面明确提出了增强学生的社会责任感,培养创新精神和实践能力,提出了要坚持德育为先、能力为重、全面发展,提出了学思结合、知行统一、因材施教,提出了把发展学生的健康成长作为学校一切活动的出发点和落脚点。正是在这样的理念指导下,《课程标准》既坚持了课程改革的基本经验,又在遵循深化改革的方向上迈出了新步伐,体现在以落实德育为先、能力为重,反映时代精神,合理吸收了社会发展和科技进步的新成果,控制了课程的容量和难度[8]。每一位数学教育工作者都应该认真把握。

(二) 制定好考试大纲

教育部规定,《课程标准》是中考命题的法定依据。在实际操作中,各地往往会按照《课程标准》制定相应的考纲(考试说明),而考纲的质量几乎无人关注,考纲制定人往往就是中考命题人。其中的症结,一方面在于我国现行的《课程标准》缺少“评价标准”,而仅有“内容标准”和相对宏观、空泛的“评价建议”;另一方面,则在于国家缺乏相应的监管措施。[9]

考试大纲在教育考试命题中具有不可替代的作用,这是因为:①《课程标准》规定的培养目标不一定都是可测的;即使是可测目标,受纸笔考试的形式所限,也不一定都是可测的。大规模教育考试只能测量其可测的培养目标,而不是全部目标。②教育考试的每一个测量目标,又必须有相应的行为目标或标准,根据这些行为特征来判断考生培养目标的达成度。可以说,没有这些行为特征目标,人们就有足够的理由怀疑考试结果是否有足够高的效度。因此,教育考试命题研究和开发人员在命题前,必须明确考试命题要根据考生在考试中的哪些行为来做出推测,这些行为目标必须是具体的、可以观察的、可以测量的。③教育考试是抽样考试,抽样的内容受考试的时间、地点和形式等限制;教育考试不可能考查《课程标准》规定的所有内容,只可能少于《课程标准》规定的内容;学校、教师和考生对教育考试的内容是十分敏感的。因此,必须通过考试大纲告诉学校的教师、考生,甚至是考生家长,考试的内容领域和范围。④教育考试有其自身的质量评价标准,为了达到这些质量标准,命题时必须考虑采用哪些题型,对不同题型的比例做出规定。因此,必须通过考试大纲告诉考生,考试将如何测量考生是否达到《课程标准》规定的目标。此外,教育考试还必须对考试时间、分值、难度要求等做出规定,《课程标准》不可能包含这些内容,也需要通过考试大纲向考生传递这些信息。

(三) 开展好平时的数学教学活动

自我实现的建构主义认为,“科学知识”在进入教育活动之前,是作为公共知识并以符号的形式存在的,只有具有了“个人知识”的意义,它才真正具有发展价值。课堂教学不是为了实现公共知识,因此,优秀教师在传递公共知识的同时,要引导学生将其转化为个人知识。

数学学科不同于物理、化学等自然科学,也不同于语文等学科,怎样联系实际,联系哪些实际,应有其独特的特点。数学教学应注重让学生掌握数学知识内部的逻辑结构。提高课堂教学质量,要对知识的依存背景做深度的研究,其是否超越了简单的符号教学,是否走进了逻辑教学和意义教学,只有三者的一体化,才能实现有效教学。而教学过程的转化性和生成性是由教学过程的具体性、情景化和复杂的关系结构决定的,“去情景”“去过程”必然导致教学过程的丧失,“过程”将变为流程,情景化与师生关系结构成为教学过程的基本标志。当前许多数学课堂从符号到符号,太流程化了,学生的数学学习兴趣从何而来?苏联教育家赞可夫曾提出五大教育原则,其中之一就是让学生进入教学过程;如何实施这一原则,需要认真思考。

情景化的教学过程是变化的、缓慢的,需要过程,需要慢教。快教并不能说明有水平,直线前进意味着舍弃了很多;慢教并不意味着放慢节奏,而是相对的。只搞符号教学,单纯赶进度,是只有局部目标,没有整体目标的表现。教育需要整体感,没有整体建构的思考只能是外围战。丰富性教学、回归性教学、关联性教学、严密性教学是我们的期望。当下很多数学教学只靠学生自己去领悟,远离学生的实际,将学生置身于题海之中,是不会收到好的效果的。

学校教学活动的形式和学习训练的方式不需要与考试的测量方法完全相同。考试的直接目的和教学的直接目的不同,考试采取的形式与其所要达到目的的质量要求有关,教学训练方式也要考虑达到教学目的的主要质量要求。大规模教育考试通常是纸笔考试,考试以试题为基本的测量单元,试题具有不同的形式(即题型),如多项选择题、匹配题、填空题、简释题、问答题、材料分析题等;每种题型保持一定的数量比例,尤其是主、客观题的比例,以达到考试的效度和信度的平衡。学校的教学活动是课程学习的基本"单位",是课程学习的"细胞"。学校教育各个层次的知识和技能、过程和方法、情感态度和价值观目标,最终都主要通过教学活动的开展来实现。教学活动的形式应该与教学活动的目的相适应,同时应该符合学生发展的心理特点和学习的心理规律。

有效的教学必须以各类知识的获得条件和规律为依据。例如,陈述性知识、程序性知识和策略性知识的获得条件和规律各不相同:陈述性知识一般通过理解记忆获得;程序性知识需要在明确操作步骤的基础下进行变式练习来获得;策略性知识需要结合具体的学习内容,在明确其使用条件和操作步骤的基础上,通过有意识的练习来获得。三种知识的学习各有其不同的基本程序,也反映了三种不同的价值取向。自主学习强调的是培养学生主动、独立的学习能力,为学生自主发展和适应社会奠定基础;合作学习强调的是协作、分享精神,为学生能够在社会群体中的适应和发展做准备;研究性学习强调培养学生探究未知世界的能力,为学生能够创造出更多的新思想奠定基础。

学校教育的目的和《课程标准》的培养目标也决定了学校的学习训练方式应该多样化,学校教学应该根据不同的教学内容、不同年龄段的学生,选择不同的训练方式,让训练方式为教育和教学的目标和内容服务。但是,在观察初、高中,尤其是毕业班的教学活动过程中,我们发现,教学活动和学习训练大体上是相同的:教师的满堂讲解,大量的与中考或高考相同题型问题的训练。从总体上看,学校教育的内容要比教育考试的内容宽泛得多,即使从单个学科的角度看,其教学内容也比学科考试内容广得多。由于受各种条件的限制,大规模考试不可能像学校教学那样采用灵活、多变的形式。学校决不能因为教育考试的内容比学校教育的内容少,就减少学校的教学内容;否则,只会导致学校教学内容的狭窄化,学校教育功能的弱化，最终降低了学生的培养标准。

(四) 开展好评价研究，提高命题人员的整体水平

中考是常模参照考试(即选拔性考试)，它是以常模作为参照系进行解释的考试，将初中毕业生每个人的分数与所有初中毕业生进行比较，注重其处于什么位置，所以，人们特别关注考什么和怎么考的问题。命什么样的题，这既关系到什么程度的人能通过考试，也关系到引导初中毕业生去学什么、怎样学，因此，命题是中考的关键。[10]《课程标准》也对考试评价提出了更明确的要求，命题人员要加强学习，特别是要做到对"双基"的考查注重对其中所蕴含的数学本质的理解，考查学生能否在具体情境中合理应用；设计试题应淡化特殊的解题技巧，不出偏题怪题；应关注并体现十个核心词；要合理地设计题型，积极探索可以考查学生学习过程的试题等方面。这些都需要命题人员付出艰苦的努力和进行大胆的探索。

参考文献

[1][8] 教育部基础教育课程教材专家工作委员会. 义务教育数学课程标准(2011 年版)解读[M]. 北京：北京师范大学出版社，2012：96，60.

[2][3] 史宁中. 数学思想概论：数量与数量关系的抽象[M]. 长春：东北师范大学出版社，2008：142，132.

[4] 中华人民共和国教育部. 义务教育数学课程标准(2011 年版)[M]. 北京：北京师范大学出版社，2011：96.

[5][6][7] 曹一鸣. 十三国数学课程标准评介[M]. 北京：北京师范大学出版社，2012：285，222，202.

[9] 孔凡哲. 命题技术：中考改革亟待突破的瓶颈[J]. 教育测量与评价：理论版，2012(2)：1.

[10] 林文广. 关于初中毕业生学业考试命题公平性的思考[J]. 教育与考试，2007(6)：33－36.

浅谈教学对话结构失衡及教学行为甄别

——对《鞋匠的儿子》同课异构的思考

袁庆晖
(南京师范大学教育科学学院)

[摘要] 对一次“同课异构”活动的数据整理及分析发现,课堂教学中有两个问题值得探讨:一是如何解决教师提问行为的对话结构失衡,二是如何甄别教师教学行为的“真”与“好”。鉴于这是一次日常性的且有特级教师参与的教研活动,因此,值得深入探讨。

[关键词] 提问;对话结构;教学行为甄别

The Structural Imbalance of the Teaching Dialogue and the Identification of Teaching Behaviors: A Case Study of Teaching *the Shoemaker's Son* with Different Strategies and Styles

YUAN Qinghui

Abstract: During the process of the collection and analysis of the data of “hexerogexeous forms for the same subject”, it is found that two issues are worthy of research. One is how to resolve the problem of structural imbalance in the teachers' questioning behaviors. The other is how to identify the “*truth*” and “*value*” in the teachers' teaching behaviors. Giving that the lesson in this study is daily conducted and some special teachers were involved, both of the two issues hereby are representative and worthy of further investigation.

Keywords: questioning; dialogical structure; identification in teaching behaviors

××省 2013 年中小学教师省级国内培训项目——××师范大学特级教师(小学语文)高级研修班第三期实践课程的内容之一,是当年 12 月在××市两所小学同时进行的“同课异构”的教研活动。

笔者有幸观摩了其中对《鞋匠的儿子》(苏教版第十一册第 21 课)一课的“同课异构”。参与作课的教师共有三位：第 1 位是该小学的一位年轻女教师(以下称 L 老师)，第 2、3 位是研修班的男、女特级教师(以下分别称 S 老师和 W 老师)。

通过现场观摩以及事后对录像录音的文字和数据的整理及分析，笔者以为，倘若以叶澜评价一节好课的标准[1]来看，这三节课至少达到了扎实、平实、真实的要求。那些“同课异构”活动中常常出现的诸如脱离“课标”要求，为“异”而“异”、离开教材内容，盲目求“异”、不顾学生实际，“标新”“立异”等误区[2]，在此次活动中并不存在。

笔者在获得诸多启示的同时，认为以下两个问题值得深入思考。

一、教师提问行为的对话结构失衡

对话离不开提问。三位老师都是采用教师提问的方式推进教学对话，每一个环节的展开都离不开老师的发问。学生通过回答问题和执行指示，完成相应的学习任务。

“提问”这一行为可以分解为“在提问”和“在提问题”两部分，也可以说分为“在问”和“在问问题”两个部分。“在问”是一种行为状态，而“问”的是不是“问题”，则强调对“问题”的真伪判断。因此，前者的句式多由“谁来……?”“还有谁愿意……?”“还有什么……?”等组成，属于程序性质，用于推进教学进程；后者的句式多包含“什么是……?”“哪些……?”“怎么……?”“为什么……?”等，涉及实体性质，用于促进学生思考。对话所要解决的是“问的问题”，“在问”是确保解决问题的程序。

通过统计，三位老师的提问次数累计为 123 次。其中，L 老师的 44 次提问中，有 22 次“在问”、22 次“在问问题”。S 老师和 W 老师的这两项数据分别是 29 次、11 次和 30 次、9 次。这些数字表明，在课堂上采用发问来展开教学的方式较为普遍。

这些“教师主导的发问与指示(initiative)”，与“学生的应答(response)”“教师的评价(evaluation)”共同构成了课堂中最一般的对话单位。有研究者将之称为 IRE，整个教学就是 IRE 的循环连续。[3]三位教师的课基本印证了这一点。下面的对话片段，也能清楚地显示教师的“在问”与“在问问题”在其中的作用。

S 教师：我就有一个问题了，林肯当美国的总统，议员们为什么感到尴尬？【I】【教师“在问问题”】

学生 1：从未料到……【R】

S 教师：这是用书上的话【E】，你能不能用自己的话来回答，他们为什么感到尴尬？【I】【教师“在问问题”】

学生 2：因为他是鞋匠的儿子。【R】

S 教师：这话没说完。【E】

学生 3：林肯的父亲是鞋匠，而他们都是出身豪门。【R】

S 教师：他们认为——？【I】【教师“在问”】

学生 3：应该跟他们一样都是上流社会的。【R】

S 教师：书上有一个词叫什么？【I】【教师“在问问题”】

学生 4：名门望族。【R】

S 教师：他们认为当总统，就应当是名门望族。而林肯呢，出身很卑微，并且还是一个鞋匠的儿子。所以，他们就感到尴尬【E】，心里服气吗？【I】【教师“在问”】

学生 3：不服气。【R】

S 教师：心里高兴吗？【I】【教师“在问”】

学生 3：不高兴。【R】

S 教师：他们心里平衡吗？【I】【教师“在问”】

学生 3：不平衡。【R】

S 教师：这就是尴尬【E】，懂了吗？【I】【教师“在问”】

学生 3：懂了。【R】

……

“这种 IRE 的对话结构被视为懂得的人（教师）向不懂得的人（学生）询问，对其应答，询问者表示感谢，同时判定正确与否。而且决定这种 IRE 的链接中所构成的对话方向、选择对话者并决定发言顺序的，是单向主导这种对话的教师。”这种单向主导的对话形成的师生关系，“类似于像机关枪频频发问的一名检察官和集体证人应答那样的关系”。[3]

进一步统计发现，学生在每节课里自主活动的时间均没有超过 5 分钟；或者说，学生在或读、或写、或讨论、或找词的这 5 分钟内没有教师的提问伴随。而在其余的时间里，学生大多在教师的一轮轮 IRE 中度过。尽管无法确定学生最佳的自主时间量应该是多少，但显而易见的是，平均每分钟 1 次以上的提问的确保证了教学在教师设定的轨道上运行，同时排除了任何“意外”或“不确定”的发生。教师通过控制学生个体的物理时间，进而控制了学生个体的思维空间——学生用来发展自我引导的思维空间；通过“教师最后的评价（E）确立了教师在课堂之上的权力地位，剥夺了平等的人际关系对话的性质”。[3]这导致了一个令人不安的事实：教师战略上的“主导”和战术上的“引导”，几乎演变为“主宰”。这集中体现在对话结构的失衡上：教师通过发问垄断话语权，学生服从应答配合。毕竟，“教师从外部提出问题，相对来说，比较被动”[4]。

赋予学生思考的时间和空间，重视学生的“问”和所问的“问题”，或许是调整失衡的对话结构的一种思路。“对话离不开提问”，不能仅仅理解为离不开教师的提问；无论是在实体上还是在程序上，对话同样离不开学生的“问”和问的“问题”。片面强调任何一方的提问行为以形成对话的做法，均非明智的选择。

杜威认为，教师是“社会的公仆，专门从事于维持正常的社会秩序并谋求正确的社会生长”[5]，因此，“教师拥有话语权力，是其特定职业身份、社会角色的权力和责任的体现”[6]。但是，“教师不仅拥有话语权力，而且还应循序渐进地趋向释放、移交话语权力”[6]。想想《学记》里“……善待问者如撞钟，叩之以小者小鸣，叩之以大者则大鸣，待其从容，然后尽其声，不善答问者反此……”的表述，其中的“待”字怎能不令人深思？

“……每一个学生都有提出问题的能力和权利。学生问不出问题，不是剥夺学生独立思考与发问权利的理由，而恰恰是其结果。教师应当具有‘我爱学生的问题，更爱提出问题的学生’情怀。”[7]倘能如此，或能形成“互问互答”“互教互交”式的对话，对话结构才能渐趋平衡和合理。

二、教师教学行为“真”与“好”的甄别

究竟哪一节课更好？观者众说纷纭，这反映出不同群体的“好课”观存在着一定程度的差异。但是，评价课始终离不开评价教师的教学行为。在评价教师的教学行为时，首先，应该判断教师的教学行为是不是“真”的教学行为；其次，才能做是不是“好”的教学行为的判断。也就是说，“好”的教学行为建立在“真”的教学行为基础之上，没有“真”就没有“好”。在此，借鉴分析哲学家谢富勒对“教学”一词的分析理论，试对三位老师的一些教学行为进行“真”与“好”的分析。

谢富勒认为，对于“教学”这个概念，建议将其分成包含三种模式的活动来讨论，即“教人……”“教人做……”和“教人如何做……”。他认为，“教人……”包含叙述规范的成分，如果教学的成功标准要求学习者遵行该行为规范，就选择行动式诠释；反之，选择非行动式诠释。“教人做……”是要求人执行一件事的指令，目的是发展稳定而一贯的行为模式。与“教人做……”导引规范的学习有所区别，“教人如何做……”主要是促进技能的学习。后两者的这种区分仅在一定的情境中是必须的。谢弗勒赞同“教人如何做……”。[8]

在写字和书写的环节上，S 老师在板书课题时，直接强调“鞋”字的一“提”和“匠”字的笔顺；他通过“告诉”学生写这两个字的注意事项，希望学生掌握并遵行这种规范，也即对他的行为应做行动式的诠释。但是，在当节课内无法观察学生是否遵行了该规范，因此，S 老师的行为更多的是“告诉人……”，而非“教人……”。

L 老师采取了提问的方式：“怎样把这两个字(豫和辱)写得好看？”通过两个学生概括出左窄右宽和上大下小的书写规则。由于这一书写规则是由学生概括而出的，因此，可以认为 L 老师不仅在“教人……”，而且在“教人做……”或者“教人如何做……”。W 老师采用的方式是在黑板上写一个“让”字，并向学生提问：“看例字，你们觉得谁该让谁？”在学生总结的基础上，进一步通过提问，强调了横中线的重要性；最后提醒学生，“记住这个‘让’字，一定能够写好这两个字(豫和辱)”。同理，W 老师的书写指导也是在“教人如何做……”。

在词语的理解上，L 老师和 W 老师采取了相同的对话方式；S 老师要求学生对

每个词语所在的段落进行反复朗读，体会词意在句中的意义，并且先后请两位同学以角色扮演的方式来理解“傲慢”的词义。S老师以这种“对话＋朗读＋活动”的组合方式教学生“如何理解”词义，是最佳的“教人如何做……”，因为学生有机会获得了实践“理解词义”这一目标隐含的行为经验。

如果说上面论证了教师教学行为的“真”的问题，那么，判断教学行为是否为“好”的问题离不开对学生行为的观察，这就如同评价厨师绕不开食客一样。虽然泰勒认为，“学习是通过学生的主动行为而发生的；学生的学习取决于他自己做了什么，而不是教师做了些什么”[9]，但是，如上所述，或许可将泰勒的观点进一步表述为，“学生的学习取决于教师的‘做’与学生的‘做’之间是否有完美的结合”。恰如谢弗勒所言，在判断教师是不是在教学时，还应该特别看“教师会不会赞许‘学生’的判断，学生是否可以问‘怎么做’‘为什么’或者‘有何根据’等问题”[9]。由此观之，三节课上各有一处学生的表现可圈可点，这三个“亮点”足以证明教师当时的教学行为是“好”的教学行为。

第一处是学生对L老师所提问题的回答。

L老师：你看到这样一些词语（出示幻灯片：尴尬—羞辱—大笑—静默—赞叹），有什么想法？有什么疑问？

学生1：就是林肯说了什么话，使参议员的态度由尴尬想羞辱他，变成赞叹了？

学生2：为什么会大笑呢？

学生3：为什么要写参议员的态度？这一节课不是要写林肯的吗？

第二处是S老师请两位同学进行的角色扮演活动。当“女参议员”用生动的语调，绘声绘色地将参议员傲慢的神情淋漓尽致地表现出来后，全体学生不由自主地同时报以热烈的掌声。①当“男参议员”在演绎“傲慢”一词的过程中，用手指指着S老师扮演的林肯说“别忘了，你是一个鞋匠的儿子！”时，引起了全场一阵会心的笑声。

第三处是W老师引导学生用自己的语言概括林肯发言的内容时，学生所使用的词句。

学生1：……他当选总统的那一刻，所有的参议员都感到非常尴尬，有些议员想羞辱他，林肯宽容了他们……

学生2：……但是我也可以给参议员们改鞋子，因为我从小就受到父亲做鞋子的艺术的熏陶。

学生3：林肯说，他永远是鞋匠的儿子，为他自己是伟大鞋匠的儿子感到骄傲……

① 本次活动中共出现了9次掌声。9次掌声中的8次，均是在教师或明示或暗示的“号召”下进行的。无论是在现场听课，还是事后观看录像，都能感受到这8次掌声既非由衷，亦非被迫。这其中“礼貌性的”或“捧场性的”意味居多。而这次“不由自主”的鼓掌显然表明学生知道怎么鼓掌。在某种意义上，那种“号召”下的集体鼓掌比集体缄默更令人心生感慨。

上述学生的言语和行为,既表明课堂教学中最精彩的言行往往来自于学生的事实,同时,也充分证明了他们的思维和经验发生了深刻的变化。这有赖于教师深思熟虑的巧妙引导与赋予学生思考的时空、活动的自由和言说的自主之间完美的结合。

鉴于此次活动是提前两天通知作课教师且有特级教师的参与,具有一定的日常性和代表性,因此,上述两个问题值得进一步探讨。

参考文献

[1] 叶澜.什么样的课算一堂好课[J].福建论坛(社科教育版),2005(11):4-6.

[2] 李国华,张瑞芬."同课异构"的误区种种[J].教学与管理,2011(2):18-19.

[3] [日]佐藤学.课程与教师[M].钟启泉,译.北京:教育科学出版社,2003.

[4] 陈琦,刘儒德.当代教育心理学[M].北京:北京师范大学出版社,1997:166.

[5] 杜威.学校与社会·明日之学校[M].赵祥麟,任钟印,吴志宏,译.北京:人民教育出版社,2005:15.

[6] 杨启亮.教学对话之"道"的特殊性[J].教育研究,2013(7):81-87.

[7] 袁庆晖."基于问题的对话教学模式"初论[J].中小学教师培训,2005(11):37-40.

[8] [美]谢弗勒.教育的语言[M].林逢祺,译.台北:桂冠图书股份有限公司,1994.

[9] [美]拉尔夫·泰勒.课程与教学的基本原理[M].施良方,译.北京:人民教育出版社,1994:49.

变革时代的学校发展与教师专业成长

高校青年教师教学能力构成的质性研究

赵春鱼　吴　华
(浙江大学教育学院)

[**摘要**] 高校青年教师教学能力的提升,已经成为当前我国高校内涵式发展的焦点问题之一。本研究运用扎根理论的方法,从胜任素质的视角,对我国高校青年教师教学能力构成的理论框架进行了系统化研究。结果显示,高校青年教师教学能力根据可观察性和可改变性分为外显性教学能力、中间层教学能力和核心层教学能力三个层次,且对其相关测量指标进行了提取,进而丰富了高校教师教学能力构成相关领域的研究理论和方法。

[**关键词**] 高校青年教师;教学能力;胜任素质;扎根理论

A Qualitative Research on the Composition of University Young Teachers' Teaching Ability

ZHAO Chunyu, WU Hua

Abstract: How to improve the teaching ability of the university young teachers has become a new focus in the university connotative development process. Through applying the grounded theory, the paper systematically studies the theoretical framework of university young teachers' teaching ability construction based on their view of competency. The result shows that teaching ability can be divided into three gradations based on the observability and convertibility which are respectively the explicit layer, the intermediate layer and the core layer. It also extracts the relevant measurements of each ability layer and enriches the related theories and research methods in the related field.

Keywords: university young teacher; teaching ability; competency; the grounded theory

一、问题的提出和研究背景

高校教学质量的高低取决于高校教师的教学能力的强弱和高校教师的整体素质的高低,尤其是教学能力的提升,是高等教育质量提升的关键。高校教师教学能力的发展具有递进性,教师由新教师成长为老教师,由初出茅庐的教学新手发展成为专家里手,这所有的成长都要从最初的起点——青年教师开始。高校规模的快速扩张,使得我国高校每年都有大量的初任教师步入高校教师行列,并逐渐成为教师队伍的主力军。他们教学能力发展的状况不仅影响着青年教师自己的职业生涯发展状况,更影响着高校教师队伍的整体素质状况。青年教师教学能力的提升,已经成为高等教育队伍建设的关键,引起了高校管理者、研究者的高度重视。在研究领域,大家普遍将重心放在关于教师素质的讨论上[1],引进国外经验和做法以及在理论上探讨青年教师教学水平提升问题。例如,徐辉主编、严慧仙翻译的《国外大学教学与教改译丛:教学方法手册》,从多方面、多个角度提出了提高大学教学水平的策略和途径[2]。理论探讨包括对教学有效性的研究[3][4],对青年教师教学能力进行调查的研究[5],对青年教师培养的相关研究[6][7]等。此外,也进行了一些实践探索[8]。然而,从综合分析来看,当前对青年教师教学能力的研究侧重于实践探索,对青年教师教学能力发展的理论研究相对较少;在为数不多的理论研究中,较多地是从学理的角度探索青年教师教学能力的构成,但缺乏来自实证研究的确凿证据。从研究内容来看,研究者更多地偏向于将青年教师的教学能力定位于能力角度,而非素质角度。笔者认为,能力是顺利完成某一事件的心理特征,这是一个必要条件而非充分条件;即并不是有了某一方面的能力就一定能够顺利完成相对应的任务,还需要动机、态度等其他因素的配合。因此,笔者尝试从素质的角度来探讨高校青年教师的教学能力的构成问题。

从素质的角度来看,教学能力也可以看作一种职业素质。在有关职业素质的研究中,胜任素质能够比较贴切地表达教师站稳讲台,发展教学能力的心理过程。胜任素质一词最早出自 1973 年,美国心理学家麦克里兰在美国心理学刊物上发表的《测量胜任力而非智力》一文。他指出,传统的智力和能力倾向测试,并不能预示出工作绩效的高低和个人职业生涯的成功。[9]胜任力概念一经提出,立刻成为全球的研究焦点[10],在工商企业管理[11]、人力资源管理[12]等方面得到比较普遍的运用;也引发了各种胜任素质运动,并由此得出一些与胜任素质相关的概念。例如,Burgoyne 将胜任素质运动分为三个方向:宏观到微观,理论到实践,技术到制度。[13]关于胜任素质的定义,可以说,目前还没有公认的标准。总的来说,研究者倾向于认为,根据胜任素质高低可以预测工人的绩效水平[9][14],胜任素质的内容包括知识、技能、态度、价值观等[9,15]。

二、研究设计

(一) 研究方法

虽然对高校青年教师培养问题的探讨已经比较广泛，但对青年教师教学能力构成的理论研究还相对缺乏，更没有可以直接借鉴的比较成熟的基于我国教学文化的理论研究框架。因此，在研究方法的选择上，本研究拟采用质性研究的方式，利用访谈法对高校优秀青年教师进行访谈，以了解其教学能力提升过程中的各个关键要素。

在质性文字材料的分析方法中，扎根理论(ground theory)被认为是一种比较有效的方法，最早由社会学者 Glasser 和 Strauss 提出[16]。扎根理论是一项探索性研究(exploring research)技术，用归纳的方法对现象加以分析整理，经由系统化的资料搜集与分析，螺旋式循环地逐渐提升概念及其关系的抽象层次，并最终形成理论。其对资料分析的过程分为开放式编码(open coding)、主轴编码(axial coding)和选择性编码(selective coding)三个步骤，采用持续比较(constant comparison)的分析思路，不断提炼而后修正，直至达到理论饱和。[17]

(二) 标准界定

用胜任素质理论研究高校教师教学能力，就是在现实中对照“好的教学”和“一般的教学”甚至“差的教学”之间的关键区别。因此，笔者将高校优秀青年教师所表现出来的对于“好的教学”的理解和追求“好的教学”的行为作为研究变量，系统分析作为教师教学能力的应然构成要素。

鉴于此，访谈问卷立足于询问优秀青年教师对于“什么是好的教学”的认知、行为和价值判断。共设计了 5 个问题：您认为什么是好的教学？您觉得要做到好的教学需要教师具有什么样的能力？结合您的自身体验，在追求好的教学的过程中，您曾经遇到过什么样的问题？结合自身的体验，您觉得青年教师投入教学的动力在哪里？您对学校促进教师投入教学有什么样的期待和需求？

(三) 研究参与者

研究采用典型的原则，选取学校中教学水平得到大家公认的青年教师作为访谈对象。此外，教学过程是师生互动的过程，在大学的课堂中尤甚，因此，研究对象还拟选取学生作为访谈对象。

三、研究过程

(一) 选择对象

笔者选取了 6 位教学比较突出的高校在职青年教师作为访谈对象，这些青年教师中，教授 1 名，副教授 1 名，讲师 4 名；教龄分别为 7 年，15 年，9 年和 6 年，5 年和 8 年；其中 3 名为学校青年教师讲课比赛一等奖获得者，学科分属工科、理科和文科。2名优秀学生样本分属工科和文科。

(二) 访谈过程

首先,用邮件的方式向7位老师发出了访谈邀请(其中1位老师出差时间较长,不方便接受访谈),6位老师给予回复。笔者在访谈邀请邮件中,首先明确自己是研究人员,正在做一个教师教学能力提升相关的研究项目,希望能够对其进行访谈,而且访谈结果会作为学校教师教学发展中心工作的依据之一。然后,告诉他访谈大约会持续半个小时左右。最后,表达希望老师能够参与访谈的期望。等老师有了回复后,具体和老师协商访谈的时间和地点。同时,如果老师表示愿意参加访谈,笔者将访谈提纲先发给老师。

访谈历时两周。每次访谈都进行了录音,访谈完及时整理成文本资料。累计共形成36122字的文字材料。将其中4位老师和2位学生的访谈资料作为扎根理论研究的原始分析资料,共26614字。另2位老师的访谈资料,约9508个字,用于理论饱和度检验。

(三) 数据分析

1. 开放式编码

开放式编码是指将所获得的资料记录逐步进行概念化和范畴化,用概念和范畴来正确反映资料内容,然后把资料记录以及抽象出来的概念打破、揉碎并重新综合的过程。开放式编码的目的在于指认现象、界定概念、发现范畴,也就是处理聚敛问题[18]。经过多次整理分析,笔者最终从原始访谈资料中抽象出78个概念和18个范畴。

2. 主轴编码

主轴编码(关联式登录)的任务是发现范畴之间潜在的逻辑联系。在建立关联时,要分析各个范畴在概念层次上是否存在潜在的联结关系,从而寻找一定的线索。本研究根据不同范畴在概念层面的相互关系和逻辑顺序对其进行分类,共归纳出七大关系(见表1),并在此基础上,继续深入挖掘主范畴。主范畴分析就是从已有的范畴中挖掘核心范畴,使其能将其他范畴联系起来。在表1的基础上,笔者梳理出四大主范畴:教师顺利实施教学所需要的知识素质,包括专业知识和课程知识;教师顺利实施教学所需要的技能素质,包括有效教学技能和教学基本功;教师个体对教师职业的角色认识和态度,包括社会角色和教学态度;教师进行教学投入的内在驱动力。

表1 基于主轴编码的关系

编号	关系类别	影响关系的范畴
1	专业知识	学科知识和相关知识,学科、专业发展趋势
2	课程知识	课程内容选择、课程内容设计、联系实际、实践教学经验
3	有效教学技能	设计教学过程、课堂教学中的教学机智、吸引学生注意
4	教学基本功	教学基本要求
5	社会角色	师生定位、教师定位、教研/科研关系定位
6	教学态度	看待教学过程、看待学生
7	内在驱动力	教学驱动、教学效果的认识

3. 选择性编码

选择性编码(核心式登录)是从主范畴中挖掘核心范畴,分析核心范畴与主范畴以及其他范畴的联结关系,并以"故事线"的方式描绘行为现象和脉络条件,从而发展新的实质理论框架的过程。

根据胜任素质的相关研究,胜任素质的内容包含知识、技能、态度、价值观等。Spencer 等人用同心圆理论来概括胜任素质,认为在同心圆模型中,最核心的是个性和动机,中间层是自我概念和态度、价值观,最外层是知识和技能。[14]也有人用冰山理论来形容之:一个人胜任某项工作的素质类似于一座冰山,知识和技能只是露在冰山上面的一小部分,而个人的自我认知、动机、品质以及价值观这些东西都潜藏在水面下,并且对知识和技能的获取影响深远。将该理论迁移到教师教学素质的探讨中,结合以上扎根理论分析的结果,笔者拟借鉴 Spencer 的胜任素质理论,大胆地尝试构建高校教师教学能力构成要素的理论框架:居于最外层的知识和技能类似于胜任素质理论中冰山露出水面的一部分,是比较容易观察得到的,并且经过培训和训练容易改变的,笔者拟将其命名为外显性教学能力;中间部分,教师社会角色的定位和教学态度属于价值观范畴,通过教师的部分行为可以推测,教师通过反思也可以发现,并直接影响教师对教学知识和技能的练习和掌握,笔者拟将其命名为中间层教学能力;最深层的部分,教学驱动可以类比于冰山最底层的部分,即个体无意识层面,有时候教师自己不一定意识的到,但对教师的教学价值观、教学技能的获得和教学相关知识的拓展影响深远,笔者尝试将其命名为核心层教学能力。

4. 理论饱和度检验

本研究利用剩下的 9508 字的文字资料进行理论饱和度检验。结果显示,范畴已经发展得非常丰富,并没有形成新的范畴和关系。由此认为,以上主范畴的关系结构从理论上讲是饱和的。

四、高校青年教师教学能力构成理论框架的形成

本研究依据扎根理论的研究方法，借鉴胜任素质理论，初步尝试构建了高校青年教师教学能力构成的理论分析框架；接下来尝试对高校青年教师教学能力不同层次的构成内容进行进一步分析，并确定其测量维度，以深化对高校青年教师教学能力构成要素的认识和把握。

（一）高校青年教师外显性教学能力的构成及其测度研究

评价高校青年教师是否已经站稳讲台，最外显的指标就是其是否掌握了进行有效教学所必需的相关知识和技能。本研究也支持“教师掌握有效教学的知识和技能是高校青年教师最外层和最外显的教学能力”的结论。根据扎根理论，笔者尝试将高校青年教师外显性教学能力划分为两个维度：知识维度和能力维度。知识维度包含两个一级指标：课程知识和学科知识。所谓课程知识是对所教课程进行内容选择、设计的能力，包含四个方面的内容：①对课程内容的选择，即根据学生的兴趣和理解有效选择课程内容。大学课程和中小学课程的一个最大的差别就是大学教师基于教学大纲，具有对所教课程内容相对比较充分的选择权。②对课程内容重新设计。教师要能够根据不同专业、不同时期学生的不同特点，重新优化和设计课程内容。③随时将生活知识融入课堂教学。能够随时随地将社会生产、生活中的现象与自己所学联系起来，并在课堂中呈献给学生，以激发学生对专业和课程的兴趣。④在课程相关领域进行实践的经验。该指标在工科教学中显得特别重要，因为工科的实践性相对更强，学生对理论知识的掌握需要在工程实践中进行检验并加以吸收和真正掌握。所以，对于工科教师而言，能够拥有在课程相关领域进行工程实践的经验，是合格的工科教师所必须掌握的基本知识和必需的经历。

能力维度由教学基本功和有效教学技能构成，其中教学基本功是每一位教师必须拥有的基本技能；有效教学技能是提高教学效果所必须掌握的技能，是好的教学的基本要求。教学基本功包括教师应该具备合格的计算机水平，标准的普通话，授课语言要深入浅出，具备一定的教育教学知识等。有效教学技能包含三个方面的内容：①教师能够有效地设计教学过程；②课堂中表现出一定的教学机智；③能够吸引学生的注意力。教师要能够有效设计教学过程，必须做到统筹运用各种教学方法，厘清课程脉络，组织有效的讨论，甄别教材，发挥教材功能等；教学机智表现在课堂上开展的实践过程中，教师拥有高度的元认知，监控学生的表现，理解学生，根据学生的表现随时调整课程内容，控制课堂秩序；吸引学生注意力特指教师从课程开始到结束，采用各种方法吸引学生注意力，而不仅仅是在课堂中。

（二）高校青年教师中间层教学能力的构成及其测度研究

高校青年教师中间层教学能力是关于态度、价值观的内容，相对于最外层的知

识和技能更加隐蔽，但是往往从教师的言行中可以得到推测和把握。根据关系类别，我们抽取了两个主范畴，分别为社会角色和教学态度。

社会角色是指教师对自身工作的定位、对教学研究的态度以及对科研和教学关系的态度。社会角色维度下包含三个一级指标：师生定位、教师定位和教研/科研定位。其中师生定位主要是指教师对自己应该采用何种态度对待学生的认知，包括两个二级指标：①认为教师一定要关注学生的长远发展；②在教学中要严格要求学生。教师定位是指教师对自己职业形象的理解和认同，包括两个二级指标：①认同教师"引导""掌舵"人的角色定位；②充分理解并认同高校教师"学高为师，身正为范"的社会形象。教研/科研与教学的关系定位，也包含两个二级指标：①真正认同教学工作是教师的本职工作，能正确处理好教学和科研的关系；②认同教学科研是促进教学的一种手段。

教学态度是教师对教学全过程和学生的价值判断。对教学全过程的价值判断包括备课、上课、课程评价等；对学生的价值判断特指教师如何看待学生，如何理解当前扩招背景下的大学生以及大学生多元的价值选择。教学态度维度下包括两个一级指标：对教学过程的判断和对教学对象的判断。对教学过程的判断包括：①对教学全过程的每一个环节都认真负责；②对上课充满期待；③需要不断进行教学反思。对教学对象的判断聚焦于：①对不同学生所表现的不同价值观的态度；②对扩招背景下学生现实情况的判断；③对大班额教学中学生的定位。具体如图1所示。

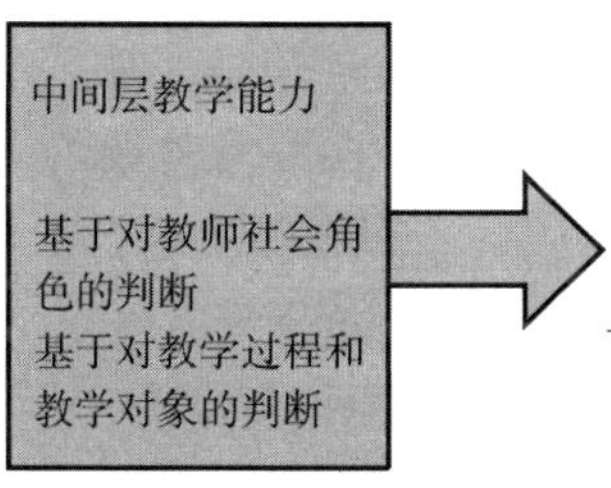

测量维度	一级指标	二级指标
社会角色	师生定位	关注学生长远发展
		在教学中严格要求学生
	教师定位	认同教师"引导""掌舵"的角色定位
		理解并认同高校教师"学高为师，身正为范"的社会形象
	教研/科研定位	教研与教学的关系
		科研与教学的关系
教学态度	对教学过程的判断	对教学全过程的每一个环节都认真负责
		对上课充满期待
		不断进行教学反思
	对教学对象的判断	能够接受学生不同的价值观
		对扩招背景下学生现实情况的判断
		大班额教学中学生的定位

图1 高校青年教师中间层教学能力测度指标

（三）高校青年教师核心层教学能力的构成及其测度研究

最核心的层面是教师投入教学的内在驱动，笔者尝试将其归纳为教学驱动和对教学效果的认识。所谓教学驱动，用于比较直接地回答教师为什么投入教学。因为热爱教学还是薪酬激励？因为喜欢与学生分享人生经验还是迫于无奈？从教师访谈结果来看，促进教师投入教学的几个重要因素包括：①纯粹喜欢教学这项工作；②喜欢与学生相处和分享；③希望引起学生变化而进行教学投入；④对讲台充满敬畏。

将对教学效果的认识放置于内在驱动维度是鉴于这样的考虑：教师认为什么样的教学是好的教学是其先于教学实践的行动假设，对于教师接下来如何开展教学具有潜在的指导作用，也即本研究设计立足于“好的教学”的认识的初衷，因此，对教学效果的认识决定了教师投入多大的精力于教学实践，决定了教师的教学行为和对时间、精力的投入程度。研究发现，优秀的青年教师都倾向于将是否促进了学生投入学习和对学生的长远发展产生影响作为自己有效教学的评判指标。目前，我国大学教学中最突出的问题之一是学生投入学习活动中的时间和精力严重不足。大学与中小学最大的不同在于大学鼓励学生自主学习。没有学生积极主动的参与，大学生创新精神、实践能力和创造力的养成，包括对理论知识的深刻理解，都无从谈起。学生一旦养成良好的自主学习习惯，其深入摄取知识的能力和创造力将超出任何大学教师的想象。英国哲学家怀特海(Alfred Morth Whitehead)说：“就信息传递而言，自 15 世纪印刷术得以普及以来，大学就没有任何存在的必要了。然而，推动大学建立的动力正是来自那个时候之后，而在更近的一段时期，这种动力就更强了。大学之所以成为大学，就在于它的教学以富于想象力的思考，把青年人与老年人结合在一起，维持着知识与生命之间的联系。大学传递信息，是富于想象力的传递。至少，这就是大学的功能。如果在这一方面大学失败了，那么它就没有理由存在下去。”[19] 与基础教育相比，在大学里，教学方法一直以来就比较简单。对于有着相对成熟心智和思想的大学生来说，课堂上是否使用花哨的教学方法并不重要，重要的是如何刺激、调动他们的思维，使他们积极思考着参与到教学中来，这种对教学效果的态度直接影响教师以何种方式、何种程度投入教学。具体如图 2 所示。

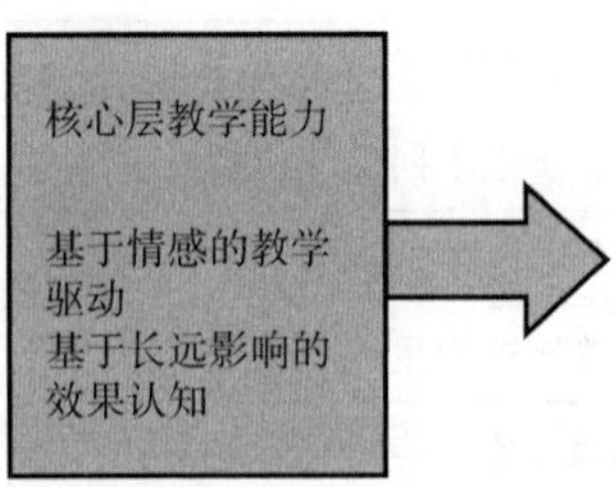

测量维度	一级指标
教学驱动	纯粹喜欢教学这项工作
	喜欢与学生相处和分享
	希望引起学生变化而进行教学投入
	对讲台充满敬畏
对教学效果的认识	促进学生积极投入学习
	对学生的长远发展产生影响

图 2　高校青年教师核心层教学能力测度指标

五、研究反思

采用扎根理论进行一个理论的创建，需要研究者具有比较深厚的研究基础和研究能力，笔者在课堂中初次接触扎根理论质性研究方法之后就为其所深深吸引，在本研究中初次尝试开展一次质性研究。研究过程可谓跌宕起伏，从研究问题的选择到访谈，再到数据分析，经历几次自我否定，最终得到上述结果。然而由于笔者自身研究能力的限制，在对结果的讨论中仍发现不少问题，例如，在教师访谈提纲的设置中缺乏对胜任素质的追问。教师访谈提纲第二题："在您的心目中，教师要做到'好的教学'需要具备哪些能力？能举例说明吗？"由于该问题只是问了能力，老师在回答的时候就聚焦在能力上，对其他胜任素质的回答就比较少。虽然在访谈过程中，笔者试图追问其他方面的素质，但得来的信息并不多。如果能够将题目修改成"在您的心目中，教师要做到'好的教学'需要具备哪些素质？能举例说明吗？"可能会得到不同的效果。此外，对录音数据文字化并逐句进行登录和编码，是一项浩大的工程。由于研究工作由笔者一人独自完成，对概念属性和维度、核心概念的提取以及最终的核心登录，都会受到笔者已有知识结构和观念的影响。如果能够得到多人的充分验证，可以进一步提高研究的信度。

参考文献

[1] 潘懋元，罗丹. 高校教师发展简论[J]. 中国大学教学，2007(1)：5-8.

[2] [美]巴巴拉·G. 戴维斯. 国外大学教学与教改译丛：教学方法手册[M]. 严慧仙，译. 浙江：浙江大学出版社，2006.

[3] Mursell J L. 成功的教学[M]. 王昕，译. 台北："教育部"出版社，1983.

[4] 何丽君. 高校教师教学有效性研究[D]. 上海：华东师范大学，2001.

[5] 周萍，纪志成. 青年教师教学能力调查分析[J]. 中国大学教学，2011(2)：81-83.

[6] 郭丽君，周清明. 地方高校青年教师的发展[J]. 高等教育研究，2011，32(1)：65-69.

[7] 高胜利，陈三平，谢钢，等. 讲课比赛是培养青年教师提高教学能力的有效途径[J]. 中国大学教学，2009(5)：43-44.

[8] 龚绍文. 大学青年教师教学入门[M]. 北京：北京理工大学出版社，2006.

[9] McClelland D C. Testing for competence rather than for "intelligence"[J]. Journal of American Psychologist，1973(1)：1-14.

[10] Mclagan P A. Competencies：The next generation[J]. Training and Development，1997，51(5)：40-47.

[11] Lucia A D，Lepsinger R. The art and science of competency models：Pinpointing critical success factors in organizations[M]. San Francisco：Jossey-Bass/Pfeiffer，1999.

[12] Horton S. Introduction - the competency movement：Its origins and impact on the public sector[J]. The International Journal of Public Sector Management，2000，4(13)：306-318.

[13] Burgoyne J. The competence movement：Issues，stakeholders and prospects[J]. Personal

Review,1993,22(6)：6－13.
[14] Spencer S M,Spence L M. Competence at Work：Models for Superior Performance [M]. New York：John Wiley & Sons,Inc.,1993.
[15] Boyatzis R E. The Competent Manager：A Model for Effective Performance[M]. New York：John Wiley & Sons,Inc.,1982.
[16] Glasser B G,Strauss A L. The Discovery of Grounded Theory：Strategies for Qualitative Research[M]. New York：Aldine Publishing Company,1967.
[17] 袁方. 社会研究方法教程[M]. 北京：北京大学出版社,1997.
[18] [美]Patton M Q. 质的评鉴与研究[M]. 吴芝仪,李奉儒,译. 台北：桂冠图书股份公司,1990：38.
[19] [英]怀特海. 教育的目的[M]. 徐汝舟,译. 北京：三联书店,2002：53.

拔尖创新人才培养视角下的研究型大学师生关系探析

肖红缨　王晓阳
（清华大学教育研究院）

［摘要］研究型大学师生关系是从根本上影响拔尖创新人才培养的一个重要因素。研究性、基础性、创新性、前瞻性、卓越性的有机结合是当下研究型大学区别于一般大学的特点。本研究结合研究型大学的战略定位和特点，采用文献分析、访谈和国际比较的方法，分析研究型大学师生关系的特点，提出要遵循拔尖创新人才培养规律、提升主体间性、重塑价值文化、优化环境条件，以构建“合作伙伴、学术共同体、亦师亦友”三位一体的研究型大学新型师生关系。

［关键词］拔尖创新人才培养；研究型大学；新型师生关系；中美比较

The Relationship between Teachers and Students in Research Universities: The Perspective of Top-Notch Innovative Talents Cultivation

XIAO Hongying, WANG Xiaoyang

Abstract: The relationship between teacher and student in the research university is an important issue that fundamentally influences the cultivation of top-notch innovative talents. The organic combination of research-based, foundational, innovative, foresinght and excellence is the distinctive feature between the research university and the teaching-oriented university. Based on the strategic position and characteristics of research universities, this paper analyzes the characteristics of the relationship between teacher and student in research universities by means of literature analysis, interviews and international comparison, and puts forward the following principles: observing the training law of top-notch talents, enhancing the inter-subjectivity, reshaping the value culture, and optimizing the environmental conditions, in order to build the trinity of "partner, academic community, teachers as well as friends" relationship in research universities.

Keywords: cultivation of top-notch innovative talents; research university; new teacher-student relationship; comparison between China and the United States

一、引言

师生关系是教育领域中最重要、最基本的一种人际关系,贯穿于各级各类教育的全过程。师生关系的好坏关乎学生的成长发展,影响教育活动的效果以及人才培养的质量,关系到教育目标的最终实现。拔尖创新人才培养是提升高等教育质量、建设人力资源强国的必然要求,也是近年来高等教育领域和社会各界讨论关切最多的热门话题之一,振聋发聩的"钱学森之问""诺贝尔之惑"始终困扰着中国大学。研究型大学作为构建国家科技创新体系、提升国际竞争力的重要责任主体,承担着培养拔尖创新人才和产出高水平原创性、基础性研究成果的重要任务。关于"师生关系""拔尖创新人才培养""研究型大学"的研究文献为数不少,学者们从多个层次、多种视角对这些问题进行多维度和全方位的关照和考察,取得了不少成果。但将"师生关系""拔尖创新人才培养""研究型大学"这三个关键词紧密结合起来进行深入研究的文献还未见到。本研究采用文献分析、访谈和国际比较的方法,对拔尖创新人才培养视野下的研究型大学新型师生关系的内涵、特征和构建做一些理性探析,并对中美研究型大学师生关系做一些对比分析,以期为世界一流大学征途上的中国研究型大学建设改革提供些许参考。

二、师生关系的概念内涵

有关师生关系的概念内涵,国内外学者从不同的学科视角和理论视角进行关照、考察和界定。《中国大百科全书》(中国大百科全书出版社,1975 年)对师生关系的定义为:"教师和学生在教育教学过程中结成的相互关系,包括彼此所处的地位、作用和相互对待的态度等。"[1]闵容、罗嘉文[2]认为:"师生关系是教师和学生为实现教育目标,以其独特的身份和主体地位,通过教与学的直接交流活动而形成的多性质、多层次的关系体系。其本质是师生之间以情感、认知和行为交往为主要表现形式的心理关系,反映师生间寻求满足其社会需要的心理状态。"辛鹏[3]认为:"文化是人的本质,人的世界就是文化的世界。师生关系本质上是一种人与人之间多维复杂的文化关系。"郭敏[4]、徐萍[5]等学者从哈贝马斯的交往行动理论视角对师生关系进行定义,讨论师生关系的改进和重构,强调师生关系就是在教师和学生遵循共同规则的基础上,通过对话实现良性互动,以达到相互理解和合作共识的目的。交往是诠释师生关系的基本前提。

本研究在学者们已有研究的基础上,综合多个学科理论视角和教育的目的功能,对师生关系进行定义。师生关系是指教师和学生作为教育活动中的双边主体,在特定的时代文化背景下，在教育教学及其他相关人才培养全过程中所形成的多维互动、平等对话、合作共赢的人际交往关系。这个定义包含了六个方面的含义：①师生关系是人与人的关系在教育领域的具体体现，其首先应该基于人存在的价值而存在。②师生关系是作为特定主体的教师和学生，在特定交往活动中形成的相互关系，是双向度而不是单向度的，是动态而不是静态的。③师生关系受制于所依赖的文化背景，在某种意义上就是一种文化的关系。④人都是社会的人，教育是培养人的有目的特殊社会活动；特定的教育服务于特定的目标，不同类型和不同层级的教育因其办学定位和人才培养目标任务不同，以及学生的认知、身心特点和成熟度不一，其师生关系必然呈现出不同特点。⑤培养人的活动涉及多个方面、多个维度，包括知识授受、价值塑造、能力培养、情感心理等。师生关系不应局限在传授知识的课堂上，还应该体现在课堂教学活动以外的其他活动和时空中；师生交往的内容不仅是知识层面的，还包括师生身心成长的方方面面。⑥教育系统作为社会大系统的一个子系统，其职能和地位随着外部环境的需求而不断变化，师生关系的外延、内涵和特征也必然随着社会环境和时代背景的变化而变化。在社会全面网络化、信息化、全球一体化以及教育国际化深入发展的当下，师生交往和互动的渠道、方式和内容以及广度和深度都已不可同日而语。

三、研究型大学师生关系的特征

“研究型大学”概念的提出起源于德国洪堡大学。20 世纪末 21 世纪初，世界各国基于社会经济和国家战略发展的迫切需要，纷纷提出研究型大学建设战略，将其作为构建国家科技创新体系、提升国际竞争力的重大战略部署。研究型大学一般是各国以建设世界一流大学为目标、以培养拔尖创新人才为根本、以产出高水平基础性研究原创科研成果为重要任务的高水平知名大学。

根据研究型大学的战略定位，研究型大学至少具备以下几个特点：研究性、基础性、创新性、前瞻性、卓越性。研究性是研究型大学最本质的特征，也是其区别于其他类型大学的关键所在。研究性就是学术性，即在批判地继承已知的基础上，大胆探索未知，发现新知。威廉·冯·洪堡[6]在他的《论柏林高等学术机构的内部和外部组织》一文中指出：“高等学术机构的作用，由内而观之，在于沟通客观的学术和个人修养；由外而观之，则是将完成的中学教育与开始的独立的大学教育衔接起来，或者说促进前后两者的过渡，但其最为关注的唯有学术。”研究型大学的研究性又区别于一般大学的研究性，即要以培养拔尖创新人才为根本，围绕人类社会长远发展和国家战略发展需要，开展高层次的原创性基础研究，产出高水平原创成果。这是研究型大学，尤其是世界一流顶尖级研究型大学的应有定位，也是其确定可持续发展的竞争力和影响力的根本所在。因此，创新性又是研究型大学的核心和灵魂。

研究生教育，特别是博士生教育是拔尖创新人才培养的重点，但研究型大学突出研究，并不意味着不重视教学。重视研究生教育，并不意味着可以忽视本科教育。相反，世界上最好的研究型大学往往也是本科教育质量很高的大学，本科教育是拔尖创新人才培养的基础。研究型大学的最大特色在于教学与科研的完美结合。研究性教学不仅从研究生延展到本科课堂、课程学习中，而且还擅长将批判思维、创新意识等研究性元素贯穿到教学、科研、社会服务、文化传承创新及课外活动等人才培养和教育活动的全过程，渗透于课内课外、校内校外的各种形式中，重视从本科低年级就狠抓基本学术素养和规范训练，旨在为研究生拔尖创新人才培养夯实基础，做好铺垫。

因此，研究型大学师生关系是指研究型大学的教师与研究生、本科生基于拔尖创新人才成长和人类社会发展、国家战略的需要，在科研、教学、社会服务及其他相关活动中所形成的平等、多维、互动的交往关系。研究型大学的办学定位决定了其良好的师生关系，凸显了三个重要特征：合作伙伴、学术共同体和亦师亦友。

1. 合作伙伴

研究型大学的“研究性”“创新性”主要通过师生共同参与承担科研课题工作、共同产出科研成果来体现。虽然教师在科研活动中承担带头人和教育者责任，但教师和学生在课题研究团队中既分工又合作。尤其研究生，思想活跃、精力充沛，可以在科研任务执行中独当一面，在课题讨论中和老师碰撞思想、互启智慧，在攻坚克难中形成合力，和教师的经验优势互补。由于研究型大学独特的优越地位，其所聚积的学生通常是世界上素质最好的、智商最高的。根据《2014 中国高考状元调查报告》显示的数据，恢复高考以来，绝大多数高考状元被北京大学、清华大学录取。2005 年以来，北大、清华包揽九成高考状元。[7]而清华、北大的本科生毕业后至少有三分之一留在本校继续读研，三分之一的学生去哈佛、麻省理工、斯坦福、普林斯顿、耶鲁、牛津、剑桥等世界顶尖级的研究型大学继续深造。这些学生往往智力超群，学习能力超强，潜力无穷。特别是在当今信息化、网络化条件下，单纯从知识的掌握来看，教师和学生已经难分伯仲。在研究方面，只要老师引导得当，学生自己用心，在某些方面也很容易就能“长江后浪推前浪”“青出于蓝而胜于蓝”。无论是老师指导学生参与科研项目工作，还是学生独当一面承担科研工作，都更多是一个师生互学互动、共同成长的过程。因此，研究型大学积极的师生关系应该已经远远超出了一般高校通常意义上的知识授受型师生关系，师生之间更像是合作伙伴，特别是在科研方面。国外大多数学者也都将研究生与导师的关系看成是科研合作伙伴的关系。詹姆斯·杜德斯[8]认为，现行的研究生教育模式主要是建立在研究生和导师之间的关系之上的，这种关系由指导关系发展到同事关系，由本科生教育的师徒关系转变成合作者和同事间所特有的同辈关系。伯顿·克拉克[9]认为，学生在实验室和研讨班，当他们对教授指定的科研问题或者他们自己提出的科研问题寻找答案时，他们就成为了科研工作者，结果教授和学生成为了搞科研的同事。

2. 学术共同体

当今日益复杂的社会问题以某单一学科的知识已无法解决，往往需要多门学科交叉综合的知识和复合型人才的共同努力，学科交叉融合已成为当今学科发展最重要的趋势，也是新形势下知识创新和科技发展的必然选择。当下世界上很多重大原创性成果往往是集中多门交叉学科的优势力量，协同创新、共同发挥作用的结果，纯基础性研究领域尤其如此。以培养学术性拔尖创新人才和产出基础性原创研究成果为核心任务的研究型大学，尤其要突破传统单一学科各自为政开展研究的局限，大力支持和鼓励跨学科开展交叉研究，集中优势重点力量协同攻关创新，这也是一流研究型大学确立可持续发展优势和竞争力所在。新形势下，各国的研究型大学国际化战略迈出了新的步伐，不同国家之间的研究型大学纷纷联合成立国际合作研究中心，联合开展重大项目合作研究，联合培养具有全球视野的顶尖人才。因此，研究型大学的师生互动已经远不止传统意义上的课堂讨论、课程学习、实验室研究或在学校各个场合的你来我往的范围内了，也不只是同一学科专业内师门之间、课题组之间或同一学院范围内的师生互动了，必须延伸到跨学科多学科交叉互动，甚至延伸到跨校际、国际的宽广领域和学生毕业以后漫长成长成才的时空。从这个意义上说，研究型大学的师生关系更像是一个学术共同体成员之间的互助共进关系。这个“学术共同体”往往是由多个相同、相近或交叉的学科专业或研究方向的成员组成，他们怀着共同的学术志趣和价值追求，共同遵守和维护一定的学术规范和道德规范，通过各种各样的方式相互影响、相互渗透、优势互补、形成合力，共同推动学术的发展和重大创新成果的产生，发挥“一加一大于二”的效果。网络化、信息化和全球化的深入发展，也为研究型大学打造这种学术共同体师生关系，推动这种师生互动向广度深度拓展提供了可能。

3. 亦师亦友

如前所述，研究型大学所聚积的来自世界各地的学生精英群体，经过大学里多年高起点、高标准的熏陶和培养，在高深知识获取、能力提升和学术性成长等方面都易于取得成效。但这些天之骄子、人中龙凤的情商和社会性成长以及未来学术职业理想的坚定性却往往并不那么完美，甚至有欠缺。特别是在我国现行“唯分数论”“一考定终身”的单一评价标准和高考招生制度下，基础教育始终未能走出应试教育的怪圈。研究型大学里招录的智力超常的高考状元、学习尖子生中，不乏人格不健全、为人处事毫无经验的学生。有的学生特立独行、思想怪异，甚至孤高自傲、以自我为中心，对老师挑剔，对同学苛刻，往往又内心脆弱，受挫能力差。这些学生的学术性成长没有太大问题，但在社会性成长上需要全力以赴。如果老师对其关注不够、引导不及时或处理不慎，尖子生很有可能变成问题学生，天才的苗子可能变成平平庸庸的人，甚至成为社会的累赘。因此，研究型大学构建教师与尖子生积极的师生关系，就显得格外重要。教授与尖子生的相处之道，要跳出权威命令型、强力控制型或知识授受型等传统师生关系的窠臼，更加审慎和艺术地处理他们之间的相互关系,建立一种亦师亦友型的师生关系。这就要求老师更加包容、民主、开放和细致深入,与学生在学术性互动之外开展更多的社会性互动,尽可能满足学生个性化和多样化的需要,通过更多的言传身教和营造和谐融洽的氛围,引导学生处理好为人与为学的关系,让学术性成长和社会性成长相融共生。

显然,这种亦师亦友型的师生关系,对教师学识、师德和处事艺术均提出了更高的要求,需要一种新的理念来指导这种师生关系的构建。哈佛大学教育哲学专家凯瑟琳教授在论述杜威民主教育思想时指出:“杜威提出了一种‘民主审议’的概念。他认为,民主不只是一种统治的形式,更多的是一种基本的生活方式,是一种联系你我、求同存异、寻找共同兴趣、获得更好交往的生活方式。在杜威看来,民主审议实质上是一个相互尊重的共同商议或讨论的过程;不是相互视如下属或对手,也不是要试图说服对方听从自己的观点或按自己的意愿行事,而是基于双方的平等自由,相互尊重地就一些事情或话题进行共同审议或讨论,使得最初的观点各异转变为更多的理解和共识,从而在满足各自多样化需要的同时,促成问题的共同解决,提升集体的共同利益。”

杜威的“民主审议”概念为构建亦师亦友型师生关系提供了理念指南。在这种师生关系中,没有老师对学生的强制和权威,也没有学生的唯唯诺诺;只有老师对学生个性兴趣和自由探索的尊重和维护,对学生自信心和学术志趣的鼓励和保护,对学生挫败失意和情感倾诉的真诚理解和细心呵护。反过来,学生也会更加理解师道的内在意蕴,以更加努力的态度和更多的成果回馈老师。从而,在提升学术共同体利益的同时,形成合力,促进创新突破,促进师生的共同成长。在教育实践领域,我国高等教育学创始人、著名教育家潘懋元先生一向倡导并践行亦师亦友型师生关系。多年来,他坚持举办家庭学术沙龙,利用周末或其他闲暇时间,与研究生开展不受学科限制的交流讨论,从学术争论到工作方法,从天下大事到个人生活,无所不谈,吸引了从同门弟子到同领域的师生学者、毕业校友,通过无心插柳柳成荫的方式,营造了一个参与者平等、轻松、自由交流的亦师亦友型师生关系氛围,打造了一个和谐、融洽、多维、互动的学术共同体,树立了师生关系的典范,有口皆碑。[10]

四、中美研究型大学师生关系比较与借鉴

“合作伙伴、学术共同体、亦师亦友”三位一体的师生关系,构成研究型大学积极师生关系的理想模式。然而在高等教育实践领域,又实实在在存在师生关系异化、变味、扭曲的现象。研究型大学师生关系异化,最明显的表征是师生关系功利化、短视化、物质化。教师和学生往往只是简单地以课题组为纽带开展师生交流互动。教师重项目,轻教学;重科研,轻育人;强调老师权威,忽视学生个性。很多横向课题往往以经济利益为导向,偏离学术目标。研究生往往沦为导师课题研究的廉价劳动力或获取经济利益的工具,老板—雇员关系成为师生关系的代名词,既谈

不上科研上的合作伙伴，也没有形成真正的学术共同体。有的老师只注重学生的学术性成长，忽视社会性成长，导致本来很有学术潜力的学生没有得到应有的成长。有的学生甚至最终彻底丧失学术志趣，毕业时慌不择路，茫然不知所去，从而造成人力资源的巨大浪费，亦师亦友型师生关系更是奢谈，拔尖创新人才培养成为无源之水；这与研究型大学拔尖创新人才培养和高水平基础研究原创成果的目标定位显然是背离的。2012 年，一位被圈内同行专家认为是天才数学家的中科院博士生拒绝国外高校提供的科研待遇优厚和环境条件优良的学术深造机会，毅然决然地放弃业已突出的科研工作，选择了在北京某中学当一名数学老师，以至于让自认为爱生如子、对其倾注了全部期许和心血的导师一度崩溃。这引起轩然大波，舆论哗然，也再一次引发了教育界和社会各界对拔尖创新人才培养的师生关系的深层次反思。究其原因，影响因素是多方面的，有师生本身方面的，更有社会大环境，宏观、中观、微观的体制、机制、制度方面的，还有文化方面的，这里不再赘述。

究竟如何构建研究型大学“合作伙伴、学术共同体、亦师亦友”三位一体的新型师生关系？本研究通过实证、调查、访谈发现，美国研究型大学师生关系的很多方面值得我们学习借鉴，最根本的是要结合研究型大学师生关系的特点和办学定位，尊重拔尖创新人才成长的规律，提升主体间性，重塑价值文化，优化环境条件。

1. 尊重主体个性，提升主体间性

主体性是创新能力最核心的品质，也是一流研究型大学师生必备的素质。哈贝马斯的交往行为理论强调人与人的关系，本质上就是两个或两个以上主体在遵守一些社会认可的共同规范的基础上，通过言语和行为方式实现平等对话交流、相互理解、共享知识、彼此信任、达成共识的过程。他认为，要想实现交往行为合理化，须具备三个有效性要求：真诚性、真实性和正确性。[11]因此，教师与学生作为教育活动中两个最重要的责任主体，他们之间不是一种二元对立的主客体关系，而是通过平等、对话、协商实现双向良性互动的双主体关系，即主体间性。提升主体性，调动能动性，发展合作伙伴关系，除了发展主体的知识、认知等智力因素外，更重要的是要从主体的意愿、动机、兴趣、情感、性格、意志和价值期望等非智力因素入手，尊重和满足主体的个性和多样化需要。这体现在师生关系中，就是教师主体“以主体实践活动为基础，调动学生主体内在心理的积极因素，把一切外部的教育因素内化为学生主体性因素，使得学生具有充分的学习和科研动力，主动探索，善于探索，发挥个人潜能”。[12]

美国研究型大学的成功之道在于给教师和学习者充足的自由成长的制度环境和空间。美国大学对学习者兴趣、个性、差异化的尊重和对主体性的充分调动，贯穿于课程设置、选课机制、课堂教学、学术研究等人才培养的各个环节，充分体现了以学习者为中心的主体性教育理念。例如，学生可以跨专业、跨学科、跨院系，甚至跨学校自由选课。课堂上教师强调对学生学习热情的调动及创新思维的激发。在学术研究上，学校和老师允许学生进行广泛的尝试和自我兴趣探索。

马里兰大学教育学院林静教授在接受访谈时反复提及:“马里兰大学对教师和学生学术自由充分尊重和保护,对师生主体性和主体间性充分尊重和保护。教师可以自由开设课程,自主决定授课的内容和形式、方法,根据选课人数获得相应收入,根据学生自由选课和评价情况,决定课程的去留甚至教员的去留。这样,教师乐教、重视教学,学生乐学、主动投入,从而逐渐形成了一个良性循环的机制。”

2. 弘扬优秀传统,重塑价值文化

《周易》云:“观乎天文,以察时变;观乎人文,以化成天下。”足见文化对教育、对人的塑造的影响。文化的影响是渗入骨髓的,也是潜移默化的,一旦形成又是持续稳定的。什么样的文化孕育什么样的师生关系。中国传统文化中不乏民主、平等的教育思想,如孔子的“弟子不必不如师,师不必贤于弟子,闻道有先后,术业有专攻”,韩愈的“无贵无贱,无长无少,道之所存,师之所存也”。还有孔子身体力行,以贤能不如自己的郯子、苌弘、师襄、老聃为师,以及其有教无类、因材施教的教育思想和主张,无不彰显了重视学生、尊重学生个性的先进教育价值理念。但是以儒家文化为代表的中国传统文化,也存在讲究等级、秩序、尊严的专制主义思想,如严格的天地君亲师的等级排位,强调“师道尊严”。而官本位思想导致的功利教育价值观,对中国师生关系的影响根深蒂。长期以来,人们(包括教师、学生本身)对师生的角色认知是偏颇的,认为师生关系根本上就是一种不对等关系,“一日为师,终身为父”,教师权威不可侵犯。学生对老师心存敬畏,认为自觉服从才是正常的师生关系。而在新的时代背景下,学生日渐觉醒的主体意识、日益多元的价值取向和多样化需要,又无不与这些文化观念相冲突,与老师的期望相违背,从而导致师生关系的紧张和冲突。

从美国某著名研究型大学取得博士学位的清华文科教师D深有感触地说:“中国的师生关系太功利了,师生交往太容易受到人情、面子、观念等各种学习、科研之外的因素影响。不像在美国,师生之间,公和私是分得很清楚的,导师和学生在学习、科研上就是一种合作伙伴的关系,无须考虑其他方面的因素,无须担负一些莫名的心理压力。”

而一位在美国宾夕法尼亚大学攻读博士学位的清华本科毕业校友 W 坦言:“在美国研究型大学,专业概念和学科边界非常模糊,学校跨学科任意自由选课的机制和老师包容开放的态度,给予了我充分的尊重和自我探索研究兴趣的无限空间,我可以根据自己的兴趣和博士论文写作的需要决定是否参与导师的课题研究。如果我发现自己的兴趣和导师研究方向不一致,或者我对导师的指导不满意,我可以申请更换导师。”

以实用主义为代表的近代美国文化,彰显的是一种民主平等、协商对话的教育观和师生关系。因此,改进现有的研究型大学师生关系必须从文化问题入手,对教师和学生都进行价值观念的重塑。可喜的是,清华大学最近提出了“价值重塑、能力培养、知识传授”三位一体的拔尖创新人才培养新理念,强调将价值塑造放在人才培养首位,反映了一所正在迈向世界一流大学的研究型大学应有的文化自觉和文化自信,为中国研究型大学新型师生关系构建树立了榜样。

3. 优化环境条件,完善保障体系

诚如肯尼迪在其著作《学术责任》中所指出的,大学有些冲突源自大学内部同时存在的不同价值观之间的冲突,有些冲突是由于大学的价值观与外部环境的冲突。中国研究型大学面临的最大尴尬就是:一方面是师生员工对学校优质资源和更多更好的支持服务的日益增长的期许和学校资源条件有限的矛盾;另一方面是自由追求发展高深学问的理想与社会经济发展对高校社会服务日益增长的需要之间的矛盾。因此,研究型大学要坚持有所为有所不为,主管部门和学校所有的激励措施和条件保障都要以最大限度激发师生学术志趣,提升创新意识、创新精力和创新能力为出发点和落脚点,切实提高师生的待遇,帮助他们解决后顾之忧,不断引导师生自由探索,潜心投入、自主开展创新研究。

“要给予学生空间,给予充分的条件激励。杰出人才是自己成长起来的,他们需要成长的环境。要调整传统的制度化、规范化、标准化的学校教育环境,以适应变化的环境和创新的需求。”清华大学陈吉宁校长[13]如是说。“学校给研究生提供的优厚待遇和宽松环境,为我们潜心研究和自由探索提供了保障。不像国内的研究生待遇很低,为了生存,不得不听命于导师的安排,也难免有急功近利和心浮气躁的心理。”宾夕法尼亚大学在读博士生、清华本科毕业校友 R 说到这里,一副意味深长、半喜半忧的表情。

美国顶尖研究型大学鼓励师生根据自己的兴趣开展课题研究,鼓励参与各种交叉学科的前沿研究项目,在不断实践和探索中找到自己的兴趣和优势,恰到好处地处理知识的广度和深度的关系。斯坦福大学鼓励学生利用学校的品牌声誉和平台影响力,自由地邀请世界上顶尖的相关专家学者来学校进行讲座交流和学术探讨,也支持学生参与国际上的各种学术交流活动,鼓励学生主动向学术同行和世界传播自己的研究成果,交流自己的学术思想和观点,致力于与学生、学术同行建立持久的“合作伙伴、学术共同体、亦师亦友”关系。

五、总结与讨论

总之,研究型大学有着自己特殊的办学定位和战略任务,师生关系有着不同于一般大学的特点,对积极健康的研究型大学师生关系的构建有着更高的要求。研究型大学构建“合作伙伴、学术共同体、亦师亦友”三位一体的师生关系,需要师生苦练内功,远离浮躁,潜心研究,切实怀揣服务国家战略发展的责任感和使命感,立足当下,着眼长远,胸怀全局,凸显学术责任,体现创新品质,追求灵魂卓越,更需要社会、主管部门、学校从体制机制和文化环境上下大力气去推陈出新,为拔尖创新人才成长、研究型大学建设创造更好的外部环境条件。

研究型大学致力于追求整体创新能力的持续提升,产出高水平基础研究原创性成果，培养未来引领世界的高水平拔尖创新人才，这些都不是一蹴而就的事情。人才成长和基础研究都有其自身的规律，都有较长的周期性和滞后性。在基础性研究领域，无论是学术共同体的搭建、学术梯队的成长、创新体系的最终形成，还是从满足社会经济发展需要、人类共同难题的攻克、个人的成长成才来看，都离不开学术共同体或研究团队内的教师和学生长期持续不断的并肩作战和传帮带，甚至可能需要几代师生和研究团队成员几十上百年持续不断专注一个问题进行研究，才可能取得真正的突破。构建良好的研究型大学师生关系，最根本的是要遵循拔尖创新人才成长的规律，教师切实尊重学生个性，满足其多样化的需要。构建"合作伙伴、学术共同体、亦师亦友"三位一体的积极健康的新型研究型大学师生关系，归根到底是要促进人的成长和发展，促进教育目标的达成，促进研究型大学战略定位的实现。

最后需要指出的是，不同学科类别或学科集群有着不同的学科文化和学科特点。例如，纯基础性学科（如数学）、应用性硬学科（如机械工程）、基础性软学科（如文学）、应用性软学科（如教育、新闻传播），其师生关系会呈现出不一样的特点，在探讨师生关系构建时还需要加以区别对待。

参考文献

[1] 郭小英，许若兰，王芳. 近十年来高校师生关系现状研究综述[J]. 今日南国，2009(2)：217－218.

[2] 闵容，罗嘉文. 师生关系研究综述[J]. 教学研究，2006(1)：26－29.

[3] 辛鹏. 当代高校师生关系冲突的文化透视[D]. 长春：东北师范大学，2011.

[4] 郭敏. 哈贝马斯交往行动理论下的师生关系研究[J]. 新课程(下)，2014(10)：27.

[5] 徐萍. 从哈贝马斯交往行动理论的视角看高校师生关系的重构[J]. 南京社会科学，2015(7)：111－116.

[6] [德]威廉·冯·洪堡. 论柏林高等学术机构的内部和外部组织[J]. 高等教育论坛，1987(1)：93－95.

[7] 中国校友会网. 2014 中国高考状元最青睐大学排行榜，北大清华完胜港校(EB/OL). [2014-06-19]. http：//www.cuaa.net.

[8] [美]詹姆斯·杜德斯. 21 世纪的大学[M]. 北京：北京大学出版社，2005：74.

[9] [美]伯顿·克拉克. 探究的场所：现代大学的科研和研究生教育[M]. 杭州：浙江教育出版社，2001：1.

[10] [美]莱斯利·A. 豪. 最伟大的思想家：哈贝马斯(On Habermas)[M]. 陈志刚，译. 北京：中华书局，2002：28－29.

[11] 潘懋元. 选才·培养·指引：我对博士生培养的一些看法和做法[M]//潘懋元. 潘懋元论高等教育. 福州：福建教育出版社，2000：425－435.

[12] 刘献君. 发达国家博士生教育的创新人才培养[M]. 武汉：华中科技大学出版社，2010：50－51.

[13] 陈吉宁. 杰出人才不是"培养"出来的. 现代教育报[N/OL]. [2014-04-11]. http：//toutiao.com/a3198741033/.

基于教师专业发展的师范院校课程改革研究

刘才利
(西南大学教育学部)

[摘要] 在教师教育职前职后一体化背景下,师范院校课程改革在教师专业发展中的作用日益得到重视,如何为师范生的实践性知识的增长提供平台是师范院校课程改革的难点。建议高水平的师范院校逐步开展分段培养模式改革。一般师范院校逐步提高教师专业课程的地位,优化教师专业课程的结构;高校与中小学在教师专业发展方面建立更紧密的合作关系,提高师范院校教师专业素养和人才培养质量。

[关键词] 教师专业发展;一体化;师范院校;课程改革

A Study on the Curriculum Reform of Normal Colleges and Universities Based on Teachers' Professional Development

LIU Caili

Abstract: With the integrating of pre-and postservices of teacher education, much attention was paid on the role of curriculum reform in normal colleges and universities during teachers' professional development. How to provide a platform for the growth of the students' practical knowledge is difficult for the normal colleges and universities curriculum reform. This paper suggests that high-level normal colleges and universities should carry out the piecewise cultivation mode reform. They should enhance the status of the teacher's professional courses, optimize their specialized course structure as develping closer cooperation with the elementary and secondary shools. They should improve the professional quality of the teachers and the quality of talent training.

Keywords: teachers' professional development; integration; normal colleges and universities; curriculum reform

师范院校是培养中小学教师的摇篮，是教师专业发展的基础。在教师专业化背景下，中小学教师的专业发展受到空前重视。以培训为主要载体的教师专业发展模式及其效果日益受到质疑，其主要原因是中小学教师的专业发展存在其独特性，中小学教师面临着很大的来自成绩方面的压力，学校在促进教师专业发展方面动力不足。另外，有研究者指出，学校运作方式与教师专业发展也存在矛盾，主要表现为：教育行业内部发展和教师物质利益之间存在矛盾；学校封闭系统与教师职业合作性要求存在矛盾；学校科层体制与教师自我实现的需要存在矛盾；教师培训的单一性与教师发展的多样性存在矛盾；学校的量化管理与教师工作的自主性存在矛盾。这些矛盾影响了教师的专业发展。[1]

如何改革教师教育以促进教师的专业发展，已成为我国教育改革与实践的中心议题。高师院校的课程结构是专业化教师培养的重要实施载体，课程结构科学与否，在很大程度上影响着专业化教师的培养质量和水平。高师课程如何为师范生提供良好的、可持续的专业发展的基础，以保证其在以后长期的职业生涯中获得终身专业发展的意识和能力，成为教师教育改革面临的一个核心问题。本文将梳理我国促进教师专业发展的途径与方式的变迁历史，对如何通过师范院校课程改革促进教师的专业发展做出思考。

一、教师专业发展：从学历补偿到职前职后一体化

（一）学历补偿教育

改革开放初期，我国政府在促进教师专业发展方面的主要举措是开展学历补偿教育。1977 年，《关于加强中小学在职教师培训工作的意见》颁布，就中小学在职教师的进修学习做出了指导意见，要求尽快提高中小学教师的教育教学水平。1980 年 6 月，全国师范教育工作会议把我国的师范教育分为高等师范本科、高等师范专科学校、中等师范学校三个等级，分别培养高中、初中、小学和幼儿园教师。同年 8 月，在《关于进一步加强中小学在职教师培训工作的意见》中提出，“从实际出发，把长远的文化、专业知识的系统学习和搞好当前教学工作的教材教法学习结合起来”，以加强教师的教学工作。在 1980 年的 6—8 月，为了使中小学在职教师的进修工作收到良好效果，我国先后颁布了《中学教师进修高等师范专科 12 个专业的教学计划（试行草案）》《中学教师进修高等师范本科 7 个专业的教学计划（试行草案）》和《小学教师进修中等师范教学计划（试行草案）》，分别对中小学在职教师进修的教学要求、教学内容、教学计划等方面做了具体安排。此后，中小学在职教师的进修培训工作逐渐走上了正规化的道路。

在培训内容的安排上，我国中小学教师的补偿性培训在不同时期有不同的要求。在 1983 年之前，重点是培训教师对教材教法的把握。1981、1983、1986 年，为了使党中央“大力普及中小学”的号召落到实处，《关于加强小学在职教师进修工作的意见》提出要用 3～5 年时间，使小学教师的学历水平达到中师毕业程度，并能够

完全胜任所担学科的教育教学工作。1993 年 10 月底,我国制定了《中华人民共和国教师法》(下面简称《教师法》)和《教师资格条例》,这两项法规为中小学教师的专业发展指明了方向,并且提供了法律保障。

这一时期的教师专业发展,是针对过去一个时期遗留下来的教师队伍低学历的情况开展的学历补偿教育。

(二)教师教育的提出

1996 年,国家教委在《关于师范教育改革和发展的若干意见》中提出了新的师范教育培养和培训体系:“健全和完善以独立设置的各级各类师范院校为主体,非师范类院校共同参与,培养和培训相沟通的师范教育体系。”1999 年 6 月,《中共中央、国务院关于深化教育改革全面推进素质教育的决定》中提出,要进行师范教育改革,探索在有条件的综合性高校中试办师范教育。这样,我国基础教育师资的培养,开始形成开放化的趋势。

2001 年,随着新课程改革的实施以及《国务院关于基础教育改革与发展的决定》和《基础教育课程改革纲要(试行)》的发布,国家开始重视基础教育新课程师资培训工作。《国务院关于基础教育改革与发展的决定》中提到,要“完善教师教育体系,深化人事制度改革,大力加强中小学教师队伍建设”,正式提出了“教师教育”这个概念。学术界比较一致的认识是,师范教育概念中的“师”蕴含着较多伦理学和职业道德的色彩,强调的是师德师风的重要性。这与中西方教育史上的“僧师合一”或“官师合一”,以及后来被赋予传道任务的教师起源和形象是分不开的。教师教育的概念,更强调的是教师职业的专业性,将教师视为拥有异于一般知识的专业人才,能够根据特有的专业经验,为特定对象提供专业化的服务。这种专业化的资格需经过专门培训,而且必须经过严格的考核才能获得,并以其不可替代的专业性赢得其特殊的社会地位。从师范教育到教师教育,不仅是概念的转变,更蕴含着观念的更新和制度的变革。专业、开放、一体化是教师教育区别于传统师范教育的几个显著特征。[2]

新世纪前后,开展教师培训依然是促进教师专业发展的有效途径,但培训的性质是继续教育,而不再完全是学历补偿。1999 年,教育部颁发《中小学教师继续教育规定》(教育部令第 7 号),从此,我国中小学教师继续教育工作逐渐走上了法制化、科学化和系统化的道路。《教师法》从法律层面强调,我国教师享有在职培训的权利。1999 年,《中共中央、国务院关于深化教育改革全面推进素质教育的决定》中,要求进一步开展对中小学教师的培训,特别是要加强对骨干教师的培训,通过提高骨干教师的素质来带动其他教师的专业发展。2002 年 9 月,教育部在《关于加强专科以上学历小学教师培养工作的几点意见》中,对专科以上学历的小学教师,在专业建设、办学模式、办学渠道和培养制度等方面提出了指导意见。2004 年 3 月,教育部发布《2003—2007 年教育振兴行动计划》,其目的之一是提高中小学教师应用教育技术的能力。通过开展中小学教师教育技术培训,全面提高广大教师实施素质教育的能力。2005 年，教育部启动《中小学教师教育技术能力标准》，在 9 省市试点基础上，于 2006 年 5 月开始全面实施，计划用 3～5 年时间，利用多种形式和手段，组织全国中小学教师完成不低于 50 学时的教育技术培训，以提高教师在教学中有效地应用信息技术的能力。

在培训得以加强的同时，培训效果与教师实际需求脱节的情况也越来越普遍。一些研究者指出，师资培训课程通常不及教师的生活经验对教师专业实践理论产生的影响大；实习教师的教学内容受到先前经验、教学实务经验、教学困扰及协助者的建议等因素的影响；新入职教师的第一年任教经验，强过师资培育课程的影响；大学教的理论，难以对抗学校环境的压倒性效应，甚至在教育实践工作中到处弥漫着经验权威的踪迹。[3] 建立职前职后一体化的教师专业发展模式迫在眉睫。

（三）教师教育一体化

教师教育一体化建设的提法最早在 20 世纪 90 年代就被提出。但直到近期，其实质性的进展仍比较小，并没有取得突破性的制度化建设的进展。已经取得的主要成就如下：①建立了协调统一的领导关系与一体化的教师教育机构。1992 年以来，共有 11 所省级教育学院并入师范大学、师范学院或综合大学，40 所地市级教育学院与师范高等专科学校合并组建师范学院或综合学院，17 所并入高职或其他专科层次的学校。通过合并，逐步理顺了隶属与领导关系，建立了一体化的教师教育机构，将过去教师教育职前职后分别由师范大学、教育学院和教师进修学校（院）承担的三级格局，改变为师范大学与教师进修学校（院）的两级格局。②积极探索一体化教师教育机构的办学目标与模式。师范大学主要致力于建设成为教师职前培养、入职辅导与在职培训相互贯通，本科教育与研究生教育上下结合，能够全面承担教师培养与培训任务的一体化机构。[4]

一体化的教师终身教育体系，具体可以做这样的描述：教师的学科知识，以及终身获取与追求知识的意愿和能力，可在大学的学习生活中养成；教育理论、学生成长变化等知识，可以通过教师的职前专业培训来达成；但是，真正的专业态度和价值观，只有在实际工作中才能逐渐养成；在实际的工作岗位上，教师还需要通过持续进修，以达成专业的更新和发展。[2] 教师教育职前职后一体化体制机制创新的实质是：以终身教育理念为指导，遵循教师专业发展的理论和规律，对教师的职前培养和职后发展进行统整规划和设计，建立起教师专业发展各个阶段既相互独立，又相互融通衔接的教师教育新体系及其运作方式。[5]

师范院校的课程教学是教师教育一体化的起点和基础，关系到教师专业发展的后续效果和可持续性。从三级师范到两级师范，再到师范院校的改组改造，始终是围绕外部机构调整展开的，真正涉及师范类课程改革的探讨相对较少。构建与一体化教师教育相协调的课程体系已经刻不容缓。

二、基于教师专业发展的师范院校课程改革

(一) 教师专业发展的认识论和理性基础

教师专业发展的研究始于20世纪60年代末，兴盛于七八十年代的欧美。1969年，美国德克萨斯大学学者以其编著的《教师关注问卷》(*Teacher Concerns Questionnaire*)，开创了教师发展阶段理论研究的先河。教师职业生涯发展(Career Development)的理论，为人们认识不同阶段的教师专业发展以及教师专业发展的可持续性提供了理论基础。职业生涯发展理论以成人发展理论为基础，并吸取了心理学、生理学、社会学等多学科领域的研究成果。教师发展阶段理论主要研究教师在经历职前、入职和在职以及离职的整个生涯过程中所呈现的一种阶段性发展规律，教师在不同阶段所具有的专业水平，以及处于不同阶段的教师的需求、信念和困惑。[6]

从个体学习、发展角度来看，教师专业发展有其认识论前提和理性基础。卢乃桂提出了教师专业发展理论的三种认识论前提和理性基础。第一种是对技术认知的兴趣的驱使。人们从自然科学的“实证—分析”视角看待教师及教学，认为借助于数学等工具，教学及教师发展是可观察、可分析的，存在与具体情境毫不相关的普遍理论。因此，教学和教师的发展被简化为可以独立测量的一系列变量。第二种是实践认知方面的指引。人们关注的焦点逐渐从教师个体成长转向教师之间或与其他教育对象之间的协作式发展。第三种则是批判视角的教师专业发展研究。其基本特点是：运用批判视角理解教师专业发展的意义和价值，教师专业发展活动虽然也和教学、学习息息相关，但并不局限于教学的知识与能力，而是需要更深入地重新理解教育的意义与目的，关心教学过程中的种族、社会和政治脉络性。此种视角认为，教师专业发展需要考虑多个方面，而不应该只关注教学技巧。这需要通过引导教师自觉来发展其专业技能，培养其批判意识以及健全的教育观。教师的角色绝不是工厂的技术工人，而是转型的知识分子。教师专业发展理论的理性基础包括：①教师专业发展的工具理性基础。它试图在教师发展的情境之外来获取、复制和传播“优秀实践”的组成部件，以此更新教育过程。这只是迎合短期的需要，对具有反省能力的专业人员的发展无益，不利于教师在变动不居的情境中开展智慧的行动。②教师专业发展的交往理性基础。由于工具理性的一些弊端，教师专业发展的研究者和实践者愈来愈强调交往理性，关注个人在其生活和工作中的意义。因此，同僚指导、师徒制、伙伴互助关系、行动研究、学习小组等，都成为教师学习和专业发展的重要方式。[7]

除心理学、教育学、社会学的视角外，人类学的很多分支学科为教师专业发展研究提供了多角度的认识论前提。哲学人类学对个体“存在”非常关注，它重视的是教师发展的“内在超越”之路。文化人类学重视个体发展的“文化”品性，它关注教师“人文伦理”精神的内涵。历史人类学认为，个体发展离不开教育生活的历史，

它主张教师发展是“生活历史”的成长。[8]叶澜、白益民等人提出了“自我更新取向”的教师专业发展理论。他们指出，自我更新取向的教师专业发展，或者说教师的自我专业发展，将是未来教师专业发展的新趋向。所谓“自我更新取向”的教师专业发展，是指教师具有较强的自我专业发展意识和动力，能自觉承担专业发展的主要责任，激励自我更新，通过自我反思、自我专业结构剖析、自我专业发展设计与计划的拟订、自我专业发展计划实施和自我专业发展方向调控等，实现自我专业发展和自我更新的目的。这种专业化理论是与教师群体专业化以及教师被动专业化相对而言的，教师群体专业化受教师组织的影响很大，而且这种专业化极易受到科层体制、国家机器等的影响。[9]在自我更新专业发展理论下，教师每经历一次专业发展的关键事件，都是专业发展的一个过程，因此，这种发展理论实际是一种循环渐进论。自我更新的教师专业发展重视教师自我学习、发展动机以及教师专业发展过程中关键事件的影响，在理念和具体策略上与传统的教师被动专业发展有根本不同。

（二）师范院校的课程改革与教师专业发展

从教师专业发展角度来讲，师范院校的本质任务是实现公共教育知识到教师知识的转变过程。《教学和教师教育百科全书》中认为，教师知识结构体系可以包括这些方面的内容：一是学科专业知识；二是有关学习者和学习的知识；三是普通教育学知识；四是课程理论知识；五是教学情景知识；六是关于自身的知识。[10]归结起来，教师知识不外乎三种：一是解决“教什么”问题的学科知识；二是解决“如何教”问题的一般教学法知识，主要是教育学与心理学方面的知识，即所谓的条件性知识；三是个体实践知识，它存在于人过去的经验之中，存在于当前的大脑和身体之中，存在于未来的计划和行动之中。[11]在这三类知识中，教师个体实践知识最为特殊，对教师的专业发展作用最显著，同时，也最难受到外在干预的直接影响。它具有以下几个特点：一是依存于有限语脉的经验性知识，比之研究者的“理论性学识”，虽缺乏严密性与普适性，却是异常丰富生动、充满弹性的功能性知识；二是特定的教师在特定的课堂，以特定的教材、特定的儿童为对象形成的知识，是作为“案例知识”加以累积、传承的；三是它具有不能还原于个别专业领域的综合性，而且具有有意识地整合知识的性质，旨在发现与解决理论上尚不确凿的问题；四是它不仅是意识化、显性化了的知识，而且也包含了无意识运用的“默会知识”在发挥作用；五是具有个人性质，是基于每一个教师的个性经验与反思而形成的，这种经验的传承也是以接受者实践经验的成熟作为基础的。[11]

师范生的专业发展不只是外铄论的，同时，也要重视师范生个体的经验及知识，尤其是实践知识的个体性。但是，目前我国的师范院校存在课程目标不明确，课程结构不合理且缺乏弹性，课程体系缺乏整体设计，缺少对教师职业道德的关注等方面的问题。[11]“缺乏师范教育特色，雷同于综合大学学科专业的课程体系”是传统高师教育课程设置的弊病，这一弊病长期以来造成师范院校“学术性不强，师范性不明”的状态。[2]最关键的一点是，师范院校的课程无法为个体化的实践知识积累提供有益的平台。谢维和认为，高等师范院校在教师培养模式的各种改革中，主要存在着两种不同的取向：一种强调应该加强教师所讲授的各个专业和学科的知识、理论和能力的培养；另一种则主张应该更多地发展教师职业本身的专业化知识、理论与能力。强调和重视教师培养过程中，各种具体学科和专业的知识与理论的学习和发展，或者是将过去的教师培养模式由三级转为二级，取消中等师范学校，或者是培养研究生学历层次的教师；这些单纯提高教师培养的学历层次的做法，实际上仍然是强调了教师培养中的学术取向。而更加重视教师教育教学活动的专业知识、理论和技能的培养，或者说，在实践中更加突出和强调教育学和心理学等课程，或者加大教学实践的比重，延长实习的时间，则是将传统意义上的师范性放在了更加突出的地位上，并强调了它们的优先性。这种将学术性和师范性对立的二元思维不利于师范院校的健康发展，教师培养应该从学历教育转变为一种在学历教育基础上的资格证书的教育，师范院校则应从单纯学历教育的机构转变为学历教育和资格证书教育相结合的综合性大学。[12]而另有学者主张，课程目标与理念要“回归师范性”。[11]无论哪种观点，都面临如何促进师范生专业发展的难题。

三、基于教师专业发展的师范院校课程改革的建议

目前，国外的很多高师院校课程是按分阶段培养的模式进行设置的。分阶段培养即首先进行学科知识的学习与研究，然后集中进行教育理论与能力的专业性培养。学科学习与专业性培养是继时性地进行的，这是目前国际上的一个较为通用的做法。分阶段培养模式的优点很多，它可以协调学术性与师范性的冲突，师资培训灵活快捷，针对教师供求变化应变性强。而且，分阶段培养给了学生自主选择是否接受教师培训、从事教师职业的权利，使得学生在学习教育理论时，因思想准备充分而有较高的学习自觉性和主动性。在此前提下，学生集中学习一至两年的教师教育课程，收效会较高。但分阶段模式也存在一些困难，例如，该模式在中国当前存在可行性问题，因为当前高校本科的第四年，学生迫于就业的压力，纷纷外出找工作，很难在校安心学习。[2]但这种模式在一些培养质量较好的学校，或者是那些已立志培养硕士型师资的学校，已经有所开展，不少高等师范院校已经开始积极探索教师教育的新模式。例如，北师大推出“$4+x$”培养模式，就是在读大学的前三年时间用于专业学习，然后学生根据自己不同的兴趣爱好，选择不同的后期教育；华东师范大学从1988年开始采用新的教师培养模式，就是为某些专业和兴趣广泛的学生提供条件，加修辅修专业。

那么，对那些尚无法在本专科四年或三年的培养周期内实施分阶段培养的学校，可以从哪些方面着手呢？

长期以来，我国高师院校教师教育一直存在课程内容过于强调学科本位、结构

单一、缺乏整合的现象，这主要是因为高师院校把发展学生的学科专业知识放在首位，忽视了教师教育专业课程的重要性和应有地位。要改变这一现状，就必须调整从前过分偏重教师学科知识、忽视教师专业发展培养目标的现象，制定出适应教师专业化趋势、重视教师专业课程合理化的教师教育培养目标和人才培养方案。以美国的课程为例，在课程结构上，美国的教师专业课程也由三部分组成：一是教育科学的基本理论课程，涉及教育哲学、教育史、教育心理学、教育社会学、教学过程、人的成长和发展、职业道德与法律、教育行政与管理、教育技术等；二是教学法，包括教学方法与策略、课程的组织设计以及教学计划、教育测量与评价等；三是教学实践，以见习、现场实践等方式进行，时间的长短各学校有所不同，但都把教学实践放在重要的位置上。这类课程在全部课程中占 20%，其学分占总学分的 30%；可以为师范生提供教育学领域的专业知识，体现出教师专业与其他专业的区别。[13]

结合我国实际，师范院校课程改革不但要提高教师专业课程的地位，更应着力于探索建立符合教师教育改革创新趋势、满足基础教育教师实际教学能力需要的师范生教学能力训练课程体系及其资源平台，着力改变目前高师院校师范生教学能力培养中广泛使用的“教育学＋心理学＋学科教学法＋教学实习”的课程体系，以解决普遍存在的“理论学习与实践教学脱节、高校培养与基础教育实际需求脱节”及其导致的师范生职前培养中教学能力获得不足、职后“入职期”较长、不能满足教学实际工作需要等问题。

第一，应深化师范生教学能力训练课程改革，构建新型教学能力训练课程体系。秉持“知行合一，能力为本”的理念，注重师范生知识、能力、综合素质全面协调发展，重新审视剖析教学能力组成要素，以达成有限目标为出发点，科学制订训练目标，合理创设训练项目，构建理念先进、结构合理、优质高效的师范生教学能力训练课程体系。

第二，应整合优势资源，建设内容丰富、共建共享、开放服务的教学能力训练课程资源。围绕师范生教学能力训练的需要，整合、开发相关网络资源，建立内容丰富、共建共享、开放服务的资源平台；既充分体现能力训练课程的内涵，又大幅度拓展能力训练的外延；既满足师范生课程学习的需要，又促进师范生自主学习能力的培养。

第三，应改革课程运行模式，建设针对性强、运转有序的具有现代化教学能力的实践教学和训练平台。教学能力训练课程体系的建立，必将打破原有师范生培养课程体系，总体上将增加师范生学习课程数量，势必涉及学分的调整甚至重新分配，从而使能力训练课程的实际课堂教学学时不能满足课程设计需求。所以，必须改革能力训练课程运行模式，通过课堂教学与网络学习相结合、课堂训练与自主训练相结合等方式，充分发挥能力训练课程的功用。因此，需要建设一批针对性强、运转有序的具有现代化教学能力的实践教学和训练平台。

第四，应改革课程考核模式，建立教学能力养成考核标准及考核机制。只有建立科学的教学能力训练课程考核标准，才能创新考核机制，以评促训，有效提高师范生教学能力训练质量。

第五,应强化实践教学基地建设,构建由见习、实习、研习组成的实践教学体系。加强与地方教育行政部门和中小学的联系与合作,建设"高等学校—地方政府—中小学校"的教师教育职前职后培养责任共同体,探索并构建教师职前职后一体化培养的目标体系、课程体系、评价体系、资源平台以及管理体制与运行机制。

参考文献

[1] 胡双熙. 探索中学教师专业发展的学校支持[D]. 成都:四川师范大学,2007.

[2] 潘懋元,吴玫. 从师范教育到教师教育[J]. 中国高教研究,2004(7):13-17.

[3] 卢乃桂,操太圣. 中国教师专业发展与变迁[M]. 北京:教育科学出版社,2012:234.

[4] 荀渊. 教师教育一体化改革的回顾与反思[J]. 教师教育研究,2004(4):8-12.

[5] 刘义兵,付光槐. 教师教育一体化发展的体制机制创新[J]. 教育研究,2014(1):111-116.

[6] 刘娜. 基于教师专业发展阶段的教师培训研究[D]. 石家庄:河北师范大学,2009.

[7] 卢乃桂,钟亚妮. 教师专业发展理论基础的探讨[J]. 教育研究,2007(3):17-22.

[8] 姜勇. 人类学视野中的教师专业发展研究新转向[J]. 外国教育研究,2009(10):29-33.

[9] 白益民. 教师的自我更新:背景、机制与建议[J]. 华东师范大学学报(教育科学版),2012(4):28-38.

[10] Anderson L W. International Encyclopedia of Teaching and Teacher Education[M]. New York: Pergamon Press,1995:20.

[11] 曲铁华,冯茁,陈瑞武. 教师专业发展与高等师范院校课程改革[J]. 教育研究,2007(9):71-76.

[12] 谢维和. 我国教师培养模式的制度改革[N]. 中国教育报,2002-03-02(3).

[13] 李其龙. 教育专业课程的国际比较[M]. 北京:教育科学出版社,2002:17-19.

高校教师教学发展中心的组织模式研究

——浙江大学案例分析

陈伶俐
（浙江大学教育学院）

［**摘要**］教师教学能力发展是提升高校教学质量的重要途径，也是高校教学改革的基本保障。依托高校教师教学发展中心，促进教师教学能力发展，符合当前高校教学质量建设与教学改革的现实需要。通过对浙江大学教师教学发展中心的案例分析，重点介绍了该中心的职能、运行机制和特色，并提出加强与完善我国高校教师教学发展中心的建议。

［**关键词**］教师教学发展中心；组织模式；大学教学

Organization Pattern of Centers for Faculty Development of Universities

—A Case Study on Zhejiang University

CHEN Lingli

Abstract: The improvement of the faculty teaching proficiency ensures university teaching quality and promotes education reform in universities. Establishing the supporting organizations in universities is a key approach to improve the teaching quality. Based on the case study of the center for faculty development at Zhejiang University, this paper has elaborated the functions operating mechanisms, as well as distinctive features of the center, and finally has proposed implications to strengthen the center for faculty development of Chinese universites.

Keywords: Center for Faculty Development; organization pattern; university teaching

一、研究背景

大学教师发展(faculty development，简称 FD)是指在学校内外环境的作用下，大学教师个体围绕其职业角色需求，在认知、态度、技能、修养和行为等方面所发生的积极变化，具体包括专业发展、教学发展、组织发展和个人发展等内容。[1]

据研究，从 20 世纪 60 年代开始，美国高校陆续建立了教师发展机构，目前约有 75%的大学与学院设置了大学教师发展项目及组织机构。[2] 日本从 20 世纪 80 年代开始关注高校教师发展问题，20 世纪 90 年代政府开始出台措施引导高校实施教师发展活动；截至 2004 年，75%的公立大学和私立大学都实施了不同形式的 FD 计划。[3] 英国政府于 2003 年颁布《未来高等教育》法案，拟拨专款建立"卓越教学中心"；至今，大多数研究型大学都建立了教师教学发展中心。

随着教师发展项目的推进和相关研究的深入，大学教师的组织发展问题日益受到重视。克拉克等[4]提出："大学教师的发展活力虽然没有处在极度危险状态，但组织需要持续主动地关注教师的活力需要。"

由于教师有教学自主权，"重科研、轻教学"的现象在大学里普遍存在；教师发展机构要发展壮大，其组织架构就必须适应大学组织和教师发展的需要。教师发展的内容主要包括教学发展、专业发展、组织发展、生涯发展和个人发展五个方面，其中教学发展居于核心地位。[6] 在教学发展方面，教师发展机构主要以项目制的形式进行运转，包括常规的和非常规的教师发展项目。为此，机构一般采用常规组织和任务型组织相结合的方式进行管理。除专职人员外，机构会根据教师发展需要灵活聘请兼职人员；而常规组织下设的部门以及工作人员数量，往往视高校的重视程度及发展目标而定。

在中国，大学教师的教学发展问题作为教育质量提升的关键，越来越受到关注。国务院《关于加强教师队伍建设的意见》，教育部《关于全面提高高等教育质量的若干意见》，教育部、财政部《关于"十二五"期间实施"高等学校本科教学质量与教学改革工程"的意见》都明确提出，要支持高等学校建立教师教学发展中心。[7] 各高校纷纷成立了以促进本校教师教学发展、提升教育教学质量、凝练优良教学文化为宗旨的教师教学发展支持机构。

二、案例对象

浙江大学教师教学发展中心隶属浙江大学本科生院，是首批"十二五"国家级教师教学发展示范中心，承担学校本科教育政策咨询、教师教学发展及浙江省教师教学发展咨询、示范任务。中心以促进教师与学生共同发展、建立和传承卓越教学文化、提高教师教学能力、创新教学激励机制为目标，通过开展教学学术研究、教师培训、教师咨询与评价等，搭建教师教学沟通与研讨平台，引领区域高校教师教学发展工作。

三、组织构成

作为一所综合性研究型大学，浙江大学一直较为注重教师的教学发展。学校本科生院于 2010 年 9 月 10 日发文成立了教师教育教学促进与发展中心，致力于进一步提升教师的教学能力与教学水平。2012 年 1 月，学校再次发文，在本科生院教学研究处下增设教师教育教学促进与发展办公室，对外以“浙江大学教师教育教学促进与发展中心”开展工作；通过此次调整，教师教育教学促进与发展中心由院级机构升级为校级机构。2012 年 6 月 21 日，浙江大学校务会议决定将“浙江大学教师教育教学促进与发展中心”更名为“浙江大学教师教学发展中心”，挂靠本科生院教学研究处。中心主任为“国家教学名师奖”获得者陆国栋教授，现有专职人员 3 人，兼职人员 14 人。

四、主要职能

作为专门的教师教学发展机构，浙江大学教师教学发展中心的主要职能包括三个方面：一是教师教学培育，二是教学研究，三是教学质量评价与激励。

（一）教师教学培育

浙江大学教师教学发展中心开展青年教师技能培训，类似于哈佛大学德里克·博克教学和学习中心的“微格教学训练”[8]，为即将走上教学岗位的新教师提供正向激励的教师成长通道。浙江大学每年都要引进大批博士及以上高学历的新教师，他们专业基础扎实、知识面广、勇于创新，但在教学能力上普遍存在一些问题。为了提高青年教师课堂教学水平，改变过去对教师要求多、评价多、考核多、帮助少的局面，改变青年教师在教学中自己摸索、不利于青年教师自身发展的形势，围绕课堂教学技巧与方法，开展有针对性、实用性的系列讲座，从“如何撰写课程大纲”“如何组织课堂教学，提高课堂教学效率”“青年教师讲课参考要点”“引导有效的课堂讨论”到“规范课程考查，促进教学改革”等，帮助新教师适应教学工作，提高教学质量。同时，积极鼓励青年教师参加全国高校师资网络培训中心的网络培训计划。中心也为资深教职人员提供观察青年教师教学能力与特点的机会，从而达到相互帮助、相互促进的作用。

（二）教学研究

浙江大学教师教学发展中心为教师提供优质教学资源，营造浓厚的教学学术氛围。中心致力于优质教学资源共享，在资源中心分别建设了优质课程、教学精粹和视听共享模块，将中心举办的各类活动精粹进行总结和归纳，为全校教师提供自由下载和在线视听服务。中心通过组织学术讲座、专题活动、教改立项、教师咨询与评价等开展教学学术研究，鼓励教师钻研教学技能，推动教师教学多元创新，搭建教师教学沟通与研讨平台，引领区域高校教师教学研究和发展工作。

(三) 教学质量评价与激励

在教学评价方面，浙江大学实施校院两级年度教学工作报告制度，浙江大学教师教学发展中心负责组织各项教学质量评估和激励工作。例如，修订完善学院(系)本科教学工作年度量化考核指标体系；制定本科专业评估方案，对人文学院艺术设计等三个专业进行了试评估；强化教授授课职责并加强考核，将本科课堂教学质量评价结果作为教师考核的必要条件，加大同行评教工作力度；开展本科课程课堂教学质量评价工作，以评促教，提升教师教学水平。

在激励机制方面，强化岗位聘任津贴在教学工作和教学质量上的体现，进一步健全和支持优质教学的长效激励机制；按照《浙江大学加强高水平教育教学工作办法》，结合求是特聘(校内长江学者)教学岗、高端教学实验岗、高级讲师岗的设置，鼓励高水平教师或擅长教学的教师发挥所长、安心教学；完善各级各类优秀教学奖励制度，组织开展浙江大学“心平奖教金”、浙江大学“唐立新教学名师奖”和“优质教学奖”等评选工作。

五、运行机制与实施方式

为促进教师与学生共同发展，浙江大学教师教学发展中心搭建教师教学沟通与研讨平台，通过与校内外各种机构和组织进行合作，以各种形式来实现。

(一) 名师示范观摩课程

定期开展名师公开示范课程，可以使教师有机会学习优秀教师的授课方法、思路和技巧，借鉴优秀教师在教学内容设置和教学方法运用等方面的做法。为更生动形象地传授教学经验，充分发挥名师、骨干教师的引领、示范和辐射作用，2012—2013 年，中心已连续推出 12 次名师示范观摩课程和 1 次核心示范观摩课程，为教师提供现场观摩学习的平台，观摩人数达 300 余人次。[9]活动采取本科课堂随堂观摩听课的方式，示范教师为浙大国家级、浙江省级教学名师及校通识核心课程优秀主讲教师，以更加直接和生动的形式，给广大教师进行课堂教学示范。

(二) 午餐沙龙

因教师忙于个人的科研和教学任务，教师之间缺乏学术交流和相互了解。为了促进教师之间的专业切磋、协调与合作，互相学习，彼此支持，共同分享教学经验，截至 2013 年，中心开展午餐沙龙近 28 次，参与人数近 500 人次。午餐沙龙每半月一次，每次限 20 人参加；午餐沙龙主讲采取教师报名，中心沟通、审核的原则；活动一般利用中午午休时间，在各校区的教师活动中心、咖啡吧等场所进行，给全校教师提供了一个轻松随意的互相学习、分享教学经验的平台。

(三) 个性化辅导平台

为了解决教师在教学中遇到的各类问题，教师教学发展中心搭建了专家咨询平台，通过专家遴选，建立专家库，实现一对一的个性化辅导，针对每位教师的个性化问题进行专家诊断，解决教师的教学疑难。另外，教师教学发展中心特聘有经验的资深专家，对有需求的教师进行随堂听课；针对教学中存在的具体问题，如教学仪表、教学设计、教学理念等，进行具体实在的面对面辅导。

（四）重建基层教学研究组织

组织保证是推进工作的基本保障。2013 年，教师教学发展中心开展了重建基层教学研究组织的工作，即在学校的政策激励和统筹协调下，以专业或通识、大类课程群为单位，每个专业或每个课程群有一个基层教学研究组织。每个专业设一个责任教授，由这些责任教授建立校级专业建设指导委员会；每个课程或课程群设一个责任教授，由这些课程责任教授建立校级课程建设指导委员会。在此基础上，构建省级和国家级教学指导委员会。基层组织实行责任教授负责制和年审制，内部架构自行决定，允许教师发挥自己的优势搭建不同的教学平台，开展教学研究和教学工作，为教师专业发展提供专业指导、同行交流和教学创新的空间。浙江大学首批成立了 13 个单位的基层教学组织。组织的建设不仅给广大教师营造了浓厚的教学学术氛围，也为教师教学能力的培养提供了保障。

六、主要特色

浙江大学教师教学发展中心是一个教学服务机构，为全校教师教学发展提供支持和帮助。经过多年的研究和实践，该中心在教师教学支持和学术素养提升方面，取得了显著的成效并呈现出了鲜明的特色。

（一）建立矩阵式教师教学发展体系

研究与实践均发现，教师的教学发展需求具有专业性和不确定性的特点，这要求教师教学发展中心的人员组成既要有学校领导、专家，又要有管理人员。因此，中心既要有专业型组织，也要有科层制组织，即教师教学发展中心具有矩阵式组织属性。据此，浙江大学在国内高校中，率先提出建立矩阵式教师教学发展体系，具体如图 1 所示。

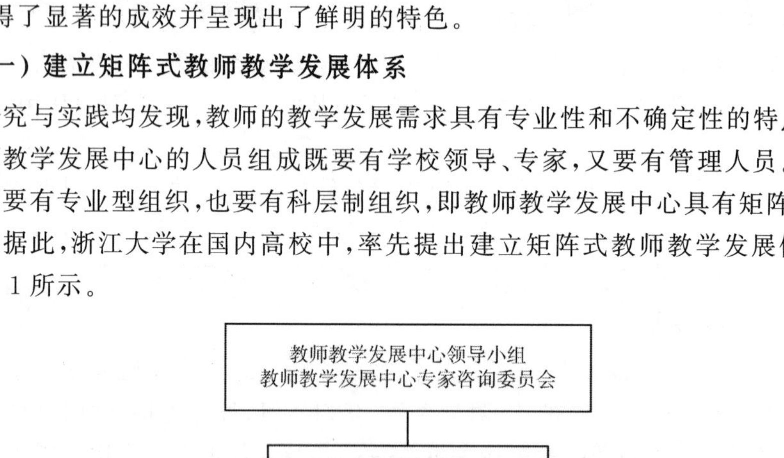

图 1　矩阵式教师教学发展体系

(二) 探索"一横多纵、纵横交错、以横为先、以纵为主"的运行模式

为更好地促进教师教学发展,浙江大学教师教学发展中心探索校院两级分工协作模式,以校级教师教学发展中心为"一横",以院级教学(研究)中心等为"多纵",实现专职与兼职相结合、专家与管理人员相结合、管理机构与学术机构相配合,既能垂直联系又能水平联系,多部门、跨部门协同联动。[10]以教师教学发展中心的工作开展为先导,开展了学术讲座、技能培训、示范观摩课程、午间沙龙等校院二级、理论与实践相结合的链式系列活动。以各院级教学(研究)中心等为载体和抓手,提升教师教学能力。

(三) 开展基层教学组织试点工作

基层教学组织是学校正式建制、柔性灵活的教师教学共同体,依托学院、系、教研室、实验室等行政单位而设置,可分为以课程(群)为平台的教师研究与发展中心以及以专业为平台的教学研究与发展中心,包括校级和院(系)级教学研究与发展中心。完善的基层教育组织在推进学校教学研究与改革、教师教学成长与发展、有计划地组织教学等方面,具有重大意义和作用。其承担的工作职责与任务包括落实日常教学工作、履行管理职责,加强教学过程管理、实施教学考核,开展教师教学培训、营造教研氛围等。中心于 2013 年参与制定了《浙江大学基层教学组织设置及管理办法(征求意见稿)》,并在全校范围内遴选了 13 个教学基层组织,开展先期试点工作。

七、思考与建议

大学教师教学发展是我国高等教育界的一个新的研究和改革领域,相比西方国家,我国教育界和学界的实践和研究可谓起步较晚,但经过近几年的尝试和努力,也收获颇丰。基于浙江大学教师教学发展中心的实践和探索,以下经验值得思考和借鉴。

(一) 对教师教学发展中心的组织工作进行顶层设计

顶层设计(top-down design)实际上是指"从高处着眼的自上而下的层层设计"。[11]目前,各高校教师教学发展中心的组织架构主要体现在中观层面,忽视了组织制高点和基层的设计。虽然浙江大学将教师教学发展中心挂靠在浙江大学本科生院教学研究处,设置了专门科室,提出了人员配置的方案,但很多高校对教师教学发展中心的组织性质定位模糊,并且没有调查教师教学发展的实际需求就设定工作重心、确定专家数量、配置专家队伍。这显然没有充分考虑任务型组织的特点和要求。如果任其发展,教师教学发展中心在运行中就容易偏离教师的实际需求,造成资源配置不合理等管理失当问题。因此,必须对教师教学发展中心的组织工作进行顶层设计。

(二) 避免教师教学发展中心机构虚置

多部门联动作业的学术管理方式容易造成无人负责的局面,高校"重科研,

轻教学"的风气也不可能在短时间内得到扭转。因此，必须提防矩阵式组织陷入无人负责的困境，避免教师教学发展中心的机构虚置或空转。[12] 为此，建议建立"自下而上"的"异体问责"机制，即由教师充当教师教学发展中心的问责主体，对领导人员的工作态度、管理机构的工作方式与评价标准进行问责，使教师教学发展中心的工作真正服务于教师教学能力的提高，而不是为领导或管理部门的政绩服务。

(三) 加强跨部门、跨学科的教学研讨

由于各个学科具有不同的特点，其传统教学模式也有着明显的不同。教师教学发展中心是一个跨部门、跨学院、跨学科的教师交流平台，是一个既非职能部门亦非教学单位的非行政化组织。中心将教师或紧密或松散地联系在一起，恢复大学作为由学术团体和学科专业组成的学术共同体，回归大学本质和学者精神，彰显了作为学术共同体组织的特性。教师教学发展中心的各项活动和服务面向全校师生，促进了不同学科间的交流，有助于开阔教师对有效教学的理解，并为教学改革提供更多的新视角和新策略，如工商管理学院的案例教学、医学院的临床教学、数学系的讨论课等。大学教学资源的开发不仅是硬件的改善，还包括各个学科教学经验的充分发掘和共享。

(四) 重视专业教师培训师队伍的建设和管理

目前，教师教学发展中心开展的各类学术讲座、技能培训、岗前培训、个体咨询等活动，主要的师资队伍还是以校内教职工为主，兼有部分校外专家。但随着培训量的不断增加，引入或建立专业的教师培训师队伍，致力于教师教学能力培训工作，将是必然的选择。专业教师培训师一般具有较为先进的教育理念、扎实的专业知识和技能、崇高的职业信仰以及丰富的实践经验，将能更好地促进教师教学发展。

参考文献

[1] Gaff J G. Toward Faculty Renewal: Advances in Faculty, Instructional and Organizational Development[M]. San Francisco: Jossey-Bass, 1975: 14 - 16.

[2] 林杰. 美国大学教师发展的组织化历程及机构[J]. 清华大学教育研究，2010(2)：50.

[3] 施晓光，[日]夏目连也. 日本"大学教师发展"的经验及对中国的启示：基于名古屋大学的个案[J]. 清华大学教育研究，2011(4)：79 - 85.

[4] Clark S M, Corcoran M, Lewis D R. The case for an institutional perspective on faculty development[J]. The Journal of Higher Education, 1986, 57(2): 176 - 195.

[5] Bergquist, W. H., S. R. Phillips. A Handbook for Faculty Development[C]. General editor, Gary H. Quehl. Vol. 2. Washington, D. C.: The Council of Independent Colleges. 1977: 9

[6] 林杰. 美国大学教师发展运动的历程、理论与组织[J]. 比较教育研究，2006(12)：33.

[7] 胡锋吉. 高校教师教学发展中心建设的理论思考与策略设计[J]. 中国大学教学，2013(3)：73.

[8] 黄睿彦. 以教学中心为依托,推进高校教师发展：基于哈佛大学的经验[J]. 比较教育研究,2012(9)：39.
[9] 留岚兰. 提升高校青年教师教学能力的方法与途径研究：以浙江大学教师教学发展中心为例[J]. 科教文汇,2013(9)：31.
[10] 留岚兰. 浙江大学教师教学发展中心的实践与探索[J]. 科教导刊,2013(9)：62.
[11] 许耀桐. 顶层设计内涵解读与首要任务分析[J]. 人民论坛，2012(17)：8.
[12] 李红惠. 教师教学发展中心组织的建设趋势研究：以 30 个国家级教师教学发展示范中心的陈述稿为分析样本[J]. 复旦教育论坛,2013,11(1)：33.

基于校企共同体的高职院校“双师型”教师队伍建设*

贾文胜　梁宁森
（华东师范大学教育学部）

［摘要］“双师型”教师队伍建设是实现高职院校人才培养目标的迫切需要和根本保证。在校企共同体的视域下，打通“双师型”教师培养渠道，校企联动、双师共育，是学校与企业联合培养“双师型”教师的有效途径。实施专任教师入职标准，加强兼职教师队伍建设，重视教师专业化发展，强化教师职业培训，是建设“双师型”教师队伍的必由之路。

［关键词］高职院校；“双师型”教师；队伍建设；校企共同体

The Team Construction of “Bi-Qualified” Teachers in Higher Vocational Colleges Based on the View of Enterprise-College Community

JIA Wensheng, LIANG Ningsen

Abstract: The team construction of “bi-qualified” teachers is the emergent need and fundamental guarantee of achieving talent cultivation in higher vocational colleges. In the view of enterprise-college community, there are efficient ways of cultivating “bi-qualified” teachers: work through the channel of training teachers, cooperate between colleges and enterprises and focus on the mutual cultivation between teachers. Carrying out the standard of teachers' entry, strengthening the team construction of part-time teachers, paying attention to the professional development for teachers, and strengthening teachers' vocatioanal training are all necessery ways of the team construction of “bi-qualified” teachers.

Keywords: higher vocational colleges; “bi-qualified” teachers; team construction;

* 本文系教育部人文社会科学研究规划基金项目“高职院校兼职教师激励机制实证研究”（13YJA880031）阶段性成果之一。

enterprise-college community

高等职业教育是我国高等教育的重要组成部分。随着人才观、质量观的改变，社会要求高职院校为生产、建设、服务和管理第一线，培养更多高质量的技术应用型专门人才。在培养高素质技能型人才的过程中，“双师型”教师队伍建设是关键。加强高职院校“双师型”教师队伍建设，是“保证高职人才培养质量、突出高职教育特色、提高教师队伍整体素质、实施理论与实践教学一体化培养模式的关键，是高职院校建设的重点之一。”[1]

步入2014年，党中央、国务院对全国职业教育发展做出的重大战略部署，加快了现代职业教育的建设步伐，使我国高职教育进入了改革与发展的新阶段。随着高职教育的迅猛发展，职业院校“双师型”专业师资队伍的数量和质量，已逐渐成为制约院校发展的瓶颈。在校企共同体的视域下，高职院校“双师型”教师队伍建设，是提高其教育教学质量的强有力支撑，是高等职业教育改革发展和内涵建设的重要内容。

一、基于校企共同体“双师型”教师队伍的内涵

（一）“双师型”教师队伍建设政策溯源

近年来，我国各级政府对高职院校教师队伍建设给予了高度重视，鼓励校企合作、工学结合，以加强“双师型”教师队伍的培养。1995年，国家教委首次在《关于推动职业大学改革与建设的几点意见》中提出了“双职称制度”一说，可视为“双师型”教师队伍制度建设之滥觞。同年，国家教委在《关于开展建设示范性职业大学工作的原则意见》中首次提出了“双师型”教师的概念，可以看作“双师型”教师概念构建之雏形，标志着“双师型”教师已开始上升到国家教育政策的高度。1997年，在全国高职教师座谈会上明确提出，要以建设“双师型”师资队伍为重点，并在国家教委下发的《关于高等职业学校设置问题的几点意见》《关于高等职业学校设置问题的几点意见》等文件中，就有关“双师型”教师的问题展开了论述。

《国家中长期教育改革和发展规划纲要(2010—2020年)》指出，要加强“双师型”教师队伍和实训基地建设，提升职业教育基础能力。2014年5月2日，国务院下发《关于加快发展现代职业教育的决定》(国发〔2014〕19号)，再次明确指出，要加快建设“双师型”教师队伍，完善教师资格标准，实施教师专业标准，健全教师专业技术职务(职称)评聘办法……实行五年一周期的教师全员培训制度，落实教师企业实践制度。政府要支持学校按照有关规定自主聘请兼职教师，完善企业工程技术人员、高技能人才到职业院校担任专兼职教师的相关政策。兼职教师任教情况应作为其业绩考核评价的重要内容。……推进高水平学校和大中型企业共建“双师型”教师培养培训基地。该决定为加强“双师型”教师队伍建设指明了发展方向。

(二)"校企共同体"的内涵与建设发展

"校企共同体"是由政府的政策撬动,政府为学校和企业牵线搭桥,校企双方共建的利益实体。校企共同体是高职院校与区域主导产业的主流企业,以协议形式缔约建设的一种以合作为基础、以共赢为目标,相互开放、相互联系、相互依赖、相互促进的利益实体,是校企合作的新型组织形式。其含义包括共同规划、共构组织、共同建设、共同管理、共享成果、共担风险[2]等6项内容,具体关系结构如图1所示。

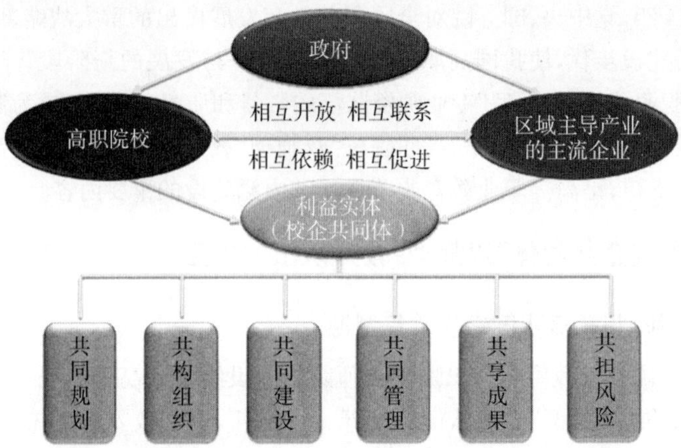

图1 校企共同体内涵示意图

校企共同体是一个利益实体,强调校企双方以利益合作为基础,双方共赢以他赢为律。校企共同体的体制机制创新为校企双方找到了利益平衡点,企业的利益在于人才储备、技术服务、员工培训等,主要由校方来承担;学校的利益在于人才培养的质量和效益,由校企双方共同来承担。企业参与学校人才培养的全过程,解决了学校"一头热"、企业"一头冷"的问题。同时,校企共同体还是一种紧密型、深层次的合作。政府的积极参与是合作的纽带和桥梁,政府的资金与政策支持使合作的基础更加稳固,体制机制创新是校企共同体理论升华的亮点。在中国高职教育发展转型的关键时期,校企共同体突破了中国传统校企合作体制机制的瓶颈,解决了校企合作体制机制僵化和企业参与校企合作积极性不高等问题,成为创新中国高职教育校企合作的一种全新的范式。

(三)"双师型"教师队伍的内涵与实质

关于"双师型"教师的内涵界定大致有"双职称"说、"双证书"说、"双能力"说、"双层次"说、"双融合"说、"叠加"说、"特定"说等几种。学者们各执一词,未有定论。但毋庸置疑的是,必须同时兼备扎实的专业理论知识和卓越的专业实践能力,是"双师型"教师的共有表征;"双师型"教师所拥有的专业理论知识和专业实践能力并不是相对独立的存在,而是更加强调内在的融合性,呈现出整合的"一",如

图 2 所示。

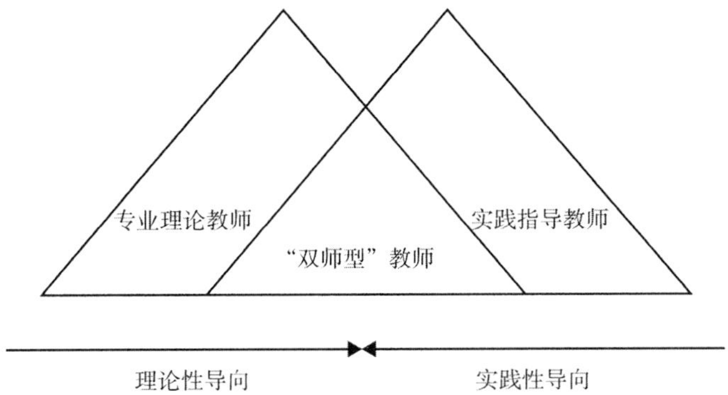

图 2 "双师型"教师结构示意图[3]

在校企共同体的视域下,所谓"双师型"教师,就是集理论和实践技能于一身的教师。他们既具有高等学校教学的专业技术职务,又具有与专业教学相一致的技术职称;既能将先进的理论知识用于指导实践,又能从反复实践中总结出新的理论知识。社会的发展需要人才,而人才的培养关键在于教师。所以,为了实现高素质技能型人才培养、专业技术创新和社会服务等共同目标,学校和企业要齐心协力、加快步伐,共同建立起一支以先进的高职教育教学理念和优良的组织文化为灵魂,以结构优化、优势互补、管理科学、功能高效、善于创新、专兼结合为表征的"双师型"高职教师团队。

二、构建校企共同体视域下的"双师共育"模式

(一)"双师型"教师队伍建设的主要症结及归因

目前看来,在高职院校的教师群体中,教师往往呈现出"二元化"发展的格局。一些教师虽然拥有高学历和系统完备的专业知识,但缺乏实践操作技能;而另一些教师则拥有丰富的实践经验,操作技能和动手能力非常强,然而在理论知识积累方面又显薄弱。当前,既有学历又有娴熟操作技能的"双师型"教师在高职院校教师群体中非常稀缺,高职院校普遍存在专业理论教师不能指导实践教学、实训教师基础理论薄弱而不能讲授专业理论课程的现象。"双师型"教师的数量比例偏低、质量不高,是高职教师队伍建设亟须改变的现状。

"双师型"教师数量比例偏低、质量不高的原因可以归结为以下几方面:①"双师型"教师队伍建设存在着体制机制的缺憾,缺乏对"双师型"教师的统一认证标准,高职院校"双师型"教师管理与考评制度不健全、不规范,特别是双元的师资没有双元的管理、考核制度与之相适应。②高职院校缺乏系统的"双师型"教师建设整体规划,没有根据院校实际和教师的职业生涯规划制定出科学合理的战略。③"双师型"教师薪酬待遇不高,对优秀人才,特别是高技术人才缺乏吸引力。在教

师评价、激励机制等环节的建设上，没有进行分类对待或者分化各项既定指标，对“双师型”教师的认同意识还不够。④“双师型”教师培训缺乏特色、不够规范，教师培养没有系统性、规范性和针对性。⑤没有充分考虑企业利益，企业消极配合，学校与企业缺乏实质性合作。

（二）校企共同体视域下的“校企联动”与“双师共育”

“双师共育”是学校与企业联合培养“双师型”教师的有效途径。[4]传统的“双师型”教师队伍建设，主要是专业教师进入合作企业挂职锻炼并承担岗位工作，或是专业教学聘请行业专业技术人员为兼职教师。这种形式并没有真正从实现专业教师和合作企业专业技术人员的合作互融这一角度出发。在校企共同体的视域下，学校和企业真正实现了师资共建、资源共享。一方面，学校教师到企业进行实践性学习，通过与企业零距离接触，理解企业文化，提高专业技能，从而促进教学与生产的结合。企业也因为得到了学校的智力支持而减少了用人成本，经济效益得到提高。另一方面，企业工程师到学校任教，不仅可以提高他们的理论水平和科研能力，同时也强化了学校的师资力量，解决了学校实践教师紧缺的问题。建立在双方共同需求基础上的“双师共育”，提高了高职院校的人才培养质量。

校企共同体要建立校企联动机制，联通岗位，重构课堂，双师共育。在政府的推动下，企业全程参与高职院校的育人过程，高职院校的校园文化和企业文化渗透融合，学习情境与企业环境融通，如图3所示。校企共同体的“校企联动”和“双师共育”，要求完善教师与企业技术人员共同承担教学任务的机制。一方面，根据教学计划要求，教师“下企业”获取实践教学经验，提高实践教学能力；另一方面，加强

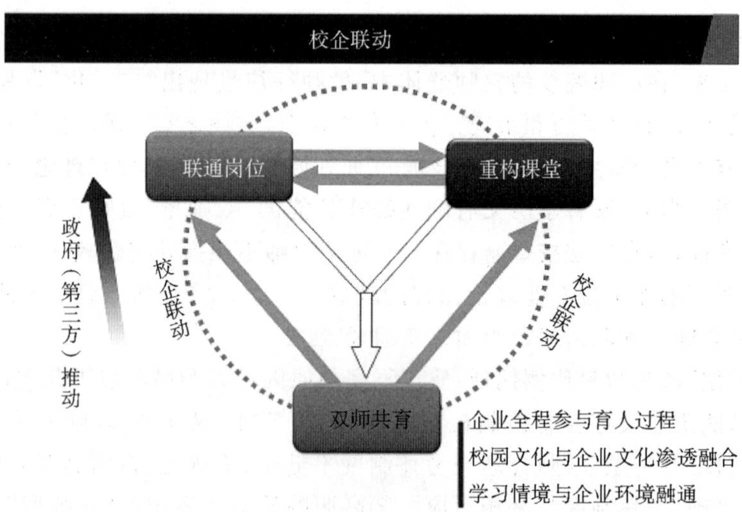

图3 校企共同体的“校企联动”与“双师共育”模式图

对来校授课的企业技术人员教学能力和技能的培训，提高其教学水平。校企双方人员互聘，企业工程师、技术人员被聘为学院的兼职讲师，承担课程教学任务；学校教师则承担企业的技术研发和员工培训任务。校企共同制定教学计划、专业建设、课程建设、实训教学、毕业实习、成绩评定等质量标准。双方发挥各自优势，共同实施教学，共同培养学生的职业能力。

三、校企共同体视域下高职院校师资队伍建设策略

(一) 实施专任教师入职标准

实施和完善“双师型”教师的认定标准，首先要确保高职院校“双师型”教师队伍建设既能适应时代发展需要，又符合高等职业教育对“双师型”教师的特殊要求。建议设立第三方评定机构，从“技能考核”“实践动手能力”“实践教学能力”三个维度建立认定标准体系，作为“双师型”教师认定的主要指标。具体内容可以包括对职业教育的热爱和良好的职业归属感，具备较强的责任感和职业荣誉感，有科学合理的知识构架、丰富的操作技能和专项的职业能力。[5]

我国可以借鉴国外一些职业教育发达的国家的相关做法[6]，制定严格的高职教师准入标准和考核制度，从入口上保障职业教育教师的整体素质。例如，澳大利亚职业教师上岗前均有为期 1 年的新教师岗前培训，培训后要接受教育部门和学校的评估，评估合格方可拥有职业教师资格；专业教师还必须具备 3～5 年的从事本行工作的工作经验。丹麦职业学校教师入职前要接受 14 周的理论学习和 4 周的在职培训，然后才有机会获得教师资格。德国要求职业教师须具备实践能力与工作经验，大学毕业生须具备 5 年以上的工作经验，接受 2 年教师培训并参加职业教师资格考试，合格后方可上岗。上述做法都是通过建立严格的专业教师资格准入制度，提高入行标准，规范高职教师的专业化，保障高职专任教师职业的专业性、技术性和规范性，从源头上保障高职教师质量。我国亟须建立专门的考核管理制度，对高职院校的“双师型”教师采取分层、分类的管理模式，完善聘任制度，将“双师型”教师的实践技能及教科研能力纳入考核标准，建立创新型的高职院校“双师型”教师管理模式。[7]

(二) 加强兼职教师队伍建设

加快发展高职院校兼职教师队伍是充实高职教师队伍、改善与优化高职师资结构、避免教学与实践脱钩、保障实践教学和实习指导质量的有效途径。当前，引入兼职教师不仅是基于高职院校办学需求和特色的考虑，而且是一项“双师型”教师建设的长期战略选择。中共中央国务院《关于深化教育改革全面推进素质教育的决定》指出：“要注意吸收企业优秀工程技术和管理人员到职业学校任教，加快建设兼有教师资格和其他专业技术职务的‘双师型’教师队伍。”《国家高等职业教育发展规划(2010—2015 年)》明确指出，高职兼职教师要承担 30％的专业课，省级示范院校要达到 40％，国家骨干院校这一比例要达到 50％，并且做出了不断创新兼职教师聘任制度、定期发布招聘信息、建立兼职教师补贴制度、建立兼职教师资源库、开展兼职教师

资格认定工作等多项要求。国家示范性高职院校建设立项要求,申报院校专兼职教师的比例为1∶1。但是,目前很多高职院校的兼职教师并没有享受到政策中应有的待遇和地位,他们多是处于被边缘化的地位,没有和高职院校建立稳定的人事关系,没有真正融入高职院校的教师群体中,极少与专任教师开展合作,对学校的办学理念也较少参详,接受的考核较为宽松。总体而言,与高职院校的关系较为疏离。除了以上这些客观因素外,兼职教师本身也存在很多需要改进的地方,如缺乏规范的教学能力、教学工作积极性不高、责任感不强、教学组织能力差等。

针对这些问题,高职院校应该加强兼职教师队伍建设,制定科学规范的兼职教师选聘、培养和管理制度,吸纳和留住优秀的高级技术人才和行家里手,注重对高职兼职教师的培训,规范其教学行为和教学方式;采用"感情留人、事业留人、待遇留人",重视兼职教师,给优秀兼职教师良好的待遇,制定合理的工作评价和激励制度,提高其工作积极性和稳定感。还可以实行"签约教师"制度,在不改变外聘教师人事关系的前提下,以签订合同的形式固定兼课任务、时间和待遇,减少临时雇佣性,提高兼职教师的责任感,并以适合的制度与政策增强对企业一线技术人员担任兼职教师的吸引力,建立一支人员数量多、相对稳定和责任心强的来自企业一线的教学力量。[8]从校企共同体企业方委派的专家、技术能手和指导教师中,有目的地选拔符合教师资格的在职人员作为兼职教师,在校企合作教育工作中有意识地加以培养,使其成为稳定的校外兼职教师,以优化师资队伍整体结构,提高"双师型"教师的比例。这样既可以尽快改善高职院校师资结构,又能够通过兼职教师将市场的最新技术及市场需求情况反馈给学校,促使高职院校与市场进一步的接轨。[9]同时,实行专兼职教师互补制度,使两类教师相互融合、取长补短,让兼职教师真正参与到学校群体中,增强其归属感和教师角色的认同感。

在校企共同体内形成高职院校与园区企业人才"互兼互聘、双向流动"的柔性管理机制,推行"双专业负责人"和"双师合作授课"制,鼓励兼职教师参与专业建设和课程体系建设等,聘请行业企业专业技术人员和能工巧匠担任兼职教师,充实兼职教师资源库,逐步实现校内教师与企业技术人员岗位互认、角色互换,培养一支"专兼结合、动态组合、校企互通"的稳定的兼职教师队伍,形成校企融通下的"双师型"教师队伍培养机制。这样不仅"有利于缓解'双师型'教师缺乏的现状,而且还有利于改善师资队伍结构,实现产学研一体化"[5]。

(三) 注重教师的专业化发展

高职院校的教师应该由被动发展转向自我发展,追求自身的职业专业化发展。高职教师的职业能力应该是多元化的、复合型的,如实施职业道德教育的能力、开展行业联系的能力、进行课程设计的能力、教学组织和实施的能力、对学习者进行鉴定的能力、进行交流与合作的能力、实施职业健康安全的保障与教育的能力、为学生提供服务与管理的能力、可持续发展的能力等。[10]

首先,高职院校的教师要明确和领会先进的高职办学理念。近年来,高职教育的办学理念不断地推陈出新，校企共同体、工学结合、校企合作、产学研合作、政企校合作、能力本位、就业导向、行动教学、任务驱动、理实一体等一系列的办学理念或办学模式逐渐为人们所了解和认同，再加上对国外职业教育办学特点和经验的学习和实践，我国的高职教育日益凸显其自身的特色。在这样的发展趋势下，高职教师不能再单纯地延续传统的、学科化的教学理念和模式，而要不断地丰富和更新自己的专业知识，及时了解先进的高职办学理念，掌握高等职业教育的教学规律、工作技能，深刻了解高职教育的本质特征、规律、学生特点、专业、课程和教学，反思自己的教学行为和教育理念，更新自己的知识体系和能力结构。其次，高职教师要在先进的高职办学理念下审视自己的教学能力和教学实际，深层次地理解和掌握专业知识，及时调整和优化教学育人工作。再次，高职教师要修炼和形成多元化的复合型职业能力，深入行业和企业，到生产、建设、管理、服务第一线或校企共同体的紧密型实训基地、产学研结合基地，进行实际工程实践锻炼，有针对性地积累教学所需的职业技能、专业技能和实践经验，提高实践教学技能，优化知识结构，提升实践能力、研发能力和社会服务能力等。同时，还要注意了解相关产业发展的现状与趋势、行业和企业的需求、岗位任务、行业标准、人才培养规格，对教学内容和教学改革有更加明确的方向和目标，与企业人士一起开发职业教育课程，将企业前沿信息与专业发展、课程改革相结合，挖掘和形成教学资源，整合教学内容，保障教学的前瞻性和针对性，有效解决理论与实践脱节问题。

(四) 大力强化教师在职培养

“双师型”教师培养不仅是高职院校师资队伍建设的重点，也是实现人才培养目标、培养学生创新及实践能力、开展教育教学改革的关键。高职院校加强师资队伍建设，提高“双师型”教师队伍素质，最重要的是加强内部培养。教育部和财政部共同出台的《关于职业院校教师素质提高计划的意见》，提出“系统设计、多措并举、创新机制、加大投入”的建设思路，从提高教师专业素质、优化教师队伍结构、完善教师培养培训体系等方面进行大力推进。

除了国家的政策扶植，高职院校应该采取自主有效的措施进行师资培养。现以杭州职业技术学院的师资队伍建设为例进行具体阐述。杭州职业技术学院“双师型”专业教师队伍建设结构如图 4 所示。

杭州职业技术学院的师资队伍建设以三个计划为主线：

一是制定教师培训规划。为了加强教师队伍建设，杭州职业技术学院提出了“51133”人才高地计划，即在三年内重点培养和引进具有较高职业教育研究水平的高职研究学者 5 名，重点培养和引进在省内外同行业、同专业领域具有较大影响的专业带头人 10 名，重点培养和引进具有较强技术研发能力、在技术服务中起领衔作用的技术专家 10 名，重点培养师德高尚、治学严谨、业务精湛、育人成效突出的教学名师 30 名，重点培养实际操作技能过硬、能够较好把握相关专业实践教学能力、在行业企业技术领域具有一定影响力的企业名师 30 名。

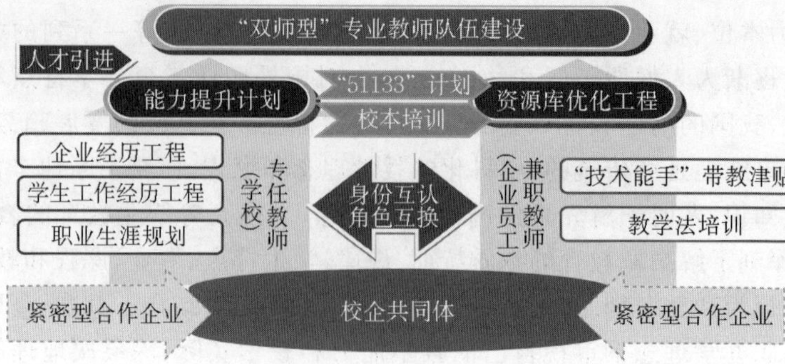

图4 杭州职业技术学院“双师型”专业教师队伍建设结构图

二是实施“校企共推引才计划”。推出校企共享、共引高级人才制度，推行“双专业负责人”制度，推进兼职教师资源库优化工程，设立“首席技术专家”“星级技术能手”专项津贴等。

三是实施“教师能力提升计划”。制定教职工职业生涯规划，开展校本培训，深化和推进教师企业经历工程和学生工作经历工程。例如，在校本培训方面，从高职院校的职业性和高等性出发，注重开发有群体针对性的培训课程。针对新入职教师、青年教师、骨干教师、兼职教师等进行培训需求调查，根据其岗位工作需求制定培训计划。例如，对进校三年内的新入职教师进行高职校园文化、高职学生特点、职业教育理论、职业素养和学生管理能力等方面的培训，对青年教师开展先进课程理念、教学方案设计、教学实施策略等方面的培训，对骨干教师进行专业建设能力、课程开发能力、创新教学设计能力、教学预见能力及综合管理能力等方面的培训，对兼职教师开展高职办学模式与理念、教学设计和教学实施等方面的培训。另外还要不断丰富培训形式，增强培训效果；培训形式包括专题讲座、专家授课、教学研讨、实地考察、国外培训、院校访学等。这些形式增加了教师对培训的兴趣，提高了其参与的积极性。

高职院校要积极与主导行业的主流企业共建产学结合的“双师型”教师培养培训基地。立足校内，加强对教师教学业务、实践能力等方面的培养与指导，通过岗前培训、青蓝工程、助教制度、科研活动等方式，充分发挥图书馆、信息中心和实训基地的作用，为教师提高理论与技能水平提供有利条件。积极鼓励教师参与学校实验室、实训基地的建设与改造，提高教师的理论教育、教学水平和实践操作技能，以及专业实践能力和科研创新能力。学校可以和校企共同体的企业联合制定师资培养发展规划，鼓励教师与合作企业联合完成企业项目，并通过合作协议在合理空间内和专利保护下将企业项目转化为教学项目。把教师当作企业员工，接受培训和研究企业课题，参与企业生产经营管理，从教学与实践技能两方面提升“双师型”教师素质，实现校企互补双赢。[5]建立“双师型”教师在职培训的时间和条件保障机制，建立健全严格的规范与制度，通过校企共同体的校企合作机制，有计划地选派教师到生产一线"顶岗"轮训，使在职培养落到实处、得到保障。

"双师型"教师队伍建设是一个长期、连续的动态系统工程。高职院校要从本校的实际出发，结合地方及区域经济发展情况，构建和完善校企共同体，推进校企深度合作，探索"双师型"教师队伍建设的途径和模式，加快高素质专业化教师队伍的建设，促进学校内涵发展，提升核心竞争力，推动高等职业教育科学发展。

参考文献

[1] 杨云锋. 高职院校"双师型"教师队伍建设的实践[J]. 中国职业技术教育，2007(30)：34－35.

[2] 叶鉴铭. 校企共赢·我们在路上：校企共同体实践研究[M]. 北京：光明日报出版社，2012：7.

[3] 张弛，张磊. 高职院校"双师型"教师队伍的概念辨析与建构策略[J]. 教育与职业，2013(9)：20－22.

[4] 叶鉴铭. 校企共同体：校企一体化机制创新与实践[M]. 上海：上海三联书店，2009：41.

[5] 唐卫红. 高职院校"双师型"教师认定标准及其队伍建设[J]. 教育与职业，2014(11)：81－82.

[6] 丁钢. 比较视野中我国高职师资培养的思考[J]. 中国职业技术教育，2005(2)：17－18.

[7] 孙冠男，太淑玲. 高职院校"双师型"队伍建设探析[J]. 成人教育，2012，32(9)：60－61.

[8] 吴二利，付占国，那琳. 高职院校"双师型"教师队伍建设研究[J]. 河北师范大学学报(教育科学版)，2010，12(8)：19－21.

[9] 殷利华，刘志兵. 高职院校"双师型"师资培养的国际比较及启示[J]. 成人教育，2011(6)：126－128.

[10] 罗小秋，辜川毅. 开发高职教师职业能力标准构建师资队伍管理体系[J]. 中国职业技术教育，2007(33)：27－28.

附 录

第二届全国教育博士学术论坛论文名单

序号	姓名	论文题目	院校
1	Deane Neubauer	The Transformational Era of Global Higher Education	University of Hawaii
2	李成明、王晓阳	教育博士的发展定位与培养：场域理论视角	清华大学
3	徐吉洪	多源流理论视角下的教育博士专业学位政策议程分析	南京师范大学
4	吴晓君	厦门大学教育博士招生试水"申请—考核制"的实践和体会	厦门大学
5		服务西部基础教育的教育博士学位点建设实践探索	陕西师范大学
6		浙江大学教育博士培养的实践探索	浙江大学
7	高　鸾、朱志勇、韩　倩	香港地区教育博士项目制度改革的动因及其历程：以香港大学和香港中文大学为例	北京师范大学
8	熊倪娟	浅谈美国教育博士学位的发展与变革	清华大学
9	杨彩霞、邹晓东	以学生为中心的高校内部教学质量保障理念框架与改进策略	浙江大学
10	曹叔亮	大学内部治理的关键自变量	南京师范大学
11	刘红光	利益相关者视角下的现代大学共同治理机制探析	厦门大学
12	韦　颖	改革开放以来我国大学生就业政策的变迁——基于支持联盟框架的分析	华中科技大学
13	金　波、金岳祥	学生参与大学治理的实践逻辑与路径选择——工具理性和价值理性的视角	北京师范大学、浙江大学
14	王秀珍	基于就业能力提升的高校贫困生资助模式的优化与创新	西北师范大学

续　表

序号	姓名	论文题目	院校
15	朱建新	基于新制度主义政治学的大学章程制度逻辑研究	浙江大学
16	林晓娇	高等职业教育生源结构及其影响分析	厦门大学
17	尤　伟	论我国高等教育中介组织的公共治理	西北师范大学
18	胡　珏	研究型大学基层学术组织治理的国际比较及启示	浙江大学
19	吴海江	大学生实践与就业核心竞争力：相关性及对策	浙江大学
20	马香媛、黄　健、乔元正	德美两国高校内部治理的理论、实践及启示	华东师范大学
21	胡振中	对军事学研究生国际视野与创新思维培养的认识与探索	北京师范大学
22	陈琼英、曾　波	高等教育内部治理与外部治理问题探究	华中科技大学
23	解启健、冯　珏	高校学生服务模式研究：以西交利物浦大学学生一站式服务中心为例	北京大学
24	傅海燕	建立现代大学制度的必由之路：去行政化	浙江大学
25	黄　威	独立学院学生工作现状与对策——以广东 D 学院为例	华南师范大学
26	宋俊骥	高校去行政化：大学自治与学术回归	华中师范大学
27	王雅荔	从事业单位法人之视角看我国公立高校法人权利	陕西师范大学
28	徐毅鹏	高校“以学生为中心”教学模式的解读与反思	浙江大学
29	张木春	地方本科院校转型发展的再审思	厦门大学
30	童　馨	应用型本科院校校企合作课程开发互动模式探讨——杭州师范大学钱江学院电子商务专业阿里巴巴特色班案例分析	浙江大学
31	兰晓茹	基于 Blackboard 的大学英语网络课程建设与应用	浙江大学
32	林　健、杨　琬	战略管理视角下的高等体育院校组织结构优化研究	清华大学
33	李志鸿	应用技术大学教学文化研究	厦门大学
34	孙宏玉	护理硕士专业学位制度的生成和制度化过程分析——以北京大学为例	北京大学
35	王忠政	论信息技术环境下的高校课堂有效教学	华中师范大学

续 表

序号	姓名	论文题目	院校
36	郑永进	地方性高职院校的发展策略选择——基于资源依赖理论视角	南京大学
37	张　丰	虚实融合环境下对外汉语教学研究	浙江大学
38	吴　薇	关于高校国际化驱动力的若干思考	浙江大学
39	陈久国	新媒体时代高校德育的创新	厦门大学
40	宗　诚	"慕课"带给高等教育的机遇、挑战及应对策略	南京大学
41	崔　剑	应用型土木工程本科专业人才培养模式的改革与实践	浙江大学
42	马羽安	网络教育课程学习成绩影响因子分析——以工程数学为例	浙江大学
43	曹　静	中外合作办学本土实践与我国高校国际化视角	陕西师范大学
44	王　锋	基于人性的四个维度把脉阻碍中国高等教育发展的心理病症——以《大学的意义》为镜	南京大学
45	黄云峰、朱德全	新世纪课程领导力研究评析：现状与走势	西南大学
46	逯　慧	语文美育课程的探究与创生	西北师范大学
47	王毓新 王　鉴	我国教学论研究的世纪变革：并非"静悄悄"	西北师范大学
48	马维林	基于创新人才培养视野下的美育价值及学校美育实践	西北师范大学
49	康红兵	从学习场域的视角探寻课程变革的可能路径——对江苏省普通高中课程基地建设的社会学审视	南京师范大学
50	高　玲	有效提升语文教师课程教学决策能力：现状及实践构想	陕西师范大学
51	张文超、范　蔚	学校课堂教学变革的多重逻辑分析与有效路径建构	西南大学
52	温忠义	"英语语言表达能力"测评指标维度建构	西南大学
53	朱孝平、张剑平	中小学课程教学的变化及趋势——一项基于德尔菲(Delphi)法的研究	浙江大学
54	范连众、孔凡哲	从中考数学试卷看当前初中数学课程目标的实现	东北师范大学

续　表

序号	姓名	论文题目	院校
55	向佐军	整体任务教学设计模式探讨——兼谈其在基础教育中的实施建议	浙江大学
56	张　勇	以学生的问题为中心的作业定量	陕西师范大学
57	李如密	课程教学的创新及其影响力——中国首次太空授课的教学论分析	南京师范大学
58	郑国强	教材的多维度解读——以教科版《思想品德》教材为例	浙江大学
59	刘历红	论师生"角色分化与共享教学"	西北师范大学
60	鲁蓉蓉	中小学英语课程的监控研究	浙江大学
61	刘晶晶	美国基础教育课程评价一致性实践研究——"课程实施调查"模式的应用及启示	华中师范大学
62	袁庆晖	浅谈教学对话结构失衡及教学行为甄别——对《鞋匠的儿子》同课异构的思考	南京师范大学
63	尹　达	课程教学自我诊断：教师专业发展的核心能力	陕西师范大学
64	闫　东	基于认知发生原理的高中数学课堂教学设计研究	西南大学
65	夏宁满	外语教育空间中的工具理性扩张与价值理性式微	浙江大学
66	贺新宇	多元文化视野下的民族地区学校文化建设	西南大学
67	赵春鱼、吴　华	高校青年教师教学能力构成的质性研究	浙江大学
68	邓　亮	薄弱学校成功改造的个案研究——基于学校文化的视角	华南师范大学
69	肖红缨、王晓阳	拔尖创新人才培养视角下的研究型大学师生关系探析	清华大学
70	满建宇	管、办、评分离：现代学校制度建设的关系重构	南京师范大学
71	韩　爽、张　聪	当前我国高中教师教学信念的结构性困境与破解	东北师范大学
72	王建学	民主与开发：论现代教育观的演进	陕西师范大学
73	王胡英	高校优秀辅导员基本角色形象及其启示——基于全国高校辅导员年度人物评选事迹文本分析	浙江大学
74	陈玉义	东部沿海地区偏远乡村学校发展的困境与出路	西北师范大学
75	刘才利	基于教师专业发展的师范院校课程改革研究	西南大学

续 表

序号	姓名	论文题目	院校
76	刘晓瑜	论依附发展与借鉴——自主发展的区别	厦门大学
77	陈伶俐	高校教师教学发展中心的组织模式研究——浙江大学案例分析	浙江大学
78	徐　洁	建构主义：标准、维度与本质	西南大学
79	江蓉秋、付　兵	对中职学校教师专业发展需求的调研与思考	西南大学
80	杨剑峰	技能大赛对县域中等职业教育影响研究——以浙江省嘉善县为例	浙江大学
81	王惠敏	对“知识误解”文献的初步研究	陕西师范大学
82	敬仕勇	九年一贯制学校教师专业发展困境及对策——基于S市的调研	西南大学
83	张自祥	教育博士视角下的普通高中薄弱学校改造	北京师范大学
84	李运庆	学校发展视角下高校教师专业成长路径探析	南京大学
85	石　军、齐学红	美国替代性学校与中国工读学校的比较研究	南京师范大学
86	肖中瑜	高校总会计师制度发展现状及完善对策	西南大学
87	张　钧、李　桢	促进教师自觉发展的教师评价机制的建构	东北师范大学
88	牛媛媛	新建本科高校提升教师教学能力的思考	华东师范大学
89	吴文胜	教师政策：感知调研、价值反思与发展动向	浙江大学
90	贾文胜、梁宁森	基于校企共同体的高职院校“双师型”教师队伍建设	华东师范大学
91	曾　婧	应用型民办高校“双师型”师资队伍建设途径研究	华中科技大学
92	袁巧玲	城市学龄前儿童隔代教育问题探析	浙江大学
93	徐　旦	中职院校教学团队内涵、特征和构成要素的分析	浙江大学
94	齐小萍	高职院校教师专业发展规划设计研究	南京大学
95	刘建强	翻转学习：教师专业发展的新思路	华中科技大学

编 后 记

2014 年 11 月 21—22 日，由浙江大学、全国教育专业学位研究生教育指导委员会主办的“教育博士学术论坛暨第二届全国教育博士论坛”在浙江大学紫金港校区举行。来自美国夏威夷大学及国内的北京大学、清华大学、北京师范大学、华东师范大学等 15 所院校的专家学者、教育博士生及管理干部共 180 多人参加了会议。本次论坛以“变革时代的学校与教育”为主题，围绕创新研究生培养体系、提高教育博士培养质量等专题进行了深入探讨与广泛交流。为了和更多的学术界朋友分享论坛成果，进一步展示教育博士培养的成绩，在全国教育专业学位研究生教育指导委员会及浙江大学研究生院的支持下，我们决定编辑《变革时代的学校与教育——“教育博士学术论坛暨第二届全国教育博士论坛”论文集》。经过两年多的努力，编辑工作大致完成。

需要说明的是，本次论坛共收到学术论文 96 篇近 100 万字，由于篇幅及体例所限，我们只选择了各专题中有代表性的篇目编辑出版。为弥补由此造成的遗憾，我们将参加论坛交流的学术论文篇名全部列出，以便有兴趣的朋友联系查询。此外，在不影响作者观点的前提下，我们对收入论文集的部分论文的文字做了适当的修改与调整。在论文编辑过程中，阚阅、管光海、徐明、陶永建、周祚运、杨智等参与初期文稿的审读与讨论，杨娟、甘露、马静萍、张潇方、苏洁等参与文字的编校工作，特此说明。浙江大学教育学院原党委书记张丽娜为教育博士学术论坛暨第二届全国教育博士论坛成功举办付出了辛劳，浙江大学出版社的编辑们为本书的出版给予了大力支持，对此我们表示诚挚的谢意。

主 编

2016 年 12 月 24 日

编后记

图书在版编目(CIP)数据

变革时代的学校与教育：教育博士学术论坛暨第二届全国教育博士论坛论文集 / 徐小洲，刘正伟主编.—杭州：浙江大学出版社，2017.9

ISBN 978-7-308-16264-7

Ⅰ.①变… Ⅱ.①徐…②刘… Ⅲ.①高等教育—文集 Ⅳ.①G64－53

中国版本图书馆 CIP 数据核字（2016）第 236331 号

变革时代的学校与教育

——教育博士学术论坛暨第二届全国教育博士论坛论文集

主编　徐小洲　刘正伟

责任编辑　杨利军

文字编辑　赵黎丽　马一萍

责任校对　田程雨　牟杨茜

封面设计　周　灵

出版发行　浙江大学出版社

（杭州市天目山路 148 号　邮政编码 310007）

（网址：http://www.zjupress.com）

排　　版　杭州林智广告有限公司

印　　刷　杭州日报报业集团盛元印务有限公司

开　　本　710mm×1000mm　1/16

印　　张　18

字　　数　360 千

版 印 次　2017 年 9 月第 1 版　2017 年 9 月第 1 次印刷

书　　号　ISBN 978-7-308-16264-7

定　　价　49.00 元

浙江大学出版社发行中心邮购电话：（0571）88925591；http://zjdxcbs.tmall.com